COMPENDIO
DI
PSICOLOGIA

di *Wilhelm Wundt*

Traduzione di Luigi Agliardi

1899

Sommario

Prefazione del traduttore

Degli intenti di questo compendio, che ho la fortuna di presentare nella traduzione italiana, parla a sufficienza la prefazione dell'autore. Mi limito pertanto a dire qualche cosa della mia traduzione. Ad essa mi accinsi incoraggiato dal Dr FEDERICO KIESOW, e la compii colla sua collaborazione. Questo valente cultore della scienza psicologica fu per me l'ideale dei collaboratori; conoscitore egualmente profondo della lingua, dell'argomento e del pensiero dell'autore - di cui fu allievo ed assistente - mi fu largo di consigli durante il lavoro e da ultimo rilesse tutte le bozze di stampa. Mi è quindi grata l'occasione di poter qui al Dr Kiesow, all'amico e maestro mio, pubblicamente esprimere la mia riconoscenza per l'aiuto prezioso.

Traducendo restai fedele il più che fosse possibile al testo; conservai qualche volta anche il giro del periodare tedesco, parendomi che soverchie trasposizioni potessero alterare l'ordine genetico del pensiero. Incontrai le difficoltà maggiori nella terminologia, non essendo ancora presso di noi ben fissata la terminologia psicologica. Mi attenni per quanto mi fu possibile alla terminologia già in uso, traendo qualche vantaggio dalle opere del Sergi, del Faggi, del Villa e di altri. A schiarimento di alcuni vocaboli insoliti credetti opportune alcune brevi note. Aggiunsi anche un glossario, nel quale sono in ordine alfabetico disposti i termini tedeschi - per le parole composte tenendo a base la fondamentale - e di contro i corrispondenti termini italiani. Tale glossario feci per desiderio dell'Autore, che si compiacque rivederlo ed approvarlo.

Se questo libro avrà in Italia una seconda edizione - in Germania è in meno di tre anni giunto già alla 3ª - in essa farò tesoro di quelle osservazioni che gli studiosi mi faranno e delle quali fin d'ora li ringrazio.

Torino, ottobre 1899.

L. A.

Prefazione dell'autore

(alla prima edizione)

Questo libro è nato dal desiderio di porre nelle mani dei miei uditori una breve guida, che serva a completare le lezioni sulla psicologia. Ma nel tempo stesso altro scopo di questa mia opera è stato quello di tracciare in un disegno schematico i risultati e le teorie più importanti della psicologia contemporanea a vantaggio di un più largo cerchio di lettori, di quegli studiosi ai quali la psicologia offre un interesse e per sé stessa e per le sue applicazioni. Questo doppio intento portò naturalmente che nel dar notizia dei singoli fatti mi limitassi alle cose di massima importanza e ad esempi al massimo grado chiari e semplici e che rinunciassi interamente a quell'evidenza, che nelle lezioni si raggiunge col sussidio della dimostrazione e dell'esperimento. Se io ho posto a base di questa esposizione quelle teorie, che nella lunga trattazione dell'argomento credo aver riconosciuto come le buone, mi pare che ciò non richieda alcuna speciale giustificazione. Non ho però tralasciato di indicare i principali indirizzi che differiscono da quello qui trattato, e l'ho fatto in una breve esposizione generale dei caratteri dei vari indirizzi (Introduzione, § 2), come pure con accenni nei casi singoli.

Queste osservazioni valgono a dimostrare il posto, che questo libro viene a prendere tra le mie anteriori opere di psicologia. Infatti poichè i *"Grundzüge der physiologisichen Psychologie"* cercano di far servire alla psicologia i mezzi di ricerca della scienza naturale e specialmente della fisiologia e di esporre criticamente secondo i risultati principali il metodo sperimentale della psicologia, quale si è costituito in questi ultimi decenni, questo intento faceva di necessità passare in seconda linea i punti di vista psicologici più generali. La seconda edizione rifatta delle *"Vorlesungen über die Menschen und Thierseele"* - la prima è oggi da lungo tempo invecchiata - si propone di dare notizia in modo più popolare della natura e dello scopo della psicologia sperimentale per poi trattare, dal punto di vista di questa psicologia, quelle questioni psicologiche che sono anche di un significato filosofico più generale. Se pertanto nei *Grundzüge*, ecc., il punto di vista della trattazione è stato determinato principalmente dalle relazioni della psicologia alla fisiologia e nelle *Vorlesungen* da questioni d'interesse filosofico, questo *Compendio* mira a presentare la psicologia nella sua propria connessione e in quell'ordine sistematico che è dato, a mio avviso, dalla natura stessa dell'argomento, pur sempre restando entro i limiti di ciò che v'è di più importante ed essenziale. Io spero dunque che questo libro non abbia a riuscire un complemento affatto inutile anco per quei lettori che già conoscono le altre mie opere psicologiche, come pure la trattazione della "logica della psicologia" nella mia logica delle scienze dello spirito (*Logik*, 2a ed., II, 2).

Avendo nei *Grundzüge* dato notizie sulla letteratura di ogni argomento, credo di poterle qui omettere. Il lettore che vuole conoscere a fondo una singola questione, potrà ricorrere a quell'opera più completa. Per quanto riguarda la letteratura apparsa dopo la quarta edizione dei *Grundzüge* (1893), il lettore facilmente si orienterà dando una scorsa agli ultimi volumi dei periodici dedicati alla psicologia: ai "Philosophische Studien", alla "Zeitschrift für Psychologie und Physiologie der Sinnesorgane", al "American Journal of Pshychology" e alla "Psychological Review", dei quali i tre ultimi contengono anche notizie bibliografiche. In questi ultimi tempi ai periodici citati è venuto ad aggiungersi quello edito da Kraepelin "Psychologische Arbeiten" che si occupa specialmente della caratterologia generale e della psicologia pratica.

Leipzig, gennaio 1896.

W. WUNDT.

Indice

9

10

11

estensivi. - 9. I sentimenti intensivi: combinazioni di colori e di suoni. - 10. I sentimenti estensivi: sentimenti di forma e sentimenti di ritmo. - 11. Teoria psicologica dei sentimenti composti. - 12. Principio dell'unità dello stato sentimentale.

§ 13. Le emozioni

1. Concetto delle emozioni. - 2. Denominazioni dello emozioni. - 3. Decorso generale delle emozioni. - 4. Fenomeni fisici concomitanti: i movimenti espressivi. - 5. Classificazione dei movimenti espressivi. - 6. Modificazione nei movimenti del polso e del respiro. Emozioni calme; steniche ed asteniche; rapide e lente. - 6a. Cenni sulla dottrina intorno alle emozioni. Le passioni. - 7. Connessione esistente tra le variazioni e le proprietà formali delle emozioni. - 8. Rinforzamento dell'emozione a causa di fenomeni fisici concomitanti. - 9. Classificazione psicologica delle emozioni. - 10. Forme di emozioni rispetto alla qualità sentimentale: emozioni di piacere e di dispiacere, eccitanti e deprimenti, di tensione o di sollievo. - 11. Le designazioni delle emozioni nel linguaggio. - 12. Forme delle emozioni rispetto all'intensità sentimentale: emozioni deboli e forti. - 13. Forme di decorso: subitamente irrompenti, crescenti a poco a poco, intermittenti. - 13a. Importanza prevalente della qualità sentimentale per la distinzione delle emozioni.

§ 14. I processi di volere

1. Relazioni loro alle emozioni. - 2. Azioni di volere esterne. - 3. Relazione ai sentimenti. - 4. I motivi di volere. - 5. Evoluzione del volere. Azioni impulsive. - 6. Azioni volontarie e azioni di scelta. - 7. Decisione e risoluzione. I sentimenti d'attività. - 8. Indebolimento delle emozioni a causa di processi intellettuali. - 9. Sviluppo degli atti di volere interni. - 10. Evoluzioni regressive. I processi di volere divenuti processi meccanici. Caratteri di finalità dei movimenti riflessi. - 10a. Critica delle teorie sul volere. - 11. Decorso nel tempo degli atti di volere. Esperimenti di reazione. Reazioni complete ed abbreviate. - 12. Processi di reazioni composte. - 13. Reazioni divenute automatiche. - 13a. Importanza generale degli esperimenti di reazione. Istrumenti cronometrici.

16

di suoni. - 5. Mutazione fonetica e mutazione di significato. - 6. Importanza psicologica dell'ordine delle parole.

B. Il mito

7. L'appercezione personificante. - 8. Condizioni generali per il suo sviluppo. - 9. Animismo e feticismo. - 10. Il mito naturale.

C. I costumi

11. Norme individuali o sociali dei costumi. Relazioni al mito - e ai generali bisogni della vita. - 12. Mutazione di significato dei costumi. Differenziazione in costume, diritto o moralità.

D. Carattere generale degli sviluppi riflettenti la psicologia sociale

13. Il condensarsi, l'oscurarsi e lo spostarsi delle rappresentazioni. - Influenza dei processi sentimentali. - 14. Coscienza collettiva e volere collettivo. - 14*a*. Appunti critici.

V. - La causalità psichica e le sue leggi.

§ 22. Il concetto dell'anima

1. Il principio generale della causalità. - 2. I concetti della materia, della forza e dell'energia. - 3. L'anima come concetto sussidiario della psicologia. - 4. Il concetto della sostanzialità dell'anima. - 5. Il concetto dell'anima materialistico e spiritualistico. - 6. Il concetto dell'attualità dell'anima. - 7. Evoluzione scientifica del concetto d'attualità. - 8. Il problema del rapporto tra corpo ed anima. - 9. Il principio del parallelismo psico-fisico. - 10. Necessità di una causalità psichica indipendente.

§ 23. Le leggi psicologiche di relazione

1. Le tre leggi generali di relazione. - 2. La legge delle risultanti psichiche. - 3. Il principio della sintesi creatrice. - 4. Accrescimento dell'energia psichica e costanza dell'energia - fisica. - 5. La legge delle relazioni psichiche. - 6. La legge dei contrasti psichici. - 7. Rapporto della legge dei contrasti alle due leggi precedenti.

§ 24. Le leggi psicologiche d'evoluzione

1. Le tre leggi generali d'evoluzione. - 2. La legge dell'accrescimento spirituale. - 3. La legge dell'eterogenesi dei fini. - 4. La legge
dell'evoluzione per contrari.

Glossario

Introduzione

§ 1. - Compito della psicologia.

1. Due sono le definizioni della psicologia, che predominano nella storia di questa scienza. Secondo l'una, la psicologia è "la scienza dell'anima": i processi psichici sono considerati come fenomeni dai quali si debba conchiudere all'esistenza di una sostanza metafisica, l'anima. Secondo l'altra definizione, la psicologia è "la scienza dell'esperienza interna", e però i processi psichici fanno parte di uno speciale ordine di esperienza, il quale si distingue senz'altro per ciò, che i suoi oggetti spettano all'"introspezione" o, come anche si dice in contrapposto alla cognizione ottenuta mediante i sensi esterni, spettano al senso interno.

Nè l'una nè l'altra di queste definizioni risponde allo stato presente della scienza. La prima, la definizione metafisica, corrisponde a uno stato, il quale per la psicologia è durato più a lungo che per gli altri campi del sapere. Ma anche la psicologia lo ha finalmente superato, da quando essa si è sviluppata in una disciplina empirica, che lavora con metodi propri, e dacchè le "scienze dello spirito"[0] sono riconosciute costituire un grande campo scientifico in contrapposto alle scienze della natura, il quale vuole a sua base generale una psicologia autonoma, indipendente da ogni teoria metafisica.

La seconda definizione, l'empirica, la quale vede nella psicologia una "scienza-dell'esperienza interna", è insufficiente, perchè può far nascere l'equivoco, che la psicologia abbia ad occuparsi d'oggetti, i quali siano generalmente diversi da quelli della così detta esperienza esterna. Ora è certo che si danno contenuti dell'esperienza, i quali cadono solo sotto la ricerca psicologica, sì che non hanno riscontro cogli oggetti e processi di quella esperienza, di cui tratta la scienza della natura: tali sono i nostri sentimenti, l'emozioni, le risoluzioni del volere. D'altra parte non v'è alcuno speciale fenomeno naturale, il

19

quale sotto un diverso punto di veduta, non possa essere anche oggetto della ricerca psicologica. Una pietra, una pianta, un suono, un raggio di luce, sono, come fenomeni naturali, oggetti della mineralogia, della botanica, della fisica, ecc. Ma in quanto questi fenomeni naturali destano in noi *rappresentazioni*, sono insieme oggetti della psicologia, la quale cerca dare ragione così della formazione di queste rappresentazioni e del rapporto loro con altre rappresentazioni, come dei processi che non si riferiscono ad oggetti esterni, cioè dei sentimenti e dei movimenti del volere. Un "senso interno", il quale, come organo della conoscenza psichica, possa essere contrapposto ai sensi esterni come organi della conoscenza della natura, non esiste affatto. Coll'aiuto dei sensi esterni sorgono tanto le rappresentazioni, delle quali la psicologia cerca indagare la proprietà, quanto quelle, dalle quali parte lo studio della natura; e le eccitazioni soggettive che rimangono estranee alla cognizione naturale delle cose, cioè i sentimenti, l'emozioni e gli atti volitivi, non sono a noi date per mezzo di speciali organi percettivi, ma si collegano in noi immediatamente e inseparabilmente colle rappresentazioni che si riferiscono ad oggetti esterni.

2. Da quanto si è detto, risulta che le espressioni: esperienza interna ed esterna, non indicano due cose diverse, ma solo due *punti di vista diversi*, dei quali noi usiamo nella cognizione e nella trattazione scientifica dell'esperienza in sè unica. Questi punti di vista diversi hanno la loro origine nello scindersi immediato di ogni esperienza *in due fattori: in un contenuto*, che ci è dato, e nella nostra *cognizione* di questo contenuto. Il primo di questi fattori chiamiamo *gli oggetti dell'esperienza*; il secondo diciamo *soggetto conoscente*. Donde due vie si svolgono per lo studio dell'esperienza. L'una è quella della *scienza naturale*, che considera gli *oggetti* dell'esperienza nella loro natura, pensata indipendentemente dal soggetto; l'altra è quella della *psicologia*; essa investiga l'intero contenuto dell'esperienza nella sua relazione col soggetto e nelle qualità, che sono immediatamente attribuite ad esso dal soggetto. In base a ciò il punto di vista della scienza naturale, essendo solo possibile mediante l'astrazione del fattore soggettivo contenuto in ogni reale esperienza, può anche essere designa-

to come quello dell'*esperienza mediata* mentre il punto di vista psicologico, il quale annulla quell'astrazione e i suoi effetti, può essere detto dell'*esperienza immediata*.

3. Il còmpito che così deriva alla psicologia come ad una scienza empirica generale, coordinata e complementare alla scienza della natura, è confermato dal significato di tutte le scienze dello spirito, alle quali la psicologia serve di fondamento. Tutte queste scienze, filologia, storia, politica, sociologia hanno per loro contenuto l'esperienza immediata, come essa viene determinata dall'azione reciproca degli oggetti e dei soggetti conoscenti e operanti. Queste scienze dello spirito non si servono quindi delle astrazioni e degli ipotetici concetti sussidiati della scienza della natura; ma le rappresentazioni oggettive e i moti soggettivi che le accompagnano, hanno per esse il valore di una realtà immediata ed esse cercano spiegare le singole parti costituenti questa realtà mediante la loro reciproca connessione. Questo procedimento dell'interpretazione psicologica, proprio delle singole scienze dello spirito, deve essere anche il procedimento della stessa psicologia, perchè anche qui è richiesto dallo stesso suo oggetto, cioè dall'immediata realtà dell'esperienza.

3a. Alla scienza naturale, che indaga il contenuto dell'esperienza facendo astrazione dal soggetto conoscente, si suole assegnare come còmpito anche la "conoscenza del mondo esterno", dove la parola, mondo esterno, indica tutto il complesso degli oggetti che a noi è dato conoscere. In modo corrispondente si volle talora definire la psicologia: "l'autoconoscenza del soggetto". Ma questa definizione è insufficiente, perchè al dominio della psicologia, oltre le qualità di ogni soggetto, appartengono pure i rapporti reciproci del soggetto col mondo esterno e cogli altri soggetti simili. Inoltre questa definizione può facilmente dare a credere che soggetto e mondo esterno siano parti separabili dell'esperienza, o almeno possano essere divisi in contenuti di coscienza reciprocamente indipendenti; mentre all'opposto l'esperienza esterna rimane legata alle funzioni percettive e conoscitive del soggetto, e l'esperienza interna racchiude le rappresentazioni del mondo esterno come parte di essa immutabile. Donde necessariamente deriva che l'esperienza non è davvero una semplice

21

giustapposizione di diversi dominii, ma un tutto unico che in ognuna delle sue parti presuppone così il soggetto che apprende i contenuti dell'esperienza, come gli oggetti che sono dati al soggetto quali contenuti dall'esperienza. E però anche la scienza della natura non può interamente astrarre dal soggetto conoscente, ma solo da quelle qualità di esso, che, o come i sentimenti, svaniscono, tosto che si fa astrazione del soggetto, o come le qualità delle sensazioni, devono, in base alle ricerche della fisica, essere ascritte al soggetto. La psicologia ha invece per proprio oggetto l'intero contenuto della coscienza nella sua costituzione immediata.

Se ora la ragione ultima per la distinzione delle scienze naturali dalla psicologia e dalle scienze dello spirito, può solo essere cercata nel fatto che ogni esperienza contiene come fattori, un contenuto oggettivo dato e un soggetto conoscente; si comprende senz'altro non essere necessario che quella distinzione presupponga una logica determinazione dei due fattori. Infatti è evidente che una tale determinazione è solo possibile in base alle ricerche delle scienze naturali e della psicologia, e però in nessun caso essa può precedere questa ricerca. L'unica premessa sin dal principio in commune così alla scienza naturale come alla psicologia, sta piuttosto nella coscienza, accompagnante ogni esperienza, che da questa oggetti sono dati ad un soggetto; senza che però si possa con ciò parlare di una conoscenza delle condizioni che stanno a base di questa distinzione tra soggetto e oggetto, o di determinati caratteri pei quali un fattore si distingue dall'altro. Anche l'espressioni soggetto e oggetto si devono dunque in questo rapporto considerare solo come un'anticipazione per la quale distinzioni che appartengono a una riflessione logica già compiuta, vengono applicate allo stadio dell'esperienza originaria.

Per quanto si è detto, le interpretazioni dell'esperienza secondo la scienza naturale e la psicologia si integrano a vicenda, non solo perchè la prima considera gli oggetti astraendo il più possibile dal soggetto e la seconda invece si occupa della parte che prende il soggetto nella formazione dell'esperienza, ma anche nel senso che ambedue assumono una posizione diversa di fronte ad ogni singolo dato dell'esperienza. Poichè la scienza della natura cerca scoprire come gli oggetti sono costituiti senza alcun riguardo al soggetto, la conoscenza che essa ci offre è di natura *mediata* o *concettuale*, in luogo degli oggetti immediati dell'esperienza, sono ad essa sottoposti i concetti degli oggetti ai quali si giunge mediante l'astrazione degli elementi soggettivi delle rappresentazioni. Ma questa astrazione richiede anche sempre integrazioni ipotetiche della realtà. Infatti poichè l'analisi che la scienza naturale fa dell'esperienza, dimostra molte parti dell'esperienza, ad es. i contenuti della sensazione essere effetti soggettivi di processi oggettivi, quest'ultimi per la loro natura indipendente dal soggetto, non possono essere compresi nell'esperienza. E però si cerca di giungere ad essa mediante ipotetici concetti sulle proprietà oggettive della materia. Invece nella psicologia che studia il contenuto della coscienza nella sua piena realtà, cioè le rappresentazioni riferentisi agli oggetti insieme a tutti i moti soggettivi che le accompagnano, ci si presenta il modo di conoscere *immediato* o *intuitivo*; intuitivo nel senso più largo che nella moderna terminologia scientifica ha preso questo concetto, così che esso indica non più soltanto gl'immediati contenuti rappresentativi dei sensi esterni e principalmente del senso visivo, ma tutto il *reale concreto* in contrapposizione al pensato astratto e concettuale. La psicologia può mettere in luce la connessione dei dati dell'esperienza come si presenta realmente al soggetto soltanto coll'astenersi assolutamente da quelle astrazioni e da quei concetti ipotetici dei quali usano le scienze naturali. Per tanto se la scienza della natura e la psicologia sono ambedue scienze empirche nel senso che ambedue hanno per oggetto l'interpretazione della esperienza, cui considerano solo da diverso punto di vista, la psicologia, per la particolare natura del suo còmpito, è senza dubbio la *scienza più strettamente empirica*.

§ 2. - Gl'indirizzi generali della psicologia.

1. La concezione della psicologia, come scienza empirica[0] che non ha per oggetto uno speciale contenuto dell'esperienza, ma il contenuto immediato di ogni esperienza, è di origine moderna. Contro di

23

essa stanno ancora teorie nella scienza contemporanea, che in generale si possono considerare come una sopravvivenza di anteriori gradi di sviluppo e che sempre lottano fra loro secondo il posto che assegnano alla psicologia rispetto alla filosofia e alle altre scienze. I due principali indirizzi della psicologia, che si distinguono in relazione alle due più diffuse definizioni psicologiche più sopra spiegate, sono: il *metafisico* e *l'empirico*. Ma ambedue alla loro volta presentano un buon numero di indirizzi speciali.

La psicologia metafisica dà generalmente un valore minimo all'analisi empirica, e alla causate connessione dei processi psichici. Considerando essa la psicologia parte della filosofia metafisica, suo intento principale è di giungere a una determinazione dell'"essere dell'anima", la quale si accordi colla complessa concezione universa del sistema metafisico, in cui rientra la psicologia. Posto il concetto metafisico dell'anima, si cerca da questo derivare il vero contenuto dell'esperienza psicologica. Il carattere, per cui la psicologia metafisica si differenzia dall'empirica, è, che quella non deriva i processi psichici da altri processi psichici, ma da un sostrato tutt'affatto diverso, o dagli atti di una speciale sostanza animica o dalla proprietà e dai processi della materia. E secondo la natura attribuita a questo sostrato la psicologia metafisica dà luogo a due indirizzi. La *psicologia spiritualistica* considera i processi psichici come effetti di una speciale sostanza psichica, la quale è ritenuta o essenzialmente diversa dalla materia (sistema *dualistico*), o a questa di natura affine (sistema *monistico* o *monadologico*). La tendenza metafisica che è a base della psicologia spiritualistica, sta nell'ipotesi di un'essenza soprannaturale dell'anima e nello sforzo di conciliare questa ipotesi coll'altra dell'immortalità, cui talora si collega anche l'ipotesi più spinta di una preesistenza. La *psicologia materialistica* riconduce i processi psichici allo stesso sostrato materiale che la scienza della natura pone ipoteticamente a spiegazione dei fenomeni naturali. Secondo questa psicologia i processi psichici sono, come i processi fisici della vita, legati ad aggruppamenti di elementi materiali; aggruppamenti che sorgono durante la vita individuale, e col finire di questa si dissolvono. La tendenza metafisica di questa psicologia sta nella negazione dell'essenza soprannaturale dell'anima, affermata invece dalla psicologia spiritualistica. Ma con questa si identifica, in quanto non cerca l'interpretazione dell'esperienza psicologica in sè stessa, ma vuole derivarla da processi ipotetici di un sostrato metafisico.

2. Dalla lotta contro quest'ultimo indirizzo è nata la *psicologia empirica*. Essa dove è conseguentemente svolta, si sforza di ricondurre i processi psichici a concetti che sono direttamente desunti dalla connessione di questi processi, o di giovarsi di processi ben determinati e semplici per derivare dal loro cooperare altri processi più complessi. Le basi di una tale interpretazione possono essere molteplici e però anche la psicologia empirica dà luogo a diversi indirizzi, i quali si possono generalmente distinguere per due ragioni. La prima si riferisce al rapporto della esperienza interna all'esterna e alla posizione che le due scienze sperimentali, la scienza della natura e la psicologia, prendono l'una rispetto all'altra. La seconda si riferisce ai fatti o ai concetti loro, dai quali si prendono le mosse per l'interpretazione dei processi. Ogni trattazione concreta della psicologia empirica rappresenta nello stesso tempo un indirizzo della prima e uno della seconda maniera.

3. Secondo questa *concezione generale della natura dell'esperienza psicologica* stanno in opposizione quelle due tendenze psicologiche, delle quali già si trattò più sopra (§ 1) a causa della loro importanza decisiva per la determinazione del còmpito della psicologia: la *psicologia del senso interno*, e la *psicologia come scienza dell'esperienza immediata*. La prima, tratta i processi psichici come contenuti di un dominio speciale dell'esperienza, coordinato all'esperienza naturale fornitaci dai sensi esterni, ma da essa assolutamente diverso. La seconda non riconosce una differenza reale fra l'esperienza interna e l'esterna, ma vede tale distinzione solo nella diversità dei *punti di vista*, dai quali quell'esperienza, unica in sé stessa, viene considerata.

Di queste due forme della psicologia empirica la prima è la più antica. Essa è sorta dall'aspirazione di affermare l'indipendenza, dell'osservazione psicologica contro le usurpazioni della filosofia della natura. E poichè essa per la sua tendenza vuole coordinate la scienza della natura e la psicologia, crede essere gli eguali diritti di queste due scienze fondati innanzi tutto sulla generale diversità dei loro oggetti e delle forme della percezione di questi oggetti. Questa veduta ha influito in doppio senso sulla psicologia empirica: in primo luogo perchè favorì l'opinione che la psicologia abbia bensì a servirsi di metodi empirici, ma questi siano, come i dati dell'esperienza psicologica, fondamentalmente diversi da quelli della scienza della natura; in secondo luogo perchè essa si sforzò di stabilire qualche nesso fra quei domini dell'esperienza, già presunti diversi. Sotto il primo rispetto, la psicologia del senso interno fu appunto quella che coltivò il metodo della *pura introspezione* (§ 3, 2). Per la seconda considerazione, l'opinione di una differenza fra i dati fisici e psichici della esperienza ricondusse dì necessità alla psicologia metafisica. Infatti da questo punto di vista, per la natura stessa della cosa, le relazioni dell'esperienza interna all'esterna o i così detti "rapporti tra il corpo e l'anima" potevano essere spiegati solo mediante ipotetici principi metafisici. Tali principi metafisici non potevano far a meno di influire anche sulla ricerca psicologica, sì che essa fu inquinata di sussidiarie ipotesi metafisiche.

4. Dalla psicologia del senso interno si distingue essenzialmente quella concezione, che definisce la psicologia come "scienza dell'esperienza immediata". Questa infatti, ritenendo essere l'esperienza interna ed esterna non parti diverse, ma diversi modi di considerare una sola e medesima esperienza, non può riconoscere una precipua differenza fra i metodi della psicologia e della scienza naturale. Questo indirizzo psicologico ha prima di tutto cercato di stabilire i metodi sperimentali che devono compiere un'analisi esatta dei processi psichici; analisi che, tenuto conto del mutato punto di vista, è analoga a quella di cui le scienze naturali fanno uso nella spiegazione dei fenomeni della natura. Di più questo indirizzo mostra che le singole scienze dello spirito, le quali hanno ad oggetto i processi psichici concreti o le creazioni psichiche, si trovano tutte sul medesimo terreno di una scientifica considerazione dei dati immediati dell'esperienza e dei loro rapporti coi soggetti agenti. Donde, come conseguenza necessaria, l'analisi psicologica dei prodotti più generali dello spirito:

la lingua, le rappresentazioni mitologiche, le norme dei costumi, dev'essere considerata come un sussidio all'intelligenza dei processi psichici più complessi. Questa concezione sta pertanto, riguardo al metodo, in più stretto rapporto con altre scienze: come *psicologia sperimentale* colle scienze naturali, come *psicologia sociale*[0] colle più speciali scienze dello spirito.

Finalmente, considerando in tal modo la psicologia, si viene ad eliminare completamente la questione sui rapporti degli oggetti psichici ai fisici. Ambedue non sono veramente oggetti diversi, ma uno stesso contenuto, il quale è considerato una volta nella ricerca della scienza naturale mediante l'astrazione del soggetto, e l'altra nella ricerca psicologica in relazione alla sua costituzione immediata e ne' suoi rapporti totali al soggetto. Tutte le ipotesi metafisiche sulle relazioni intercedenti fra gli oggetti psichici e fisici, sono, considerate da questo punto di vista, soluzioni di un problema che si agita attorno ad una questione falsamente posta. Se la psicologia deve nella connessione dei processi psichici, in quanto questi sono dati immediati dell'esperienza, rifuggire dal soccorso di ipotesi metafisiche, essa può nondimeno - poichè esperienza esterna ed interna sono due punti di vista integratisi a vicenda di una sola od identica esperienza - ritornare, sovratutto dove la connessione dei fenomeni psichici presenta lacune, a considerare fisicamente gli stessi processi, per vedere se mediante questo nuovo punto di vista, diverso e preso dalla scienza naturale, si possa ristabilire quella continuità che si credeva mancasse. Il medesimo varrà poi, ma in senso inverso, anche per quelle lacune che si presentano nella catena delle nostre conoscenze fisiologiche, potendo questa venir completata con anelli, fornitici da una trattazione dell'esperienza dal punto di vista puramente psicologico. Sulla base di una tale concezione, che pone le due forme di conoscenza nel loro giusto rapporto, è possibile che non soltanto la psicologia porti a piena esecuzione il proposito di essere scienza sperimentale, ma che anche la fisiologia diventi vera scienza sussidiaria della psicologia; come dall'altra parte la psicologia è con eguale diritto una scienza sussidiaria della fisiologia.

5. Riguardo alla seconda delle suaccennate (2) partizioni fonda-

mentali, cioè riguardo ai *fatti o concetti posti a base della ricerca psicologica*, si possono ancora distinguere *due* indirizzi della psicologia empirica, i quali sono, generalmente parlando, due gradi di sviluppo successivi della interpretazione psicologica. Il primo corrisponde ad una tendenza *descrittiva*, il secondo ad una *esplicativa*. Quando si cercò di distinguere, descrivendo, i vari processi psichici, sorse la necessità di una opportuna *classificazione* di essi. Si formarono così i concetti generali, sotto i quali vennero ad ordinarsi i diversi processi, e si cercò soddisfare al bisogno d'interpretare il caso singolo, riferendo le parti di un processo complesso a concetti generali applicabili ad esse. Tali concetti sono ad es. sensazione, conoscenza, attenzione, memoria, immaginazione, intelletto, volontà, ecc. Essi corrispondono ai concetti fisici generali nati dall'immediata cognizione dei fenomeni naturali, come peso, calore, suono, luce, ecc. Se quelli al pari di questi, possono servire ad un primo ordinamento dei fatti, non giovano però affatto a darne la spiegazione. Nondimeno la psicologia empirica si è resa più volte colpevole di questa confusione, e appunto in questo senso la *psicologia delle facoltà* considerava ogni specie come potenze o facoltà della psiche, sotto la cui attività varia o comune essa riconduceva tutti i processi psichici.

6. Una trattazione *esplicative*, che si contrappone alla psicologia descrittiva delle facoltà, è costretta, quando si attenga veramente al lato empirico, a porre a base delle sue interpretazioni fatti determinati, che appartengono per sè stessi all'esperienza psichica. E potendo questi fatti essere presi da ordini diversi di processi psichici, la trattazione esplicativa presenta di nuovo due indirizzi, corrispondenti ai due fattori che prendono parte alla formazione dell'esperienza immediata: l'oggetto e il soggetto. Quando si dà maggior valore all'oggetto dell'esperienza immediata, nasce la psicologia *intellettualistica*, che cerca derivare tutti i processi psichici, anche i sentimenti soggettivi, gl'impulsi, i primi movimenti della volontà dalle *rappresentazioni*, o, come anche queste possono essere dette, a causa della loro importanza per la conoscenza oggettiva, dai processi *intellettivi*. Se all'opposto si dà valore principale al modo in cui l'esperienza immediata sorge nel soggetto, allora nasce un indirizzo, il quale accorda ai moti

soggettivi, che non si riferiscono ad oggetti esterni, un posto *egualmente importante* che alle rappresentazioni. Questa psicologia può essere detta psicologia *volontaristica*, a causa dell'importanza che essa riconosce ai processi della volontà fra tutti i processi soggettivi. Fra i due indirizzi della psicologia empirica (3), che si distinguono per la generale concezione dell'esperienza interna, la psicologia del senso interno è quella che tende anche all'*intellettualismo*. Essa infatti, essendo il senso interno paragonato ai sensi esterni, considera principalmente quei dati psichici dell'esperienza, che sono offerti quali oggetti al senso interno, allo stesso modo che gli oggetti naturali ai sensi esterni. La natura di oggetti si crede d'altra parte possa essere attribuita, fra tutti i dati dell'esperienza, soltanto alle *rappresentazioni*, e precisamente perchè esse vengono considerate proprio come *immagini* degli oggetti che stando fuori di noi, ci sono dati dai sensi esterni. Quindi le rappresentazioni sono ritenute i soli oggetti reali del senso interno, mentre tutti quei processi che non possono essere riferiti ad oggetti esterni, come ad es. i sentimenti, sono indicati o quali rappresentazioni non chiare, o quali rappresentazioni che si riferiscono al nostro corpo, o finalmente quali effetti prodotti da combinazioni di rappresentazioni.

Mentre la psicologia del senso interno si collega all'intellettualismo, la psicologia dell'esperienza immediata si avvicina al volontarismo. Dacchè questa riconosce essere un compito capitale della psicologia la ricerca dell'origine soggettiva di ogni esperienza, è facile comprendere che nell'analisi di quest'origine l'attenzione dev'essere sovratutto diretta su quei fattori dell'esperienza, dai quali fa astrazione la scienza della natura.

7. La psicologia *intellettualistica* nel corso del suo sviluppo ha di nuovo dato luogo a due speciali indirizzi empirici. O i processi *logici* del giudicare o del concludere furono considerati come le forme tipiche fondamentali di ogni fatto psichico, o furono ritenute tali certe combinazioni di rappresentazioni successive di memoria, prevalenti sulle altre a causa della loro frequenza, le cosidette *associazioni delle rappresentazioni*. La prima tendenza, la *logica*, è in istretta parentela colla interpretazione psicologica volgare; essa è la più antica, ma

nondimeno in parte si è conservata ancora sino in questi ultimi tempi. *La teoria della associazione* è sorta dall'empirismo filosofico del secolo scorso. Queste due tendenze sono fra loro contrarie, volendo la teoria logica ricondurre le complessità di fenomeni psichici a forme più alte di processi intellettuali, e l'associazionistica invece a forme inferiori o, come oggi si suol dire, semplici. Ma ambedue per la loro unilateralità falliscono egualmente; non solo perchè nè l'una nè l'altra riesce coi propri principi a spiegare i processi sentimentali e volitivi, ma anche perchè questi principi non riescono neppure a una piena interpretazione dei processi intellettivi.

8. L'unione della psicologia del senso interno colla concezione intellettualistica ha ancora portato a un principio particolare, che molte volte è stato fatale per il modo di concepire i fatti psicologici. Esso consiste nella falsa *sostanzializzazìone*[0] *intellettualistica delle rappresentazioni*. Quando noi non ammettiamo solo un'analogia tra gli oggetti del cosidetto senso interno e gli oggetti del senso esterno, ma anche consideriamo i primi come imagini dei secondi; siamo indotti a trasportare quelle proprietà, che la scienza naturale attribuisce agli oggetti del mondo esterno, anche agli oggetti immediati del senso interno, cioè alle rappresentazioni. E pertanto si ammette, che le rappresentazioni, proprio come le cose esterne cui sono da noi riferite, siano oggetti relativamente persistenti, i quali possano svanire dalla coscienza e poi di nuovo in essa entrare. Le rappresentazioni senza dubbio devono essere da noi percepite ora più forti e chiare, ora più deboli e confuse, a seconda che il senso interno venga o no rafforzato dal senso esterno, e a seconda dell'attenzione che ad esse prestiamo; ma nel complesso rimangono immutate riguardo alla loro natura qualitativa.

9. La psicologia *volontarìstica* è in tutto quest'ordine di fatti in piena antitesi coll'intellettualistica. Mentre questa è costretta ad ammettere un senso interno con oggetti speciali della percezione interna, quella è legata alla veduta, che l'esperienza interna si identifica coll'esperienza immediata. E poichè il contenuto dell'esperienza psicologica consiste secondo questa concezione, non di una somma di oggetti, che sono dati al soggetto, ma di tutto quanto compone il pro-

cesso dell'esperienza, cioè degli atti del soggetto stesso presi nella loro proprietà immediata, che non è stata mutata da nessuna astrazione e riflessione; il contenuto dell'esperienza psicologica è di necessità considerato come una *connessione di processi*.

Questo concetto del processo esclude la natura sostanziale e però anche più o meno persistente dei dati psichici dell'esperienza. I fatti psichici sono *avvenimenti* e non cose; essi scorrono come tutti gli avvenimenti nel tempo e non sono mai in un dato momento gli stessi che nel momento antecedente. In questo senso i processi del volere hanno un valore *tipico*, importantissimo per la intelligenza di tutti gli altri processi psichici. La psicologia volontaristica non afferma affatto che il volere sia la sola forma realmente esistente del processo psichico, ma essa afferma soltanto che il volere, coi sentimenti e colle emozioni a lui strettamente connesse, costituisce una parte dell'esperienza psichica, altrettanto necessaria quanto le sensazioni e le rappresentazioni; di più afferma che sull'analogia del processo volitivo debba interpretarsi ogni altro processo psichico; cioè quale un fatto che sempre muta nel tempo, e non quale una somma di oggetti persistenti, come per lo più l'intellettualismo ammette, in conseguenza del falso riferimento che esso fa delle proprietà da noi poste negli oggetti esterni, alle rappresentazioni degli oggetti stessi. Quando si riconosce l'*immediata* realtà dell'esperienza psicologica, lo studio di derivare determinate parti del processo psichico da altre che da quello specificamente differiscono, resta senz'altro escluso; così puro i conati della psicologia metafisica di ricondurre l'esperienza interna a processi immaginari da essa diversi di un ipotetico sostrato metafisico, stanno in contraddizione col vero còmpito reale della psicologia. Questo còmpito, poichè si riferisce all'esperienza immediata, si collega sin dal principio col presupposto che ogni dato psichico dell'esperienza contiene nello stesso tempo fattori oggettivi e soggettivi; questi si devono pur sempre considerare come distinti da un'astrazione arbitraria e non come processi realmente diversi. Infatti l'osservazione c'insegna che non si danno rappresentazioni, le quali non sveglino in noi sentimenti ed impulsi di diversa intensità, come pure non è possibile un processo sentimentale o volitivo, che non si riferisca ad

31

un oggetto rappresentato.

10. I principi direttivi della fondamentale concezione psicologica, che dobbiamo in seguito mantenere fissi, possono essere riassunti nelle tre proposizioni seguenti:

1. L'esperienza interna o psicologica non è alcun dominio speciale dell'esperienza diverso dagli altri, ma essa è veramente l'*esperienza immediata*.

2. Quest'esperienza immediata non è un contenuto quiescente, ma una *connessione di processi*; essa non consiste di oggetti, ma di processi, cioè di *fatti generali che si svolgono in noi* e delle loro relazioni reciproche fissate da leggi.

3. Ciascuno di questi processi ha da un lato un contenuto oggettivo ed è dall'altro un processo soggettivo, e però in tal modo esso racchiude in sè le condizioni generali tanto di ogni conoscenza quanto di ogni pratica attività degli uomini.

A queste tre proposizioni corrisponde un *triplice posizione della psicologia* in rapporto agli altri campi del sapere:

1. Come scienza dell'esperienza immediata, essa - in contrapposto alle *scienze naturali*, le quali a causa dell'astrazione che esse fanno del soggetto, hanno per oggetto solo il contenuto oggettivo e *mediato* dell'esperienza - è la scienza empirica *che reintegra quelle*. Ogni singolo fatto dell'esperienza può essere intimamente valutato nel suo pieno significato, solo quando ha sostenuto la prova dell'analisi naturale o psicologica. In questo senso anche la fisica e la fisiologia sono scienze sussidiarie della psicologia, come questa alla sua volta è una disciplina ausiliaria per le ricerche naturali.

2. Come scienza delle forme più generali della esperienza umana immediata e della connessione loro secondo leggi, essa è il *fondamento delle scienze dello spirito*. Infatti il contenuto di queste scienze sta sopratutto nelle azioni che nascono dagli immediati fatti della vita psichica umana e nei loro effetti. La psicologia, in quanto ha per compito lo studio delle forme, sotto le quali queste azioni si presentano e delle leggi alle quali soggiacciono, è la più generale, e insieme la base di tutte le scienze dello spirito: della filologia, della storia,

dell'economia politica, della giurisprudenza, ecc.

3. Siccome la psicologia egualmente considera le *due* condizioni fondamentali, che stanno a base così della conoscenza teoretica come dell'operare pratico, le soggettive e le oggettive, e cerca determinarle nel loro rapporto reciproco; essa fra tutte le discipline empiriche è quella, i cui risultati si adattano più da vicino allo studio così del problema della conoscenza come dell'etica, le due questioni fondamentali della filosofia. La psicologia, che rispetto alla scienza naturale è la scienza reintegrante, rispetto alle scienze dello spirito la fondamentale, è rispetto alla filosofia la *scienza empirica di preparazione*.

10*a*. Quantunque nella nuova psicologia sempre più si vada riconoscendo, che non tanto la differenza degli oggetti dell'esperienza quanto quella del punto di vista di trattazione della esperienza è ciò per cui la psicologia si distingue dalla scienza naturale; pure la chiara conoscenza delle particolarità reali di quel punto di vista, che fissa il còmpito scientifico per la psicologia, è ancor sempre pregiudicata dai riflessi delle tendenze della vecchia metafisica e della filosofia naturalistica. Invece di riconoscere che la trattazione dell'esperienza per le scienze naturali si compie in base all'astrazione di quei fattori soggettivi che entrano in quell'esperienza, si assegna ancora sempre alla scienza naturale il compito di fissare nel modo più generale il contenuto di ogni esperienza. Posto questo, la psicologia sarebbe una disciplina non più coordinata ma subordinata alla scienza naturale. Essa non dovrebbe più eliminare quell'astrazione fatto dalla scienza naturale e con questo giungere a una completa comprensione della esperienza; ma dovrebbe trar profitto dal concetto del "soggetto" messo in luce dalla scienza naturale, per spiegare l'influenza di questo soggetto sui dati della nostra coscienza. In luogo di riconoscere che una definizione sufficiente del soggetto è solo possibile in base alla ricerca psicologica (§ 1, 3°), qui d'un tratto è introdotto nella psicologia un concetto del soggetto già bell'e formato e definitivamente improntato sulla scienza naturale. Ora per questa il soggetto è identico all'individuo corporeo. Conseguentemente la psicologia vien definita, come la scienza che ha l'ufficio di stabilire la dipendenza del contenuto immediato dell'esperienza dall'individuo corporeo. Questo punto di vista, detto anche del "materialismo psico-fisico", è insostenibile dal lato della teoria della conoscenza e psicologicamente infruttuoso. Siccome la scienza naturale astrae di proposito dal soggetto percipiente, pur contenuto in ogni esperienza, è fuor di dubbio che essa ben difficilmente è in grado di dare una valida ed ultima determinazione del soggetto. Una psicologia che parte da una tale definizione puramente fisiologica, non s'impernia più sull'esperienza ma, proprio come la vecchia psicologia materialistica, su una premessa metafisica. Di più questo punto di vista è psicologicamente infruttuoso, perchè assegna di bel principio la causale interpretazione dei processi psichici alla fisiologia, la quale non può dare nè ora nè mai una tale interpretazione a causa del differente modo di trattazione della scienza naturale e della psicologia. Infine è senz'altro manifesto che una tale psicologia, la quale si trasforma in un'ipotetica meccanica del cervello, deve una volta per sempre rinunciare a servire di base alle scienze dello spirito.

Quando noi diciamo psicologia "volontaristica" l'indirizzo *strettamente empirico*, che si contrappone ai tentativi di rinnovare la dottrina metafisica e che è contrassegnato dai principi più sopra formulati, non dobbiamo dimenticare che questo volontarismo psicologico in sè e per sè non ha nulla a fare con alcuna dottrina metafisica della volontà. Esso si oppone all'unilaterale volontarismo metafisico di Schopenhauer, che deriva tutto l'essere da una volontà trascendente originaria, non meno che ai sistemi metafisici sorti dall'intellettualismo di Spinoza, di Herbart e di altri. I principi del volontarismo psicologico, preso nel senso già notato, sono affatto contrari alla metafisica, perchè esso esclude dalla psicologia ogni metafisica; sono poi in opposizione agli altri indirizzi psicologici, perchè esso respinge tutti gli sforzi che mirano a ricondurre i processi del volere a semplici rappresentazioni, mentre accentua il significato *tipico* del volere per la natura dell'esperienza psicologica. Questo significato tipico sta in ciò che la proprietà riconosciuta generalmente per le azioni volitive, cioè di essere *processi*, il decorso dei quali presenta continuamente mutazioni qualitative e intensive, viene considerata valevole anche per gli altri contenuti psichici della esperienza.

§ 3. - Metodi della psicologia.

1. La psicologia, avendo per proprio oggetto non contenuti speci-fici dell'esperienza ma l'*esperienza generale nella sua natura imme-diata*, non può servirsi di altri metodi che di quelli usati dalle scienze empiriche, così per l'affermazione dei fatti, come per l'analisi e pel causale collegamento di essi. La circostanza, che la scienza della na-tura astrae dal soggetto e la psicologia no, può bensì portare modifi-cazioni nel modo di usare i metodi, ma non mai nell'essenziale natura dei metodi usati.

Ora la scienza naturale, la quale, come campo di ricerca prima costituitosi, può servire di esempio alla psicologia, si giova di due metodi principali: *l'esperimento* e *l'osservazione*. L'*esperimento* con-siste in un'osservazione, nella quale i fenomeni da osservare sorgono e si svolgono per l'opera volontaria dell'osservatore. L'osservazione in senso stretto studia i fenomeni senza un tale intervento dello speri-mentatore, ma così come si presentano all'osservatore nella continui-tà dell'esperienza. Ogni qual volta un'azione sperimentale è possibile, le scienze naturali ne fanno sempre uso, essendo in tutti i casi, anche in quelli, nei quali i fenomeni offrono già un'osservazione facile ed esatta, un vantaggio poter volontariamente determinare la loro nasci-ta e il loro decorso e isolare le parti di un fenomeno complesso. Ma nella scienza della natura un uso distinto di questi due metodi è già stato stabilito secondo i suoi diversi campi: in genere il metodo speri-mentale si crede per certi problemi più necessario che per altri, nei quali si può raggiungere non di rado lo scopo desiderato colla sem-plice osservazione. Queste due specie di problemi si riferiscono, pre-scindendo da piccole eccezioni provenienti da rapporti speciali, alla generale distinzione dei fenomeni naturali in *processi naturali* ed in *oggetti naturali*.

Qualunque *processo naturale*, ad es., un movimento di luce, di suono, una scarica elettrica, il prodursi o il decomporsi di una combi-nazione chimica, inoltre un movimento stimolatore o un fenomeno di scambio nell'organismo delle piante o degli animali, richiede l'azione sperimentale per l'esatta determinazione dello svolgimento e per l'analisi delle sue parti. In generale tali azioni sperimentali sono desiderabili, perchè è possibile fare osservazioni esatte solo quando si può determinare il momento di apparizione del fenomeno. Esse sono poi necessarie per distinguere fra loro le parti diverse di un fenomeno complesso, perchè questo può succedere per lo più solo quando arbitrariamente si trascurino alcune condizioni, o se ne aggiungano altre, o anche se ne modifichi l'importanza.

Tutt'altra cosa è per gli *oggetti naturali*: essi sono oggetti relativamente costanti, che non esigono di essere prodotti in un determinato momento, ma stanno in ogni tempo a disposizione dell'osservatore e vi permangono. Qui una ricerca sperimentale è per lo più soltanto richiesta quando vogliamo indagare i processi della loro nascita e delle loro variazioni; in questo caso trovano applicazione le stesse considerazioni fatte per lo studio dei processi naturali, perchè gli oggetti naturali sono considerati o prodotti o parti di processi naturali. Quando invece si tratta solo della natura reale degli oggetti, senza riguardo alla loro formazione e alle loro variazioni, allora la semplice osservazione è per lo più sufficiente. In questo senso sono, ad es., la mineralogia, la botanica, la zoologia, l'anatomia, la geografia ed altre simili, scienze di pura osservazione, fintanto che in esse non siano introdotti, come spesso avviene, problemi fisici, chimici, fisiologici; in una parola, quei problemi che si riferiscono a processi naturali.

2. Se trasportiamo queste considerazioni alla psicologia, appare tosto manifesto che essa, pel proprio contenuto, è senz'altro costretta a tenere lo stesso cammino di quelle scienze, nelle quali un'osservazione esatta è possibile solo sotto la forma di osservazione sperimentale, e che però essa non può mai essere una scienza di pura osservazione. Infatti il contenuto della psicologia risulta di *processi* e non di oggetti persistenti. Per indagare esattamente l'apparizione e il decorso di questi processi, la loro composizione e le relazioni reciproche delle loro diverse parti, noi dobbiamo prima di tutto produrre a nostra volontà quell'apparizione, e poterne variare secondo il nostro intento le condizioni; il che è possibile solo per mezzo dell'esperimento

e non coll'osservazione pura. A questa ragione generale se ne aggiunge per la psicologia una speciale, che non esiste egualmente poi fenomeni naturali. Siccome in questi noi facciamo astrazione dal soggetto conoscente, ci è possibile servirci, sotto certe condizioni, della semplice osservazione; e sopratutto se essa, come nell'astronomia, viene favorita dalla regolarità dei fenomeni, ci è dato determinare con sufficiente sicurezza il contenuto oggettivo dei fenomeni. Ma la psicologia, non potendo per principio astrarre dal soggetto, troverebbe condizioni favorevoli per una casuale osservazione solo quando in molti ripetuti casi le medesime parti oggettive dell'esperienza immediata coincidessero col medesimo stato del soggetto. Questo, per la grande complessità dei fenomeni psichici, non è possibile avvenga, tanto più che in modo speciale *l'intenzione stessa dell'osservare*, che deve essere presente in ogni esatta osservazione, altera sostanzialmente il principio e il decorso del processo psichico. L'osservazione naturale invece non viene generalmente turbata dall'intenzione dell'osservare, perchè essa sin dal principio astrae di proposito dal soggetto. Consistendo uno dei compiti principali della psicologia nell'esatta ricerca del modo di sorgere e svolgersi dei processi soggettivi, è facile comprendere come qui l'intenzione di osservare o muta sostanzialmente i fatti da osservare, o essa stessa in tutto si sopprime. Al contrario la psicologia, per il modo naturale in cui sorgono i processi psichici, è costretta al metodo sperimentale, appunto come la fisica e la fisiologia. Una sensazione si presenta in noi sotto condizioni favorevoli all'osservazione, se essa è suscitata da uno stimolo esterno, una sensazione di suono ad esempio, da un movimento sonoro esterno, una sensazione di luce da uno stimolo luminoso esterno. La rappresentazione di un oggetto è originariamente determinata da un insieme sempre più o meno complesso di stimoli esterni. Se noi vogliamo studiare il modo psicologico in cui sorge una rappresentazione, noi non possiamo usare alcun altro metodo che quello di imitare questo processo nel suo svolgimento naturale. In questo modo abbiamo il grande vantaggio di potere volontariamente variare le rappresentazioni stesse, facendo variare le combinazioni degli stimoli agenti nelle rappresentazioni, e così di giungere ad una spiegazione dell'in-

37

fluenza che ogni singola condizione esercita sul nuovo prodotto. Le rappresentazioni della memoria non sono, è ben vero, direttamente suscitate da impressioni sensibili esterne, bensì le seguono solo dopo un tempo più o meno lungo; ma è chiaro che anche sulle loro proprietà, e specialmente sul rapporto loro alle rappresentazioni primarie svegliate da impressioni dirette, si giunge alla più sicura spiegazione quando non ci si affidi alla loro casuale apparizione, ma si tragga vantaggio di quelle immagini che sono lasciate dagli stimoli precedenti in un modo sperimentalmente regolato. Non altrimenti si fa coi sentimenti e coi processi volitivi; noi li potremo porre nella condizione più opportuna ad un'esatta ricerca, se a nostra volontà produrremo quelle impressioni che secondo l'esperienza sono regolarmente legate alla reazione del sentimento e del volere. Non v'è quindi alcuno dei fondamentali processi psichici pel quale non sia possibile usare il metodo sperimentale ed egualmente alcuno per la cui ricerca questo metodo non sia richiesto da ragioni logiche.

3. Invece *l'osservazione pura*, la quale è pur possibile in molti campi della scienza naturale, nel senso esatto è impossibile dentro il dominio della psicologia *individuale* a causa dell'intero carattere del processo psichico. Essa si potrebbe solo pensar possibile, se vi fossero oggetti psichici persistenti e indipendenti dalla nostra attenzione, come vi sono oggetti naturali relativamente persistenti e che non mutano colla nostra osservazione. Nulla di meno anche nella psicologia si offrono fatti i quali, benchè non siano veri oggetti, pure posseggono il carattere di oggetti psichici, presentando quelle caratteristiche di natura relativamente persistente e indipendente dall'osservatore; oltre a queste proprietà possiedono anche l'altra di essere inaccessibili ad un'osservazione sperimentale nel senso comune. Questi fatti sono i *prodotti spirituali*, che si sviluppano nella storia dell'umanità, come la lingua, le rappresentazioni mitologiche ed i costumi. La loro origine e il loro svolgimento si fondano dappertutto su generali condizioni psichiche, che si possono argomentare dalle loro proprietà oggettive. Perciò anche l'analisi psicologica di questi prodotti può dare spiegazioni intorno ai reali processi psichici della loro formazione e del loro svolgimento. Tutti questi prodotti spirituali di natura generale

presuppongono l'esistenza di una comunità spirituale di molti indivi-dui, quand'anche le loro ultime sorgenti siano evidentemente le pro-prietà psichiche già appartenenti al singolo uomo. A causa appunto di questa relazione alla comunità, specialmente alla comunità di popoli, si suole indicare l'intero campo di questa ricerca psicologica dei pro-dotti spirituali come *psicologia sociale*, contrapponendola alla indi-viduale o, come anche può essere detta pel metodo che in essa predo-mina, psicologia *sperimentale*. Benchè queste due parti della psicolo-gia siano, a causa dello stato attuale della scienza, trattate per lo più ancora distintamente, esse costituiscono non diversi domini, ma piut-tosto metodi diversi. La cosidetta psicologia sociale corrisponde al metodo della pura osservazione, ha per suo carattere solo questo, che gli oggetti dell'osservazione sono prodotti dello spirito. La intima connessione di questi prodotti colle comunità spirituali, connessione che ha dato origine al nome di psicologia sociale, nasce anche dalla circostanza secondaria, che i prodotti individuali dello spirito presen-tano una natura troppo mutabile, perchè possano essere sottoposti ad una osservazione oggettiva; e che perciò i fenomeni ricevono qui la costanza necessaria per una tale osservazione, solo quando diventano fenomeni collettivi o di masse.

Appare chiaro dunque che la psicologia, non meno che la scienza naturale, dispone di *due* metodi esatti: il primo, il metodo sperimen-tale, serve all'analisi dei processi psichici più semplici; il secondo, l'osservazione dei più generali prodotti dello spirito, serve allo studio dei più alti processi e sviluppi psichici.

3a. Avendo l'uso dei metodi sperimentali la sua origine nella ma-niera sperimentale usata dalla fisiologia, e specialmente dalla fisiolo-gia degli organi di senso e del sistema nervoso, la psicologia speri-mentale è anche detta "psicologia fisiologica". Nella trattazione di questa sono di solito usate quelle conoscenze fisiologiche date dalla fisiologia del sistema nervoso e degli organi dei sensi, conoscenze che appartengono senza dubbio alla sola fisiologia, ma rendono non-dimeno desiderabile una trattazione che tenga conto specialmente dell'interesse psicologico. Quindi la psicologia fisiologica ha il carat-tere di disciplina di transizione; nella sua parte essenziale è, come lo dice il nome, *psicologia* e, fatta astrazione da quei sussidi fisiologici, coincide colla psicologia sperimentale nel senso sopra definito. Se altri ha cercato di porre una distinzione tra la psicologia propriamente detta e la psicologia fisiologica, nel senso che solo alla prima spetti l'interpretazione dell'esperienza interna, ed alla seconda invece la derivazione dell'esperienza stessa dai processi fisiologici, si deve respingere tale distinzione come insussistente. Vi è *un solo* modo di spiegazione psicologica causale, e questo consiste nella derivazione di processi psichici più complessi da altri più semplici; in questa interpretazione gli elementi fisiologici possono sempre entrare, in virtù del sopra affermato rapporto dell'esperienza naturale alla psicologica, ma solo come sussidiari (§ 2, 4). La psicologia materialistica, negando l'esistenza di una causalità psichica, ha in luogo del còmpito da noi stabilito per la psicologia, posto l'altro di derivare i processi psichici dalla fisiologia del cervello. Questo indirizzo, insostenibile e teoricamente e psicologicamente per le ragioni dimostrate (§ 2, 10[a]), trova tuttavia buona accoglienza così fra i sostenitori della psicologia pura, come fra quelli della psicologia fisiologica.

§ 4. - Linee generali dell'argomento.

1. I contenuti immediati dell'esperienza, che costituiscono l'oggetto della psicologia, sono in ogni caso processi di natura composta. Percezioni di oggetti esterni, ricordi di tali percezioni, sentimenti, emozioni, atti di volere non sono soltanto collegati continuamente gli uni cogli altri nelle più svariate maniere, ma ciascuno di questi processi è per la sua stessa natura un tutto più o meno complesso. La rappresentazione di un corpo esterno consta delle rappresentazioni parziali delle sue parti. Noi riferiamo un suono, per quanto semplice sia, ad una direzione spaziale e in tal modo lo colleghiamo colle rappresentazioni assai più complesse dello spazio esterno. Un sentimento, un atto di volere è riferito ad una sensazione qualsiasi che suscita

il sentimento, ad un oggetto che è voluto e così via. Di fronte ad una natura così complessa dei fatti psichici la ricerca scientifica deve condurre a termine consecutivamente *tre* còmpiti. *Il primo* consiste nell'*analisi* dei processi composti, *il secondo* nel *mettere in luce le connessioni* tra gli elementi trovati mediante l'analisi, *il terzo* nell'*investigazione delle leggi*, che presiedono al sorgere di tali connessioni.

2. Fra questi tre còmpiti è sopratutto il secondo, il sintetico, quello che alla sua volta racchiude in sè una serie di problemi. Dapprima gli elementi psichici si collegano in *formazioni psichiche* composte, le quali si separano le une dalle altre, relativamente indipendenti nel continuo flusso del processo psichico. Tali formazioni sono, ad es., le rappresentazioni, sia che esse possano essere riferite ora direttamente a stimoli od oggetti esterni, sia che possano venir da noi interpretate come riproduzioni di stimoli od oggetti anteriormente percepiti. Tali formazioni sono pure i sentimenti composti, le emozioni ed i processi di volere. Inoltre queste formazioni psichiche stanno fra loro nelle più diverse combinazioni: le rappresentazioni si collegano ora a maggiori complessi di rappresentazioni contemporanee, ora a regolari serie di rappresentazioni; nè in minor numero sono le combinazioni cui dànno luogo i processi del sentimento, del volere così fra loro come colle rappresentazioni. In tal modo nasce la *connessione delle formazioni psichiche* come una classe di processi sintetici di *secondo* grado, che si eleva sulla combinazione più semplice degli elementi in formazioni psichiche. Siccome poi le singole connessioni psichiche costituiscono le une colle altre composizioni alla loro volta ancor più complesse, le quali mostrano pur sempre una certa regolarità nell'ordine delle loro parti, sorgono da queste nuove combinazioni i composti di *terzo* grado, che noi indichiamo col nome generale di *sviluppi psichici*. Noi possiamo distinguere sviluppi di diversa estensione: quelli di natura più ristretta si riferiscono ad *una sola tendenza psichica*, ad es., allo svolgimento della funzione intellettiva, del volere, del sentimento, oppure talora semplicemente allo sviluppo di una speciale parte di queste forme funzionali: ai sentimenti estetici, morali, ecc. Da una quantità di tali sviluppi parziali sorge poi lo *svilup-*

41

po complessivo della *singola individualità psichica*. Finalmente, poichè già l'individuo animale, e in più alta misura anche il singolo
uomo si trova in continua relazione con esseri dello stesso genere, su
questi sviluppi individuali si elevano gli *sviluppi psichici di specie*.
Queste diverse parti della storia dello sviluppo psicologico formano,
da una parte i fondamenti psicologici di altre scienze: della teoria
della conoscenza, della pedagogia, dell'estetica, dell'etica e però sono
trattate opportunamente insieme a queste; dall'altra parte esse hanno
dato luogo a speciali scienze psicologiche; donde la psicologia del
fanciullo, la psicologia animale e sociale. Dei risultati di queste tre
ultime scienze qui esporremo in seguito solo quelli che più importa-
no per la psicologia generale.

3. La soluzione dell'ultimo e più generale compito della psicologia, la determinazione delle *leggi del processo psichico*, si fonda sullo studio di tutte le combinazioni di grado diverso: delle combinazioni degli elementi in formazioni, delle formazioni in connessioni, delle connessioni in sviluppi. Se tale studio delle composizioni psichiche ci dà a conoscere l'effettiva costituzione dei processi psichici, le
proprietà della causalità psichica che si esplica in questi processi, si
possono solo dedurre da quelle leggi, alle quali si riferiscono le forme di connessione dei contenuti psichici dell'esperienza e delle loro
parti.

Pertanto noi considereremo qui in seguito:

1. gli elementi psichici;

2. le formazioni psichiche;

3. la connessione delle formazioni psichiche;

4. gli sviluppi psichici;

5. la causalità psichica e le sue leggi.

42

I. - GLI ELEMENTI PSICHICI

§ 5. - Forme principali e proprietà generali
degli elementi psichici.

1. Poichè tutti i dati psichici dell'esperienza sono di natura complessa, gli *elementi psichici*, in quanto parti assolutamente semplici ed indecomponibili del fatto psichico, sono i prodotti, di un'analisi ed astrazione, la quale diviene solo possibile perciò che gli elementi sono realmente collegati gli uni agli altri in modi diversi. Se si trova l'elemento *a* in un primo caso cogli elementi *b, c, d....* in un secondo con *b', c', d'* e così via, quell'elemento, pel fatto che nessuno degli elementi *b, b', c, c'* è costantemente legato ad *a*, può essere astratto da tutti quelli. Se noi, ad es., udiamo un suono semplice di una certa altezza ed intensità, lo possiamo riferire ora a questa, ora a quella direzione dello spazio, e possiamo insieme udire ora questo, ora quest'altro suono. Non essendovi nè una direzione costante nello spazio, nè un costante suono d'accompagnamento, è possibile astrarre da queste parti variabili, così che il singolo suono rimanga solo come elemento psichico.

2. Ai *due* fattori, onde consta l'esperienza immediata, un contenuto oggettivo dell'esperienza e il soggetto senziente, secondo il § 1 (2), corrispondono *due specie di elementi psichici*, i quali si ottengono come prodotti dell'analisi psichica. Gli elementi del contenuto oggettivo dell'esperienza diciamo *elementi di sensazione*, o semplicemente *sensazioni*: ad es. un suono, una certa sensazione di caldo, di freddo, di luce, ecc. In ogni caso si fa astrazione da tutti i legami di questa sensazione colle altre, non meno che dall'ordine spaziale o temporale della medesima. Gli elementi soggettivi diciamo invece *elementi sentimentali* o *sentimenti semplici*; esempi di tali elementi sentimentali sono: il sentimento che si accompagna ad una sensazione di luce, di suono, di gusto, d'olfatto, di caldo, di freddo, di dolore; oppure i sentimenti che vanno uniti alla vista di un oggetto piacevole o spia-

cevole, che sono nello stato dell'attenzione, nel momento di un atto volitivo, e così via. Tali sentimenti semplici sono per doppio riguardo prodotti dell'astrazione: ogni sentimento è al tempo stesso non solo legato ad elementi rappresentativi, ma anche parte di un processo psichico, che si svolge in un certo tempo, durante il quale il sentimento muta da un momento all'altro.

3. Consistendo i veri contenuti psichici dell'esperienza di combinazioni varie fra elementi sensibili e sentimentali, il carattere specifico dei singoli processi psichici è fondato per massima parte non sulla natura di quegli elementi, ma piuttosto sulle loro combinazioni in formazioni psichiche composte. Così, ad es., le rappresentazioni di oggetti spazialmente estesi, una serie temporale di sensazioni, un'emozione, un atto volitivo sono forme *speciali* della esperienza psichica, le quali però, come tali, non sono già date immediatamente con gli elementi sensibili e sentimentali, come, ad es., le proprietà chimiche dei corpi composti non possono essere determinate, per quanto si enumerino le proprietà degli elementi chimici. Proprietà *specifica* e natura *elementare* di processi psichici sono pertanto due concetti tutt'affatto diversi l'uno dall'altro. Ogni elemento psichico è un contenuto specifico dell'esperienza, ma non ogni contenuto dell'esperienza immediata è egualmente un elemento psichico. Così le rappresentazioni spaziali e temporali, l'emozioni, le azioni volitive sono processi specifici, ma non elementari. Alcuni elementi hanno, è ben vero, la proprietà di apparire solo in formazioni psichiche di specie determinata, ma siccome queste contengono regolarmente anche altri elementi, la speciale natura delle formazioni può essere dedotta non dalle proprietà astratte degli elementi, ma soltanto dalla loro maniera di collegarsi. Noi riferiamo, per es., una momentanea sensazione di suono sempre ad un certo istante; ma poichè questa percezione dell'istante dipende dalle relazioni alle altre sensazioni precedenti e seguenti, lo speciale carattere delle rappresentazioni temporali non può essere fondato sulla singola sensazione di suono isolatamente pensata, ma soltanto su quella connessione. Così pure un'emozione come la collera, o un processo volitivo contengono certi sentimenti semplici, che non appaiono in nessun'altra forma psichica; quindi ciascuno

44

di questi processi è un composto, perchè esso ha un decorso nel tempo, nel quale determinati sentimenti si seguono con una certa regolarità, e appunto tutta questa serie di sentimenti è ciò che caratterizza il processo stesso. 4. Le sensazioni e i sentimenti semplici mostrano e proprietà comuni e differenze caratteristiche. Una proprietà comune ai due elementi è di avere ciascuno d'essi *due parti determinative*; noi diciamo *qualità* e *intensità* queste due parti determinative inscindibili di ogni elemento. Ogni sensazione semplice, ogni sentimento semplice ha una certa proprietà qualitativa, che li denota di fronte a tutte le altre sensazioni, a tutti gli altri sentimenti: questa proprietà è sempre data con una certa intensità; noi distinguiamo i diversi elementi psichici dalla qualità; percepiamo invece l'intensità come il valore di grandezza appartenente a uno speciale elemento in un caso concreto. Le nostre *denominazioni* degli elementi psichici si riferiscono esclusivamente alla qualità di esse; perciò noi distinguiamo le sensazioni, come bleu, giallo, caldo, freddo, ecc., e i sentimenti, come serio, allegro, triste, depresso, melanconico, ecc. Esprimiamo invece le differenze d'intensità degli elementi psichici sempre per mezzo delle stesse indicazioni di grandezza, come debole, forte, mediocremente forte, molto forte, ecc. In ambedue i casi queste espressioni sono concetti generali, che servono a un primo ordinamento superficiale degli elementi, ciascuno dei quali abbraccia generalmente un numero illimitatamente grande di elementi concreti. La lingua si è foggiata in modo relativamente completo queste distinzioni delle qualità delle sensazioni semplici, soprattutto dei colori e dei suoni. Invece le denominazioni delle qualità dei sentimenti e dei gradi d'intensità sono rimaste di gran lunga addietro. Talora oltre l'intensità e la qualità si distingue anche l'essere chiaro od oscuro, distinto o confuso[0]; ma poichè queste proprietà, come più sotto sarà dimostrato (§ 15, 4), sorgono sempre solo dalla combinazione di formazioni psichiche, non possono essere considerate come proprietà degli elementi psichici.

5. Ogni elemento, essendo costituito di due parti, della qualità e dell'intensità, possiede nel campo della sua qualità un certo *grado d'intensità*, che si può pensare portato per una continua graduazione

a un qualunque altro grado d'intensità dello stesso elemento qualitativo. Ma una tale graduazione è possibile solo in due direzioni, delle quali indichiamo una come *accrescimento*, l'altra come *diminuzione* dell'intensità. I gradi dell'intensità di ogni elemento qualitativo formano così un'unica dimensione, nella quale da ogni punto si può muovere in due direzioni opposte, allo stesso modo che da un punto qualsiasi di una linea retta. E possiamo esprimere questa proprietà colla seguente proposizione: *i gradi d'intensità di ogni elemento psichico costituiscono un continuo in linea retta*. Diciamo *i punti estremi* di questo continuo nel caso delle sensazioni *sensazione minima e massima* e nel caso dei sentimenti *sentimento minimo e massimo*.

Di fronte a questo uniforme modo di comportarsi dell'intensità, le *qualità* presentano proprietà varianti. Anche ogni qualità può certamente essere ordinata in un continuo tale, che da un determinato punto di esso si possa giungere ad un altro punto qualunque del medesimo per passaggi ininterrotti. Ma questi continui delle qualità, che noi possiamo indicare come *sistemi delle qualità*, mostrano differenze tanto nella varietà delle loro gradazioni, quanto nel numero delle direzioni in esse possibili. Pel primo rapporto noi possiamo distinguere sistemi di qualità *uniformi* o *varî*, pel secondo sistemi *ad una dimensione* ed *a più dimensioni*. In un sistema di qualità uniformi sono soltanto possibili delle differenze così piccole, che generalmente non si sentì alcun bisogno pratico di una distinzione linguistica tra le diverse qualità. Epperò noi distinguiamo qualitativamente solo *una* sensazione di pressione, di caldo, di freddo, di dolore, soltanto *un unico* sentimento dell'attenzione, dell'attività, ecc.; mentre ognuna di queste qualità è possibile in molti gradi diversi d'intensità. Da ciò non si deve conchiudere che in ciascuno di questi sistemi sia data soltanto una qualità; piuttosto pare che in questi casi la varietà delle qualità sia soltanto più limitata, cosicchè il sistema, se ce lo rappresentassimo in forma sensibile nello spazio, non sarebbe mai ridotto ad un punto. Le sensazioni di pressione, ad es., mostrano senza dubbio per le diverse parti della pelle piccole differenze qualitative, le quali però sono tuttavia abbastanza grandi, perchè si possa nettamente distinguere ogni parte della pelle da un'altra sufficientemente lontana da essa. Invece differenze, come quelle per il contatto di un corpo ottuso od acuto, ruvido o liscio, non devono certo essere considerate come differenze qualitative, perchè esse si fondano sempre su un maggior numero di sensazioni contemporaneamente presenti, dalle cui diverse connessioni in formazioni psichiche composte nascono quelle impressioni.

Da questi sistemi uniformi si distinguono i sistemi *varî* di quantità, per ciò che essi racchiudono un maggior numero di elementi chiaramente differenziabili, fra i quali sono possibili passaggi continui. A questa classe appartengono, fra i sistemi di sensazioni, il sistema dei suoni, quello dei colori, i sistemi del gusto e dell'olfatto; fra i sistemi dei sentimenti, quelli che costituiscono il complemento soggettivo dei sistemi di sensazioni sopra considerati, i sistemi dei sentimenti di suono, dei sentimenti dei colori e così via, e oltre a ciò sentimenti probabilmente numerosi che, legati senza dubbio oggettivamente a stimoli complessi, sono, come sentimenti, di natura semplice, così, ad es., i sentimenti vari di armonia e di disarmonia corrispondenti alle diverse combinazioni di suoni. Fino ad ora soltanto in alcuni sistemi di sensazioni è possibile affermare con sicurezza le differenze del *numero di dimensioni*; così, ad es., il sistema di suoni è un sistema ad una dimensione; il solito sistema dei colori, che comprende i colori coi loro passaggi al bianco, un sistema a due dimensioni; l'intero sistema delle sensazioni di luce, il quale contiene i toni oscuri di colore e i passaggi al nero, un sistema di sensazioni a tre dimensioni.

6. Se per i rapporti fin qui mentovati, le sensazioni ed i sentimenti presentano in generale comportamenti analoghi, pur differiscono ambedue in alcune proprietà essenziali, che hanno la loro ragione nell'immediata relazione della sensazione all'oggetto, dei sentimenti al soggetto.

1) Gli elementi della sensazione presentano, se essi vengono variati dentro una medesima dimensione qualitativa, *pure differenze di qualità*, che sono sempre nel tempo stesso *differenze della stessa direzione*; se poi in questa direzione raggiungono i limiti possibili, diventano *differenze massime*. Sono differenze massime, ad es., nella serie delle sensazioni di colore: rosso e verde, o bleu e giallo; nella

serie dei suoni: il più alto e più basso udibili, le quali tutte sono al tempo stesso differenze pure di qualità. Ogni elemento sentimentale invece muta, se viene continuamente e gradatamente variato nell'ordine delle sue qualità, cosicchè passa a poco a poco in un *sentimento di qualità tutt'affatto opposta*. Ciò appare in modo evidentissimo in quegli elementi sentimentali, che sono regolarmente congiunti a sensazioni determinate, come, ad es., un sentimento di suono, di colore. Un suono più alto ed uno più basso sono come sensazioni, differenze che si avvicinano più o meno alle differenze massime della sensazione di suono; i corrispondenti sentimenti di suono sono invece dei contrari. Generalmente parlando, le *qualità sensibili* sono limitate dalle *differenze massime*, le *qualità sentimentali* dai *massimi contrarî*. Tra questi massimi contrari è una zona intermedia, nella quale il sentimento non è più avvertito. Ma spesso questa zona d'indifferenza non può essere messa in luce, perchè allo sparire di certi sentimenti semplici, altre qualità sentimentali continuano a sussistere oppure ne possono anche sorgere di nuove. Quest'ultimo caso avviene soprattutto, quando il passaggio del sentimento nella zona d'indifferenza dipende da una modificazione della sensazione; così, ad es., nei toni medi della scala musicale spariscono i sentimenti che corrispondono ai toni alti e bassi, ma i toni medi stessi hanno una qualità sentimentale, che sorge solo distintamente collo sparire di quei contrari. Questo trova la sua spiegazione nel fatto, che il sentimento corrispondente ad una certa qualità sensoria è per solito parte di un sistema composto di sentimenti, nel quale esso appartiene contemporaneamente a diverse direzioni sentimentali. Così la qualità sentimentale di un suono di una certa altezza sta non solamente nella direzione dei sentimenti di altezza, ma anche in quella dei sentimenti d'intensità e infine nelle diverse dimensioni, secondo le quali i suoni possono essere ordinati in rapporto al loro carattere sonoro. Un suono di altezza ed intensità media può trovarsi, per quanto riguarda i sentimenti di altezza e d'intensità, nella zona d'indifferenza, pur essendo il sentimento del suono molto pronunciato. Il movimento degli elementi sentimentali attraverso alla zona d'indifferenza può essere osservato direttamente, solo quando nel tempo stesso si abbia cura di astrarre

48

dagli altri elementi sentimentali concomitanti. I casi in cui questi elementi concomitanti spariscono del tutto o quasi, sono appunto i più favorevoli per la determinazione di quello special modo di essere dei sentimenti. Quando una zona d'indifferenza prevale senza alcun perturbamento da parte degli altri elementi sentimentali, noi diciamo il nostro stato *libero da sentimenti* e diciamo *indifferenti* le sensazioni e le rappresentazioni, che sono presenti in tale caso.

2) Sentimenti di qualità specifica e insieme semplice ed indecomponibile, si presentano non solamente come complementi soggettivi di sensazioni semplici, ma anche come concomitanze caratteristiche di rappresentazioni composte o di processi rappresentativi complessi. V'è, ad esempio, non solo un sentimento semplice di suono, che varia coll'altezza e l'intensità del suono, ma anche un sentimento d'armonia che, considerato come sentimento, è egualmente indecomponibile e varia col carattere degli accordi. Ulteriori sentimenti, che possono essere ancora di varia natura, sorgono dalla serie melodica dei suoni e anche qui ogni singolo sentimento, per sé solo considerato in un dato momento, appare come unità indivisibile. Donde segue che i sentimenti semplici sono assai più vari e numerosi delle sensazioni semplici.

3) La varietà delle sensazioni pure si distingue in una quantità di sistemi separati gli uni dagli altri, fra gli elementi dei quali non hanno luogo relazioni qualitative. Le sensazioni che appartengono a sistemi diversi sono dette anche *disparate*. In tal senso un suono ed un colore, una sensazione di caldo e di pressione, insomma due sensazioni qualsivogliano, fra le quali non siano passaggi continui di qualità, sono disparate. In base a questo criterio ciascuno dei quattro sensi speciali (olfatto, gusto, udito e vista) rappresenta un sistema di sensazione in sè chiuso, disparato da ogni altro campo del senso ma vario, mentre il senso generale (senso del tatto) racchiude in sè stesso quattro sistemi uniformi di sensazioni (sensazione di pressione, di caldo, di freddo, di dolore). All'opposto, tutti i sentimenti semplici costituiscono una varietà unica e connessa, poichè non v'ha alcun sentimento dal quale non si possa riuscire ad un altro sentimento qualunque, attraverso i gradi intermedi e le zone d'indifferenza. Ben-

chè anche qui sia possibile distinguere alcuni sistemi, gli elementi dei quali siano fra loro più strettamente collegati, come, ad es., il sistema del sentimento di colore, dei sentimenti di suono, dei sentimenti d'armonia, dei sentimenti ritmici ed altri simili; pure questi sentimenti non sono assolutamente chiusi in sè, ma trovano relazioni ora di affinità, ora di opposizione cogli altri sistemi. Così, ad es., il sentimento piacevole di una sensazione moderata di caldo, il sentimento dell'armonia musicale, il sentimento dell'attesa soddisfatta ed altri, per quanto grande possa essere la loro differenza qualitativa, si mostrano affini in ciò, che noi riconosciamo applicabili ad essi tutti la generale designazione di "sentimenti di piacere". Ancora più strette relazioni troviamo tra alcuni singoli sistemi di sentimenti, ad es., tra i sentimenti di suono e di colore, nei quali i suoni bassi paiono affini alle qualità oscure di luce, gli alti alle chiare. Quando per lo più attribuiamo anche alle sensazioni una certa affinità, non facciamo verosimilmente che trasferire ad esse le affinità esistenti tra i sentimenti che le accompagnano.

Questo terzo carattere dimostra decisamente che l'origine dei sentimenti è *unica*, all'opposto delle sensazioni, le quali si basano su una moltiplicità di condizioni diverse e in parte isolabili le une dalle altre. Così pure la relazione immediata dei sentimenti al soggetto, delle sensazioni agli oggetti porta alla stessa differenza, basandosi sulla contrapposizione del soggetto come unità agli oggetti, come moltiplicità. 6a. Le espressioni "sensazione" e "sentimento" hanno ora per la prima volta ottenuto nella nuova psicologia quel significato che qui sopra definimmo. Nella vecchia letteratura psicologica esse erano distinte in modo diffettoso e persino scambiate l'una per l'altra; e oggi ancora dai fisiologi alcune sensazioni, specialmente quelle del tatto e degli organi interni, sono indicate come sentimenti, epperò il senso tattile stesso come "senso sentimentale". Se questo può corrispondere all'originario significato verbale Fühlen = Tasten[0], pure tale confusione avrebbe dovuto essere evitata, dopo che fu introdotta quell'opportuna distinzione nel significato delle due parole. Inoltre la parola "sensazione" è usata anche dai psicologici non solo per le qualità semplici, ma altresì per le composte, come, ad es., per accordi, per rappresentazioni spaziali o temporali. Ma siccome noi per queste forme complesse abbiamo già l'espressione pienamente appropriata di "rappresentazione", è più opportuno limitare il concetto di sensazione alle qualità sensorie psicologicamente semplici. Talora si volle anche restringere il concetto di sensazione a quegli eccitamenti che provengono direttamente da stimoli di senso esterni. Ma essendo questa circostanza irrilevante per la proprietà psicologica della sensazione, tale ulteriore limitazione del concetto non è giustificabile.

La distinzione concreta delle sensazioni e dei sentimenti è essenzialmente convalidata dall'esistenza della zona d'indifferenza dei sentimenti. Così pure con questo rapporto della graduazione fra i diversi e della graduazione fra i contrari, è connessa la proprietà che hanno i sentimenti di essere gli elementi di gran lunga più variabili della nostra esperienza immediata. Appunto da questa natura mutevole del sentimento, che appena permette di mantenere uno stato sentimentale in una qualità o intensità invariata, dipendono anche le grandi difficoltà alle quali si va incontro nell'indagine esatta dei sentimenti.

Poichè le sensazioni appartengono ad ogni contenuto dell'esperienza immediata e i sentimenti invece possono in certi casi estremi sparire a causa della loro oscillazione attraverso ad una zona d'indifferenza, si capisce che noi possiamo astrarre nelle sensazioni dai sentimenti concomitanti e non mai all'opposto in questi da quelle. Di qui facilmente la falsa idea, che le sensazioni siano le cause dei sentimenti, o l'altra, che i sentimenti siano uno speciale genere di sensazione. La prima di queste opinioni è inammissibile, perchè gli elementi sentimentali non devono essere derivati dalle sensazioni come tali, ma soltanto dal comportamento del soggetto; imperocchè anche in diverse condizioni soggettive una medesima sensazione può essere accompagnata da sentimenti diversi. La seconda opinione è insostenibile, perchè da un lato l'immediata relazione della sensazione al contenuto oggettivo dell'esperienza, dei sentimenti al soggetto e dall'altro le proprietà della graduazione fra differenze massime e fra massimi contrari, costituiscono diversità essenziali. Dopo ciò sensazione e sentimento, in quanto fattori oggettivi e soggettivi spettanti ad ogni esperienza psicologica, devono essere considerati come elementi reali ed egualmente essenziali del processo psichico, i quali stanno sempre fra loro in rapporti. Ma poichè in questi rapporti reciproci si mostrano più costanti gli elementi di sensazione, i quali possono essere isolati per mezzo dell'astrazione solo col sussidio della relazione ad un oggetto esterno, si deve necessariamente partire dalle sensazioni per la ricerca delle proprietà di ambedue le speci di elementi. Le sensazioni semplici, nello studio delle quali si astrae dagli elementi sentimentali che le accompagnano, sono indicate come *sensazioni pure*. È evidente che non è possibile parlare in egual senso di sentimenti puri, perchè anche i sentimenti semplici non possono mai essere pensati sciolti dalle sensazioni concomitanti o dalle combinazioni di esse. E qui ritorna opportuna la seconda delle note differenziali sopra spiegate (pag. 27).

§ 6. - Le sensazioni pure.

1. Il concetto di "sensazione pura" presuppone in base al § 5 una doppia astrazione: 1) l'astrazione dalle rappresentazioni nelle quali la sensazione si presenta; 2) l'astrazione dai sentimenti semplici, coi quali essa è legata. Le sensazioni pure così definite formano una serie di sistemi qualitativi disparati e ciascuno di questi sistemi, come quello delle sensazioni di pressione o delle sensazioni di suono, di luce, è un continuo uniforme o vario (§ 5, 5), che, in sè chiuso, non mostra possibile alcun passaggio ad uno degli altri sistemi.

2. *Il sorgere delle sensazioni*, come l'esperienza fisiologica c'insegna, è regolarmente legato a certi processi fisici, i quali hanno la loro origine parte nel mondo esterno che circonda il nostro corpo, parte in certi organi del nostro corpo; questi processi, con una espressione tolta a prestito dalla fisiologia, diciamo *stimoli del senso* o *stimoli della sensazione*. Se lo stimolo consiste in un processo del mondo esterno, noi lo diciamo *fisico*, e se consiste invece in un processo che ha luogo nel nostro corpo, lo diciamo *fisiologico*. Gli stimoli fi-

siologici possono distinguersi in *periferici* e *centrali*, a seconda che essi consistono in processi che avvengono nei diversi organi corporei all'infuori del cervello o in processi che si svolgono nel cervello stesso. In numerosi casi una sensazione è accompagnata da tutti questi tre processi di stimolo; ad es., un'azione luminosa esterna agisce come stimolo fisico sull'occhio; in questo e nel nervo visivo sta un eccitamento fisiologico periferico, e nelle terminazioni del nervo ottico, situate in alcune parti del cervello medio (corpora quadrigemina) e nelle regioni più interne della corteccia cerebrale (regione occipitale), un eccitamento fisiologico centrale. In molti casi però l'eccitamento fisico può mancare, mentre il fisiologico persiste nelle sue due forme: ad es., se noi, in seguito a un violento movimento dell'occhio, percepiamo uno sprazzo luminoso; in altri casi può essere solo lo stimolo centrale: se noi, ad es., ci ricordiamo di un'impressione luminosa antecedentemente avuta. Pertanto l'eccitamento centrale è il solo che accompagni costantemente la sensazione. Lo stimolo periferico deve collegarsi al centrale, e quello fisico così allo stimolo fisiologico periferico come al centrale, perchè la sensazione sorga.

3. L'evoluzione fisiologica fa credere verosimile che la separazione dei diversi sistemi di sensazione sia avvenuta nel corso dell'evoluzione. L'organo di senso nelle sue origini primissime è lo stesso involucro del corpo, insieme agli organi interni capaci di sensazioni. Gli organi del gusto, dell'olfatto, dell'udito, della vista sorgono invece solo più tardi come differenziazioni dell'involucro corporeo. Si può pertanto congetturare che anche i sistemi dì sensazioni rispondenti a quegli organi speciali, siano sorti dai sistemi di sensazioni del senso generale: dalle sensazioni di pressione, di caldo, di freddo; e sì può anche pensare che negli animali inferiori alcuni dei sistemi di qualità ora decisamente distinti stessero fra loro più vicini. Fisiologicamente la natura originaria del senso esterno si manifesta in ciò, che in esso si trovano o nessun'affatto o soltanto deboli disposizioni al trasporto dello stimolo ai nervi di senso. Infatti gli stimoli di pressione, di temperatura, di dolore possono dar luogo a sensazioni su parti della pelle, per le quali nessuno speciale apparato terminale potè sino ad ora essere dimostrato, malgrado le indagini diligenti. Ai punti più

sensibili per la sensazione di pressione vi sono speciali apparati riceventi (corpuscoli tattili, clave terminali, corpuscoli di Vater), ma la
natura di questi apparati è tale che essi probabilmente non fanno che
favorire il trasporto meccanico dello stimolo di pressione alle terminazioni nervose. Speciali apparati riceventi non sono ancora stati trovati per gli stimoli caldi, freddi e dolorifici.

Invece negli organi di senso speciali sviluppatisi più tardi, noi
troviamo dappertutto larghe disposizioni, le quali non solo permettono un opportuno trasporto dello stimolo al nervo di senso, ma in generale producono anche *trasformazioni fisiologiche* dei processi di
stimolazione; trasformazioni che sembrano essere necessarie al sorgere delle qualità proprie delle sensazioni. Però i singoli sensi presentano sotto questi rapporti comportamenti diversi.

Sembra specialmente che nell'*organo dell'udito* gli apparati riceventi non abbiano affatto la stessa importanza che nell'organo dell'olfatto, del gusto e della vista. Nel grado infimo del suo sviluppo, l'apparato uditivo consiste in una vescichetta, che racchiude una o alcune
piccole pietruzze (otoliti) e sulla cui parete si spande un fascio di nervi. Le otoliti sono poste dalle onde sonore in oscillazioni che devono
agire, come un rapido succedersi di deboli stimoli di pressione, sui
filamenti del fascio nervoso. Per quanto evoluto, l'organo uditivo degli animali superiori si riporta, nella sua disposizione essenziale, a
questo tipo di un semplicissimo apparato uditivo. Nella chiocciola
dell'uomo e degli animali superiori i nervi uditivi riescono a una pira-
mide perforata da numerosi e fini canali, e poi, attraverso pori rivolti
verso la cavità della chiocciola, vanno a spandersi in una membrana,
la quale attraversa la cavità in avvolgimenti spirali, è fortemente tesa
e gravata da alcuni archi rigidi (gli organi di Corti). Questa membrana, detta la membrana basilare, dovendo per leggi acustiche entrare
in vibrazione tosto che le onde sonore colpiscono l'orecchio, compie,
a quanto pare, lo stesso ufficio che spetta alle pietruzze in quella forma infima di organo uditivo. Ma qui intervenne anche un'altra modificazione, la quale serve pure a spiegare lo prodigiose differenzazioni
dei sistemi di sensazioni. Quella membrana basilare della chiocciola
ha nelle sue diverse parti un diametro diverso, diventando essa più

54

larga dalla base al vertice del canale della chiocciola. Essa si comporta pertanto come un sistema di corde tese di diversa lunghezza e, poichè in un tale sistema, in eguali condizioni, le corde più lunghe sono destinate ai toni più bassi e le più corte ai toni più alti, il medesimo fatto si può supporre per le diverse parti della membrana. Mentre noi possiamo congetturare che il sistema di sensazione corrispondente ai più semplici organi uditivi muniti di otoliti, sia un sistema uniforme analogo al nostro sistema di sensazioni di pressione; la differenzazione speciale di questo apparato della chiocciola negli animali superiori spiega l'evolversi di quel sistema originariamente uniforme in un sistema vario. Tuttavia la natura dell'apparato ricevente rimane pur sempre la medesima, poichè esso, tanto nella sua forma più semplice quanto nella più perfetta, è adatto a un *trasporto* dello stimolo fisico ai nervi dei sensi quanto è più possibile completo, ma in nessun modo ad una trasformazione di questo stimolo. E ciò è confermato anche dall'osservazione che, come le sensazioni di pressione possono essere determinate da punti della pelle tali che manchino di speciali apparati riceventi, così in certi animali, nei quali le condizioni di trasporto sonoro sono specialmente favorevoli, ad es., negli uccelli, le onde sonore vengono portate ai nervi sensori e sentite anche dopo la asportazione di tutto l'apparato uditivo col suo specifico apparato ricevente.

I *sensi dell'olfatto, del gusto e della vista* diversificano essenzialmente nel loro modo di comportarsi dal senso dell'udito. In essi sono disposizioni fisiologiche che rendono impossibile un'azione diretta dello stimolo sui nervi di senso, perchè fra i due si inseriscono apparati speciali, nei quali lo stimolo esterno porta modificazioni, che sono i veri stimoli eccitanti i nervi sensori. Questi apparati sono, nei tre organi sunnominati, tessuti superficiali trasformati in modo speciale, dei quali un'estremità è accessibile allo stimolo e l'altra va in una fibra nervosa. Tutto ciò fa credere che in tal caso gli apparati riceventi siano non semplici apparati di trasporto, ma *apparati di trasformazione* dello stimolo. In questi tre casi la trasformazione è verosimilmente *chimica*, poichè nel senso del gusto e dell'olfatto gli esterni eccitamenti chimici, nel senso della vista invece gli eccita-

55

menti luminosi, determinano azioni chimiche nel tessuto dell'organo, le quali agiscono poi come i veri stimoli sensori.

Epperò si contrappongono questi tre sensi come sensi *chimici*, ai sensi della pressione o dell'udito come sensi *meccanici*; in quali di queste due classi le sensazioni di caldo e freddo debbano essere comprese, non è ancora possibile determinare con sicurezza. Una prova della relazione diretta tra lo stimolo e la sensazione nei sensi meccanici, o della indiretta nei sensi chimici, sta in ciò che nei primi la sensazione si mantiene un tempo assai breve dopo uno stimolo esterno, mentre nei secondi perdura assai più a lungo. Così, ad es., in una rapida serie di stimoli di pressione o soprattutto sonori, ci è possibile distinguere tra loro assai nettamente i singoli stimoli; all'opposto le impressioni luminose, gustative od olfattive si confondono anche quando si succedono con una rapidità moderata.

4. Poichè gli stimoli, nelle due forme periferica e centrale, sono fenomeni fisici che accompagnano regolarmente i processi psichici elementari, le sensazioni, facilmente sorse naturale l'idea di determinare certe relazioni fra queste due serie di processi. La fisiologia, nell'intento di sciogliere questo problema, era solita considerare le sensazioni come gli effetti degli stimoli fisiologici, ma al tempo stesso ammetteva essere in questo caso impossibile il trarre una vera spiegazione dell'effetto dalla sua causa; doversi limitare all'affermazione della costanza di relazione tra certe cause, stimoli, e certi effetti, sensazioni. Ora si trova che in molti casi stimoli diversi, agendo sugli stessi apparati fisiologici riceventi, determinano sensazioni qualitativamente eguali; si hanno, ad es., sensazioni luminose, quando si stimoli meccanicamente od elettricamente l'occhio. Generalizzando questo risultato, si giunse alla proposizione che ciascun singolo elemento ricevente di un organo di senso e ogni fibra nervosa sensoria insieme alla sua terminazione centrale siano capaci di una sola qualità saldamente determinata per una singola sensazione; epperò le varietà delle qualità di sensazioni sia prodotta dalla varietà di quegli elementi fisiologici di diversa energia specifica.

Questa proposizione che si suole indicare come "legge dell'energia specifica", lasciando da parte che essa riconduce le cause delle varie differenze delle sensazioni semplicemente ad una qualità occulta degli elementi fisiologici di senso e nervosi, è insostenibile per tre ragioni.

1) Essa sta in contraddizione coll'evoluzione fisiologica dei sensi. Se, come dobbiamo ritenere secondo questa evoluzione, molteplici sistemi di sensazioni sono derivati da altri originariamente più semplici e uniformi, anche gli elementi fisiologici devono essere variabili; ma questo è solo possibile nel senso che essi vengano modificati dagli stimoli che agiscono su di essi. Epperò resta incluso che gli elementi di senso determinano le qualità delle sensazioni solo secondariamente, cioè in conseguenza della proprietà che esse acquistano per i processi d'eccitamento ad essi dirizzati. Ma che gli elementi sensibili in un corso di tempo abbastanza lungo subiscano modificazioni più intime, le quali dipendano dalla natura degli stimoli che li colpiscano, è solo possibile, quando il processo fisiologico d'eccitamento negli elementi sensibili varii in qualsiasi grado colla qualità dello stimolo.

2) La proposizione dell'energia specifica contraddice al fatto che nei numerosi domini di senso, alla varietà delle qualità di sensazione non corrisponde una eguale varietà degli elementi fisiologici del senso stesso. Così da un unico punto della retina possono essere suscitate tutte le sensazioni di luce e di colore. Egualmente non troviamo affatto nell'organo dell'olfatto e in quello del gusto forme alcune manifestamente diverse di elementi di senso, e vediamo nondimeno parti pur limitate di queste superfici sensibili determinare una varietà di sensazioni, che sopratutto nell'olfatto è straordinariamente grande. Anche in quei casi, nei quali vi è ragione di ammettere che sensazioni veramente diverse per qualità nascono in diversi elementi di senso, ad es., nel senso dell'udito, anche in questi casi la conformazione degli apparati di senso dimostra che queste differenze non si riducono ad una proprietà delle fibre nervose o di speciali elementi di senso, ma hanno il loro primo fondamento nei modi speciali di disposizione. Se nella chiocciola dell'udito le diverse parti della membrana sono accordate a suoni diversi, naturalmente anche le diverse fibre del nervo uditivo sono eccitate da diverse onde sonore; ma questo

non dipende da una proprietà originaria enigmatica delle singole fibre del nervo uditivo, bensì soltanto dalla natura del loro legame cogli apparati riceventi.

3) I nervi di senso e gli elementi centrali di senso non possono possedere alcuna energia specifica originaria, perchè dal loro eccitamento le sensazioni corrispondenti sorgono soltanto quando gli organi di senso periferici sono stati accessibili almeno per un tempo sufficientemente lungo agli stimoli di senso adeguati. Ai ciechi nati e ai nati sordi mancano interamente, come si sa, le qualità di luce e di suono, anche quando i nervi e i centri sensori sono in tutto formati sin dall'origine.

Tutto questo ci dice che la differenza della qualità di sensazione è determinata dalla differenza dei *processi di stimolazione* che hanno luogo nell'organo di senso, e che questi processi dipendono, prima dalla natura degli stimoli *fisici*, poi dalle proprietà degli apparati riceventi che si formano per l'adattamento a questi stimoli. Ed in seguito a questo adattamento può avvenire che, se invece dello stimolo fisico adeguato causante il primitivo adattamento degli elementi sensitivi, agisce un altro stimolo, si abbia alla fine pur sempre la sensazione corrispondente allo stimolo adeguato. Però questo fatto non vale nè per tutti gli stimoli di senso nè per tutti gli elementi sensitivi. Così ad es., con stimoli di caldo e di freddo non si può produrre una sensazione di pressione sulla pelle nè alcun'altra qualità sensibile negli organi speciali di senso. Stimoli meccanici ed elettrici suscitano sensazioni luminose solo se essi colpiscono la retina, non se il nervo visivo; egualmente non è possibile con questi stimoli generali produrre sensazione alcuna di olfatto o di gusto, a meno che la corrente elettrica determini una scomposizione chimica, per la quale si formino stimoli chimici adeguati. 5. Dalla proprietà dei processi di stimolazione, fisici e fisiologici, è impossibile, per la natura stessa della cosa, derivare la proprietà della sensazione, poichè i processi di stimolazione appartengono all'esperienza della scienza naturale o mediata, le sensazioni invece all'esperienza psicologica o immediata; fra le due pertanto non si può stabilire un'eguaglianza. Ma pur esiste un rapporto reciproco fra le sensazioni e i processi *fisiologici* di stimolazione, nel senso che a sensazioni diverse debbano sempre corrispondere diversi processi di stimolazione; questa proposizione del *parallelismo tra le differenze delle sensazioni e le differenze fisiologiche di stimolazione*, è un principio importante per la dottrina così psicologica come fisiologica della sensazione. Nella prima lo si applica per ottenere, mediante volontarie variazioni degli stimoli, certe modificazioni della sensazione; nella seconda per conchiudere dall'eguaglianza o differenza delle sensazioni all'eguaglianza o diversità dei processi fisiologici di stimolazione. Inoltre il medesimo principio costituisce i fondamenti tanto della nostra esperienza pratica della vita quanto della nostra conoscenza teorica del mondo esterno.

A) *Le sensazioni del senso generale.*

6. Il concetto del "senso generale" ha un significato temporale ed uno spaziale: in ordine di tempo il senso generale è quello che antecede gli altri tutti e che per questo solo appartiene a *tutti* gli esseri animati; spazialmente il senso generale si differenzia dal senso speciale per questo, che esso ha la più larga superficie di senso accessibile a stimoli. Esso comprende non solo la intera pelle esterna colle parti mucose della cavità, ma anche una grande quantità di organi interni, come le articolazioni, i muscoli, i tendini, le ossa, nei quali si spandono nervi di senso e che sono accessibili agli stimoli o sempre, o, come le ossa, temporaneamente e sotto condizioni speciali.

Il senso generale comprende *quattro* sistemi di sensazioni specificamente fra loro diversi: sensazioni di pressione, sensazioni di freddo, sensazioni di caldo e sensazioni dolorifiche. Non di rado un unico stimolo suscita più d'una di queste sensazioni. Ma la sensazione viene senz'altro riconosciuta come mista, i cui singoli componenti appartengono a sistemi diversi di sensazioni, ad es., a quello delle sensazioni di pressioni e delle sensazioni di caldo, o a quello delle sensazioni di pressione e di dolore, o delle sensazioni di caldo e di dolore. Allo stesso modo a causa dell'estensione spaziale dell'organo di senso, sorgono molto spesso mescolanze di qualità diverse di uno stesso sistema, ad es., quando si tocchi una larga superficie della pelle, si hanno sensazioni di pressione qualitativamente diverse.

I quattro sistemi di sensazione del senso generale sono tutti sistemi *uniformi* (§ 5, 5) e anche da questo lato il senso generale di fronte agli altri sensi, i sistemi dei quali sono vari, si dà a riconoscere come quello che geneticamente è primo. Le sensazioni di pressione che hanno la loro origine e nella pelle esterna e nella tensione o movimenti delle articolazioni dei muscoli o dei tendini, siamo soliti ad abbracciare sotto il nome di *sensazioni di tatto* e a queste contrapporre come *sensazioni comuni*, le sensazioni di caldo, di freddo e dolorifiche, insieme alle sensazioni di pressione che hanno luogo negli altri organi interni. Le sensazioni tattili possono alla loro volta essere distinte in *esterne* ed *interne*, quando si pongano fra le prime le sensazioni di pressione sulla pelle, e fra le seconde le sensazioni di pressione che avvengono nei su menzionati tessuti ed organi. Quest'ultime possono anche essere distinte rispetto alla loro sede fisiologica, in sensazioni muscolari e senzazioni di articolazioni; e rispetto alla loro condizione di formazione, in sensazione di tensione o di forza e sensazioni di movimento o di contrazione.

7. Solo sulla pelle esterna è possibile con sufficiente esattezza avere una prova dell'attitudine che presentano le diverse parti degli organi di senso generale a ricevere stimoli e a produrre sensazioni. Riguardo alla parte interna si può soltanto affermare che sono sensibili agli stimoli di pressione le articolazioni in assai grande misura, i muscoli e i tendini in più piccola, mentre le sensazioni di caldo, di freddo e dolorifiche sorgono negli organi interni solo eccezionalmente e, in grado notevole, solo in condizioni anormali. Invece sulla pelle esterna e sugli integumenti mucosi che confinano immediatamente colla pelle, non è alcun punto il quale non sia contemporaneamente sensibile agli stimoli di pressione, di freddo e dolorifici. Ma è pur vero che varia il *grado* della sensibilità sui diversi punti, e proprio così, che generalmente non coincidono fra loro i punti di maggior sensibilità per la pressione e per il caldo e per il freddo. Soltanto la sensibilità dolorifica si comporta in modo abbastanza uniforme, con questa sola eccezione, che in alcuni punti lo stimolo dolorifico agisce

alla superficie, in altri penetra più addentro. Invece ci sono singole parti della pelle quasi puntiformi specialmente privilegiate, per gli stimoli di pressione, di caldo, di freddo che sono designate come punti dolorifici, caldi e freddi. Esse sono sparse in numero assai vario sulle diverse regioni della pelle. Punti di diverse qualità non coincidono mai, ma i punti di temperatura possono egualmente dar origine a sensazioni di pressione e dolorifiche; stimoli caldi per solito determinano anche sui punti freddi sensazioni calde, mentre i punti caldi pare non possano essere eccitati da stimoli freddi puntiformi. Inoltre i punti caldi e freddi possono anche reagire con sensazioni calde e fredde a stimoli meccanici ed elettrici opportunamente applicati.

8. Delle quattro speci di qualità sunnominate le sensazioni di pressione e dolorifiche formano sistemi chiusi, che non offrono relazioni nè fra loro nè coi due sistemi di sensazioni di temperatura. Invece noi siamo soliti porre le sensazioni di temperatura *nel rapporto di opposizione*, in quanto noi apprendiamo caldo e freddo non semplicemente come sensazioni diverse, ma *contrastanti*. È però assai probabile che questa considerazione provenga non dalla natura originaria delle sensazioni, ma in parte dalle condizioni della loro formazione e in parte dai sentimenti che le accompagnano. Mentre le altre qualità possono fra loro collegarsi a loro gradimento e costituire sensazioni miste, ad es., pressione e caldo, pressione e dolore, freddo e dolore, e così via; caldo e freddo, a causa delle condizioni della loro origine, si escludono l'un l'altro; così che in un dato punto della pelle è possibile soltanto una sensazione calda o una fredda, o nessuna delle due. Quando l'una di queste sensazioni passa senza interruzione nell'altra, il passaggio avviene regolarmente, in modo che o la sensazione calda gradatamente sparisce e sorge una sensazione fredda in accrescimento costante, o viceversa, questa sparisce e quella cresce a poco a poco. Si aggiunge ancora che caldo e freddo sono collegati a sentimenti elementari opposti, fra i quali il punto in cui le due sensazioni spariscono, si presenta come punto d'indifferenza.

I due sistemi di sensazioni di temperatura stanno ancora in un'ultima relazione: essi sono dipendenti in alta misura dalle condizioni variabili della stimolazione sull'organo di senso; un aumento notevole della propria temperatura è da noi sentito come caldo, un abbassamento della stessa come freddo. Egualmente la temperatura del nostro corpo, che corrisponde alla zona d'indifferenza fra le due sensazioni, si adatta relativamente presto alla temperatura esterna, entro limiti abbastanza larghi. E il fatto che i due sistemi di sensazioni si comportano anche sotto questo rispetto egualmente, viene ad appoggiare ancor più il concetto della loro affinità o della loro opposizione.

B) *Le sensazioni di suono.*

9. Noi abbiamo *due* sistemi di sensazioni sonore semplici fra loro indipendenti, ma di solito connessi a causa del mescolarsi degli stimoli; il sistema *uniforme* delle sensazioni semplici di rumore e il sistema *vario* delle sensazioni semplici di tono.

Possiamo produrre *sensazioni semplici di rumore* solo in condizioni nelle quali sia escluso il sorgere contemporaneo di sensazioni di tono; cioè quando noi produciamo vibrazioni d'aria, la velocità delle quali sia nè troppo lenta nè troppo rapida, o quando onde sonore agiscono sull'orecchio per un tempo più breve di quello che possa determinare una sensazione di tono. La sensazione di rumore ottenuta in tal modo può essere distinta per intensità e per durata. A parte ciò, pare che essa sia qualitativamente uniforme. Certo è possibile che piccole differenze qualitative esistano a seconda delle condizioni di origine del rumore; ma esse sono in ogni caso troppo piccole per essere fissate mediante determinazioni diverse. I così detti soliti rumori sono composizioni di sensazioni e risultano da tali sensazioni semplici di rumore e da molte numerose sensazioni di tono irregolari (V. § 9, 7). Il sistema uniforme delle sensazioni di rumore è probabilmente il primitivo in ordine di sviluppo. Le semplici vescichette uditive, provvedute di otoliti, quali s'incontrano negli animali inferiori, possono difficilmente produrre sensazioni diverse dalle sensazioni di rumore semplici. Anche nell'uomo e negli animali superiori le disposizioni del vestibolo del labirinto fanno credere solo a un eccitamento sonoro uniforme, corrispondente alla sensazione semplice di rumore;

62

e infine, dopo le ricerche anche sugli animali privi del labirinto, pare che anche solo un'eccitazione diretta del nervo uditivo possa produrre tali sensazioni. Siccome poi nello sviluppo degli animali superiori l'apparato a chiocciola del labirinto uditivo è derivato dall'originaria vescichetta del vestibolo, corrispondente in tutto nella sua conformazione a un primitivo organo d'udito, il sistema molteplice delle sensazioni di tono può forse essere considerato come un prodotto della differenziazione del sistema uniforme delle sensazioni semplici di rumore; benchè, dovunque questo svolgimento si sia compiuto, il sistema semplice continui a persistere accanto al complesso. 10. Il sistema delle *sensazioni semplici di tono* costituisce una varietà continua a *una* dimensione. *Altezza dei toni* noi diciamo la qualità delle singole sensazioni semplici di tono. La natura unidimensionale del sistema appare dal fatto che noi, partendo da una data altezza di tono, possiamo variare le qualità sempre secondo *due* direzioni fra loro opposte: l'una di queste diciamo *elevamento*, l'altra *abbassamento* del tono. Nell'esperienza reale una semplice sensazione di tono non ci si offre mai per sè sola, in tutto pura, ma ora essa si collega con altre sensazioni di tono, ora anche con concomitanti sensazioni semplici di rumore. Ma poichè questi elementi concomitanti, secondo lo schema più sopra dato (§ 5, 1), possono essere variati a piacimento, e in molti casi sono relativamente deboli a paragone di un singolo tono; l'applicazione pratica delle sensazioni di tono nell'arte della musica è già riuscita all'astrazione della sensazione semplice di tono. Coi simboli *do, do diesis, fa bemolle, re*, ecc., noi indichiamo toni semplici, benchè i suoni di strumenti musicali e della voce umana, coi quali noi produciamo quest'altezze di tono, siano sempre accompagnati da altri toni più deboli e anche spesso da rumori. Poichè le condizioni in cui sorgono questi toni d'accompagnamento, possono variare a nostra volontà così da diventare molto deboli, la tecnica acustica è riuscita persino a determinare i toni semplici in purezza pressochè completa. Il mezzo più semplice per ciò sta nel mettere il diapason in relazione cogli spazi di risonanza, i quali sono accordati al tono fondamentale del diapason; e poichè lo spazio di risonanza non fa che rinforzare il tono fondamentale, al vibrare di un unico diapason gli speciali toni

63

concomitanti diventano così deboli, che la sensazione viene di solito percepita come una sensazione semplice ed indecomponibile. Quando si cerchi determinare le onde sonore corrispondenti ad una tale sensazione di tono, si trova che esse corrispondono al più semplice movimento possibile di vibrazione, cioè all'oscillazione pendolare, così detta perchè le oscillazioni delle particelle d'aria seguono la stessa legge, secondo la quale si comportano le oscillazioni di un pendolo che si muove in un'assai piccola ampiezza[0]. Che queste vibrazioni sonore relativamente semplici corrispondano a sensazioni semplici di tono, e che noi in queste combinazioni di sensazione possiamo pur distinguere ed udire le sensazioni singole, si può fisicamente dedurre, in base alle disposizioni dell'apparato della chiocciola, dalla legge delle vibrazioni concomitanti. Essendo la membrana basilare della chiocciola accordata nelle sue diverse parti a diverse altezze di tono, se una semplice oscillazione sonora colpisce l'orecchio, vibrerà soltanto la parte accordata a quella oscillazione, e se la medesima velocità di vibrazione si svolge in un più complesso movimento sonoro, quella farà vibrare soltanto la parte ad essa accordata, e le restanti parti costitutive del movimento sonoro faranno vibrare altre porzioni della membrana, rispondenti ad esse in egual maniera.

11. Il sistema delle sensazioni di tono si dimostra una varietà *continua*, essendo possibile giungere da una determinata altezza di tono a una qualsiasi altra per una continua variazione di sensazione. La musica, scegliendo da questo continuo, singole sensazioni che sono separate da grandi intervalli, e in tal modo facendo della *linea dei toni* la *scala dei toni*, fa una determinazione arbitraria, che ha pur sempre la sua base nel rapporto delle sensazioni di tono; ma su di essa ritorneremo più innanzi per considerare le formazioni rappresentative che sorgono da queste sensazioni. La linea naturale dei toni ha due punti estremi, i quali fisiologicamente sono determinati dai limiti della percettibilità dell'apparato uditivo. Questi estremi sono il tono più alto e il più basso, dei quali il primo corrisponde a un movimento vibratorio da 8 a 10, il secondo a un movimento da 40.000 a 60.000 vibrazioni intere al minuto secondo.

C) *Le sensazioni di olfatto e di gusto.*

12. Le *sensazioni di olfatto* formano un sistema vario di un ordine fin qui ancora sconosciuto. Noi sappiamo soltanto che esiste un numero assai grande dì diverse qualità olfattive, tra le quali hanno luogo tutti i continui passaggi possibili. È pertanto fuori di dubbio che il sistema è una varietà a più dimensioni.

12*a*. Come un indizio che un tempo sarà forse possibile ridurre le sensazioni olfattive a un più piccolo numero di qualità principali, si può considerare il fatto che gli odori possono disporsi in certe *classi*, delle quali ciascuna contiene sensazioni che sono più o meno affini. Tali classi sono, ad es., gli odori d'etere, gli aromatici, i balsamici, quelli di muschio, di abbruciaticcio e così via. Osservazioni isolate insegnano che alcune qualità prodotte da speciali sostanze odorifiche, possono essere determinate anche dalla mescolanza di altre sostanze. Ma queste esperienze non sono sino ad ora sufficienti per ricondurre la grande quantità di odori singoli, che ciascuna delle suddette classi racchiude, a un più limitato numero di qualità principali e di loro mescolanze. Infine si è anche osservato che parecchi stimoli olfattivi, usati in conveniente rapporto d'intensità, si compensano nella sensazione; e ciò accade non solo con quelle sostanze che come, ad es., acido acetico ed ammoniaca, si neutralizzano chimicamente, ma anche con quelle che come, ad es., caoutchouch e cera o balsamo del tolù, all'infuori delle particelle odorifere, non agiscono chimicamente una sull'altra. E siccome noi possiamo constatare questa compensazione anche quando i due odori agiscono in due superfici olfattive affatto diverse, l'uno sulla destra mucosa interna del naso, l'altro sulla sinistra, dobbiamo credere che qui si tratti non di un fenomeno analogo al complementarismo dei colori, di cui più sotto avremo a parlare (22), ma probabilmente di una reciproca inibizione centrale delle sensazioni. Contro questo analogia sta anche l'osservazione che una medesima qualità olfattoria può talvolta compensare più qualità affatto diverse, anche quelle che si neutralizzano fra loro stesse; il complementarismo dei colori è invece sempre limitato a due qualità che sono fra loro in istretta relazione.

65

13. Un po' più da vicino sono studiate le *sensazioni gustative*; infatti in esse noi possiamo distinguere *quattro qualità principali*, che non si possono paragonare fra loro; tra queste avvengono tutti i passaggi possibili, che noi percepiamo come sensazioni miste. Le quattro qualità principali sono: *acido, dolce, amaro* e *salato*. Oltre a queste, alcuni considerano anche il sapore della lisciva (alcalini) e il metallico come qualità indipendenti, ma la lisciva mostra senza dubbio una parentela col salato, ed il metallico coll'acido; ambedue sono quindi probabilmente sensazioni miste o di transizione (l'alcalino forse tra il salato e il dolce, il metallico tra l'acido e il salato). Delle suddette quattro qualità principali, dolce e salato stanno in un rapporto d'opposizione, in quanto l'una di queste sensazioni è trasformata dall'altra, purchè questa raggiunga l'opportuna intensità, in una sensazione mista *neutra* (di solito detta "insipida"), senza che gli stimoli saporifici, che in tal guisa si neutralizzano scambievolmente, consentano una combinazione chimica. Epperò dobbiamo considerare il sistema delle sensazioni gustative come una moltiplicità *a due dimensioni*, che può essere in qualche modo geometricamente rappresentata da una superficie di cerchio, alla cui periferia stanno le quattro qualità fondamentali coi loro gradi di transizione, mentre il centro è occupato dalle sensazioni miste neutre, e la restante superficie dai gradi intermedi tra queste e le qualità saturate della periferia.

13*a*. Pare che in queste proprietà delle qualità gustative sia data un primo abbozzo del modo di comportarsi di un senso chimico. Da questo lato il senso del gusto costituisce forse un grado di sviluppo antecedente al senso della vista. La connessione manifesta colla natura chimica del processo di stimolazione fa credere che la neutralizzazione reciproca di certe sensazioni, colle quali è forse collegata la natura pluridimensionale del sistema, sia fondata non sulle singole sensazioni, come nelle sensazioni di caldo e di freddo (pag. 38), ma sui rapporti dell'eccitamento *fisiologico*. Alle azioni chimiche di determinate sostanze spetta generalmente, come è noto, la proprietà di poter essere neutralizzate dalle azioni di certe altre sostanze. Ora noi non sappiamo che cosa siano le modificazioni chimiche prodotte dagli stimoli saporifici nelle cellule gustative, ma in base al principio del parallelismo delle differenze tra la sensazione e l'eccitamento (pag. 36) possiamo, dalla compensazione delle sensazioni di dolce e di salato, conchiudere che anche le reazioni chimiche prodotte dalle sostanze saporifiche dolci e salate si elidono nelle cellule gustative. Il medesimo varrebbe per le altre sensazioni, per le quali fosse possibile dimostrare un comportamento simile. Intorno alle condizioni fisiologiche della stimolazione saporifica noi possiamo, in base ai fatti suesposti, conchiudere questo solo, che i processi chimici d'eccitamento, corrispondenti a tali sensazioni neutralizzantisi, si trovano nelle stesse cellule di senso. Naturalmente non è esclusa la possibilità che nelle medesime formazioni sorgano più processi, i quali abbiano ad essere neutralizzati da reazioni opposte. I reperti anatomici e gli esperimenti fisiologici con stimoli distinti su singole papille gustative non danno sino ad ora alcuna risposta decisiva. E anche qui è tutt'ora incerto, se nei fatti suesposti di compensazione si debba riconoscere un proprio complementarismo corrispondente a quello dei colori (vedi sotto 22).

D) *Le sensazioni di luce.*

14. Il sistema delle sensazioni di luce consta di *due* sistemi parziali: delle *sensazioni acromatiche* e delle *sensazioni cromatiche*; tra le qualità loro si trovano tutti i possibili gradi di continui passaggi.

Le sensazioni acromatiche formano, per sè sole considerate, un sistema molteplice ad *una* dimensione, il quale, analogamente alla linea dei toni, si chiude fra due punti limiti. Noi diciamo *nero* le sensazioni, che stanno più vicine ad uno di questi limiti, e *bianco* quelle che stanno presso all'altro; fra i due disponiamo il *grigio* nelle sue diverse gradazioni (grigio oscuro, grigio e grigio chiaro). Questo sistema unidimensionale delle sensazioni acromatiche ha la proprietà di essere, a differenza della linea dei toni, un *sistema nel tempo stesso qualitativo e intensivo*, imperocchè ogni modificazione qualitativa nella direzione da nero a bianco viene sentita come un accrescimento intensivo, e ogni variazione nella direzione da bianco a nero, come

67

una diminuzione intensiva. Ogni grado del sistema per tal modo determinato qualitativamente e intensivamente, è detto il *chiarore* della sensazione acromatica. Epperò si può indicare anche l'intero sistema come il sistema delle *sensazioni pure di chiarore*, dove l'attributo "puro" indica in questo caso l'assenza di sensazioni cromatiche. Il sistema delle sensazioni pure di chiarore è un sistema assolutamente unidimensionale nel senso, che in esso i gradi qualitativi e intensivi coincidono in una sola e medesima dimensione, e in ciò sostanzialmente differisce dalla linea dei toni, nella quale ogni punto rappresenta solo un grado qualitativo, cui si dispone accanto il grado intensivo in ordine egualmente lineare. Mentre le sensazioni semplici di tono, quando si considerino nel tempo stesso le loro proprietà qualitative ed intensive, formano un continuo a due dimensioni, il sistema delle sensazioni pure di chiarore permane un continuo *a una dimensione*, anche quando si considerino ambedue le parti che lo determinano. L'intero sistema può anche essere concepito come una serie continua di *gradi di chiarore*; in questo caso indichiamo i gradi inferiori secondo la qualità come nero, secondo l'intensità come deboli, ed i gradi superiori secondo la qualità come bianco, secondo l'intensità come forti.

15. Anche *le sensazioni cromatiche* costituiscono, quando si abbia riguardo solo alla loro qualità, un sistema ad una dimensione. Ma questo, a differenza del sistema delle sensazioni pure di chiarore, ha la proprietà di ricorrere in sè stesso; infatti da qualsiasi punto si parta, si ritorna sempre a poco a poco ad una qualità di maggiore differenza, e poi da questa di nuovo a qualità di minore differenza, ed infine al punto di partenza. Lo spettro dei colori che si ottiene dall'incidenza del raggio solare su un prisma o che si osserva nell'arco-baleno, presenta già questa proprietà, benchè non appieno. Se si parte dal limite rosso di questo spettro, si riesce dapprima all'aranciato, poi al giallo, giallo-verde, verde, verde-bleu, bleu, indaco, infine al violetto, il quale ultimo è di nuovo più simile al rosso di tutti gli altri colori che stanno tra il rosso e il violetto, ad eccezione di quello che è più vicino al rosso, dell'aranciato. La ragione, per cui questa linea dei colori dello spettro non ricorre completamente in sé stessa, sta eviden-

temente nel fatto che essa non contiene tutti i colori corrispondenti alle nostre sensazioni; mancano nello spettro le gradazioni purpureo-rosse, che fisicamente si ottengono mescolando i raggi rossi e violetti. Se con questa mescolanza s'integra la serie dei colori dello spettro, il sistema delle sensazioni reali dei colori è completo e forma una linea che ritorna al proprio punto di partenza. Ma non è a credere che questa proprietà provenga dal fatto, che lo spettro dei colori offra realmente alla nostra osservazione in modo approssimativo quel ritorno. Piuttosto è possibile ottenere il medesimo ordine delle sensazioni, anche quando oggetti colorati, mescolati in qualsiasi modo, vengano ordinati secondo la loro affinità soggettiva del colore; persino fanciulli, che non hanno mai osservato con attenzione uno spettro solare o un arcobaleno, epperò possono cominciare questa serie così col rosso come con qualsiasi altro colore, la costruiscono sempre nello stesso senso.

Quindi il sistema delle qualità cromatiche pure dev'essere definito come un sistema ad una dimensione, non in linea retta, ma *ricorrente in se stesso*; geometricamente può essere rappresentato nel modo più semplice da una *circonferenza*. Siccome in questo sistema da ogni dato colore, per piccole e graduali variazioni della sensazione, si giunge dapprima a colori simili a quello, poi ad altri da quello diversissimi, e infine di nuovo ad altri in altra direzione pure simili ad esso, necessariamente ad ogni qualità cromatica corrisponde una cert'altra qualità, che equivale al *massimo delle differenze sensibili*. Questo colore può essere detto *colore contrario*, e quando si rappresenti il sistema dei colori mediante una circonferenza, due colori contrari trovano posto alle due estremità di uno stesso diametro. Colori contrari sono, ad es., rosso-porpora e verde, giallo e bleu, verde-chiaro e violetto e così via, cioè essi sono le più grandi differenze qualitative sensibili.

La qualità delle sensazioni, che ci è data dall'ordine stesso del sistema dei colori, è detta anche, con una espressione metaforica tolta a prestito della qualità dei toni: *tono dei colori*, per distinguerla dalle altre determinazioni qualitative. In questo senso i semplici nomi dei colori rosso, aranciato, giallo, ecc., indicano semplici toni di colori.

Il cerchio dei colori è una rappresentazione del sistema dei toni dei colori, fatta astrazione da tutte le proprietà che ancora si aggiungono alla sensazione. Infatti la sensazione di colore possiede ancora due proprietà, delle quali l'una diciamo *grado del colore* o anche *saturazione*, l'altra *chiarore*. Di queste due proprietà il grado del colore è speciale alle sensazioni di colore, mentre il chiarore è comune colle sensazioni acromatiche.

16. Per *grado del colore o saturazione* s'intende la proprietà della sensazione di colore di pervenire per qualsiasi passaggio a sensazioni acromatiche; cosicchè continui passaggi sono possibili da ogni colore ad ogni grado della serie delle sensazioni acromatiche, al bianco, al grigio, al nero. L'espressione "saturazione" è qui presa dal modo consueto di dimostrare oggettivamente questi passaggi, cioè dalla saturazione di una soluzione incolore con sostanze colorate. Potendosi pensare per ogni possibile stato di un colore per quanto saturo, uno stato ancor più saturo dello stesso tono, e indicando una sensazione acromatica il punto estremo in una serie di saturazioni sempre decrescenti di un qualsiasi colore, il grado del colore può essere considerato come una determinazione che spetta a tutte le sensazioni di colore, o per la quale il sistema delle sensazioni di colore è portato nello stesso tempo in immediata connessione con quello delle sensazioni acromatiche. L'insieme dei gradi di colore che si presentano come passaggi da un certo colore a una certa sensazione acromatica, bianca, grigia o nera, - quando si pensi rappresentata la sensazione acromatica da un punto, il quale coincida col punto medio del cerchio dei colori, - potrà essere espresso da quel raggio del cerchio che collega quel punto di mezzo con quel certo colore. Immaginiamo ora rappresentati in tal modo nello spazio i gradi di saturazione di tutti i colori, gradi corrispondenti ai continui passaggi ad una certa sensazione acromatica; allora il sistema dei gradi così ottenuto assume la figura di una *superficie di cerchio*, la cui periferia corrisponde al sistema dei toni semplici dei colori, e il cui centro a quella sensazione acromatica, alla quale sono ordinati i diversi gradi dei colori. Quindi, partendo da qualsiasi punto del continuo lineare delle sensazioni acromatiche, è sempre possibile costrurre un sistema dei gradi dei colori,

purchè si osservi questa sola condizione, che il bianco non sia troppo chiaro o il nero troppo oscuro, altrimenti sparirebbero le differenze di saturazione e dei colori. Ma sistemi di saturazione, che sieno ordinati per *diversi* punti del sistema acromatico, possiedono sempre diversi gradi di chiarore. È possibile costrurre un sistema *puro* di gradi dei colori sempre solo per un *unico* determinato grado di chiarore, cioè, coincidendo il sistema delle sensazioni acromatiche con quello delle sensazioni pure di chiarore, per *un solo* punto del continuo delle sensazioni acromatiche. Quando questo sia stato fatto per tutti i punti possibili, il sistema dei gradi dei colori è completato da quello dei *gradi di chiarore*.

17. *Il chiarore* è una proprietà che spetta con eguale necessità tanto alle sensazioni cromatiche quanto alle acromatiche; ed è tanto in quelle quanto in queste proprietà insieme qualitativa e intensiva. Partendo da un certo grado di chiarore, ogni sensazione colorata, di cui si faccia crescere il chiarore, viene accostandosi nella sua qualità al bianco, mentre nel tempo stesso ne cresce l'intensità; e quando se ne faccia diminuire il chiarore, essa si avvicina nella sua qualità al nero, mentre nel tempo istesso se ne indebolisce l'intensità. I gradi di chiarore di ogni singolo colore formano un sistema di qualità intensive analogo alle sensazioni acromatiche e alle sensazioni pure di chiarore, solo che al posto dei gradi qualitativi acromatici che si muovono tra il nero e il bianco, qui sono entrati i corrispondenti gradi di saturazione. La nuova serie presenta dal punto della maggior saturazione due direzioni opposte di diversa saturazione: la *positiva* nella direzione del bianco, che è connessa intensivamente coll'aumento della sensazione, e la *negativa* nella direzione del nero, cui corrisponde una diminuzione della sensazione. Come estremi delle due graduazioni delle saturazioni, si dànno da una parte la pura sensazione bianco, e dall'altra la pura sensazione nero, delle quali quella rappresenta un massimo e questa un minimo dell'intensità della sensazione. In tal guisa bianco e nero indicano egualmente i punti situati in senso opposto tanto nel sistema delle sensazioni pure di chiarore, come in quello delle sensazioni cromatiche, disposte secondo i gradi di chiarore. Conseguenza naturale di ciò è che per ciascun colore v'ha un

certo chiarore medio, nel quale la saturazione del colore è giunta al massimo, e dal quale si va per aumento di chiarore in direzione positiva, per diminuzione in negativa. Questo valore di chiarore, il più favorevole per la saturazione, non è però lo stesso per tutte le sensazioni di colore, ma esso si gradua dal rosso al bleu, in modo che pel rosso è il più alto e pel bleu il più basso. In ciò trova una spiegazione il noto fenomeno che durante il crepuscolo, cioè in una debole sensazione di chiarore, ancor riconosciamo, ad es., in un dipinto i toni bleu, mentre i rossi ci appaiono già neri.

18. Se si astrae da questa posizione dei punti di massima saturazione nella linea dei gradi di chiarore, posizione alquanto diversa per ogni singolo colore, è possibile dare un'espressione chiara e semplicissima alla relazione, nella quale per il graduale passaggio al bianco da un lato, al nero dall'altro, il sistema delle *sensazioni cromatiche di chiarore* si accosta al sistema delle *sensazioni pure* o acromatiche di chiarore; e nel modo seguente. Se si immagina il sistema dei toni puri di colore o dei colori nel massimo della loro saturazione rappresentato, come sopra, da un cerchio, e s'immagina nel centro della superficie appartenente a questo cerchio, condotta la linea delle sensazioni pure di chiarore come linea perpendicolare, in modo che nel centro del cerchio cada la sensazione acromatica corrispondente al minimo della saturazione; i sistemi cromatici di chiarore crescente e decrescente possono essere disposti in modo analogo sopra o sotto quella circonferenza della saturazione massima dei colori. Ma la diminuzione graduale delle saturazioni sarà espressa tanto qui come là per mezzo del raggio sempre più decrescente dei cerchi sovrapposti gli uni sovra gli altri, finchè ai due punti estremi della linea delle sensazioni pure di chiarore i cerchi scompaiono del tutto; e questo secondo il principio, che per ogni colore il massimo del chiarore corrisponde alla sensazione bianco e il minimo alla sensazione nero[0].

19. Da quanto si è detto, risulta che il sistema complessivo delle *sensazioni cromatiche di chiarore* può essere raffigurato nel modo più semplice mediante una *superficie sferica*, di cui equatore si consideri il cerchio dei colori rappresentante il sistema dei toni puri di colore o dei colori a saturazione massima, mentre i due poli corri-

spondono ai punti estremi delle sensazioni acromatiche di chiarore, bianco e nero. Naturalmente anche un'altra figura geometrica, che avesse simili proprietà, ad es., un cono doppio con base comune e coi vertici rivolti in direzioni opposte, potrebbe servire allo stesso scopo. Di essenziale per la rappresentazione resta soltanto il graduale passaggio in bianco e nero, e la diminuzione dei vari toni di colore corrispondenti a questo passaggio, diminuzione che trova la sua espressione grafica nel continuo impiccolimento dei cerchi di colore. Ora il sistema dei gradi di saturazione ordinati in base di una certa sensazione pura di chiarore può essere rappresentato, come sopra è detto, da una superficie di cerchio che contenga tutte le sensazioni luminose, corrispondenti a quel medesimo grado di chiarore. Se ora si vuole contemporaneamente ordinare in un solo sistema i gradi di saturazione e di chiarore, *tutto l'intero sistema delle sensazioni luminose* può essere rappresentato da un solido *sfera*, di cui il cerchio equatoriale racchiude il sistema dei toni puri di colore; l'asse congiungente i due poli, il sistema delle sensazioni pure di chiarore, e la superficie il sistema delle sensazioni cromatiche di chiarore. Ogni cerchio posto perpendicolare a quell'asse, corrisponde a un sistema di gradi di saturazione dell'eguale chiarore. Questa rappresentazione grafica per mezzo di una sfera è arbitraria, poiché in luogo di tale solido potrebbe essere scelto qualunque altro, che abbia proprietà analoghe; tuttavia il fatto psicologico che il *complessivo sistema delle sensazioni luminose è un sistema a tre dimensioni e un continuo in sè chiuso* trova in essa la propria espressione intuitiva. La natura tridimensionale del sistema deriva dall'essere necessariamente ogni sensazione di luce concreta un composto di *tre* parti: tono del colore, saturazione e chiarore. La sensazione pura o acromatica di chiarore e la sensazione pura o saturata di colore sono in questo caso considerate come i due estremi nella serie dei gradi di saturazione. La forma *in sé chiusa* del sistema proviene per un lato, dalla natura delle sensazioni di colore di costituire un tutto in sè chiuso, e per altro lato dalla limitazione del sistema dei chiarori cromatici segnata dai due punti estremi delle sensazioni pure di chiarore. Un'altra proprietà del sistema è la seguente: soltanto le variazioni nelle due dimensioni dei toni di colo-

73

re e dei gradi di saturazione sono pure variazioni di qualità; invece ogni modificazione nella *terza* dimensione, corrispondente alle sensazioni di chiarore, porta con sè nello stesso tempo una variazione qualitativa ed una intensiva. Per questa circostanza, l'intero sistema a tre dimensioni è richiesto necessariamente per rappresentare in modo esauriente le qualità della sensazione luminosa; questo sistema abbraccia però anche le intensità della sensazione.

20. Nel sistema delle sensazioni di luce certe *sensazioni fondamentali* hanno un posto privilegiato, perchè noi ce ne serviamo come punti d'orientazione nell'ordinare tutte le altre sensazioni. Tali sensazioni fondamentali sono, nella serie acromatica *bianco* e *nero*, nella serie delle sensazioni cromatiche i quattro colori fondamentali *rosso, giallo, verde* e *bleu*. Solo per queste sei sensazioni la lingua ha creato relativamente presto determinazioni diverse e ben distinte. Tutte le altre sensazioni furono espresse in parte mediante riferimenti a quelle, in parte colle stesse parole già usate per quelle. Noi apprendiamo il grigio come un grado intermedio che sta nella serie acromatica tra il bianco e il nero; i diversi gradi di saturazione diciamo, secondo il loro valore di chiarore, toni di colore biancastri, o nerastri, chiari od oscuri: e per i colori che stanno tra i quattro colori fondamentali, noi ci serviamo di designazioni di transizione, come purpureo-rosso, aranciato-giallo, giallo-verde e così via; nomi che nella loro composizione svelano la loro origine relativamente tarda.

20*a*. Vi fu chi dal carattere più originario delle determinazioni linguistiche per le suddette sei qualità delle sensazioni volle argomentare che esse siano qualità fondamentali del senso della vista, e che ogni altra qualità sia composta di quelle o di alcune di quelle. Epperò il grigio fu detto una sensazione mista di nero e bianco, il violetto e il rosso-porpora di bleu e rosso, e così via; ma non è psicologicamente esatto indicare una sensazione luminosa qualsiasi come un composto a paragone di un'altra. Grigio è tanto una sensazione semplice quanto bianco o nero; arancio, purpureo-rosso ecc., sono proprio sensazioni semplici alla stessa guisa che rosso, giallo ecc.; e qualsiasi grado di saturazione che collochiamo nel sistema tra un colore puro e bianco, non è in alcun modo una sensazione composta. La

74

natura chiusa e intimamente connessa del sistema di sensazione, porta di necessità che la lingua, cui è impossibile creare un numero indefinito di espressioni, colga alcune differenze specialmente decise, in base alle quali poi sono ordinate tutte le altre sensazioni. La scelta di nero e bianco come punti d'orientazione per la serie acromatica si spiega senz'altro, indicando esse le differenze massime. Quando esse sono date, tutte le altre sensazioni acromatiche devono essere apprese come sensazioni di transizione tra quelle, a causa dell'interposizione continua di queste differenze per tutti i possibili gradi di chiarore. Egualmente succede per le sensazioni cromatiche, solo che qui due differenze assolutamente massime non potevano immediatamente essere scelte a causa della natura in sè ricorrente nella linea dei colori, ma ancora altri motivi, oltre alla sufficiente differenza qualitativa, dovevano decidere per la scelta dei colori fondamentali. E tali motivi possono essere stati la frequenza e la forza sentimentale di certi stimoli luminosi fondati sulle condizioni naturali dell'esistenza umana. Il rosso del sangue, il verde della vegetazione, il bleu del cielo, il giallo delle stelle, che tali appaiono in contrasto al bleu del cielo, potrebbero essere stati la prima spinta alla scelta di certe determinazioni dei colori. Imperocchè la lingua non chiama gli oggetti secondo le sensazioni, ma all'opposto le sensazioni secondo gli oggetti che le determinano. Se certi colori fondamentali furono una volta fissati in tal modo, tutti gli altri colori dovettero apparire come toni intermedi. La differenza dei colori fondamentali e di transizione è fondata con ogni probabilità solo su condizioni esterne; se queste condizioni fossero state diverse, il rosso, ad es., sarebbe stato percepito quale passaggio tra porpora e aranciato, allo stesso modo che noi ora ordiniamo l'aranciato come colore di passaggio tra il rosso e il giallo[()].

21. Le proprietà del sistema delle sensazioni di luce che più sopra abbiamo descritte, sono di tal natura da far fin dal principio pensare a un rapporto tra le stesse proprietà psicologiche e i processi oggettivi della stimolazione luminosa essenzialmente diverso da quello che ci offrono i sistemi di sensazione fin qui considerati, sovratutto i sistemi del senso generale o del senso dell'udito. Evidentissima è per questo rispetto la diversità dal sistema delle sensazioni di suono. In que-

sto il principio del parallelismo tra sensazione e stimolo (pag. 36) non vale solo pel processo d'eccitazione fisiologica, ma anche in largo senso pel processo fisico. Infatti nel sistema delle sensazioni di suono alle forme semplici o composte delle vibrazioni sonore corrisponde rispettivamente una sensazione semplice o una moltiplicità di sensazioni semplici, e colla forza delle vibrazioni varia continuamente l'intensità delle sensazioni e colla velocità di quelle la qualità di queste; cosicchè la differenza soggettiva delle sensazioni aumenta in ambedue le direzioni colla crescente differenza degli stimoli fisici oggettivi. Le sensazioni luminose presentano invece una relazione tutt'affatto diversa. Come il suono oggettivo, anche la luce oggettiva consiste in movimenti vibratori di un mezzo qualsiasi. Tali movimenti, se non conosciamo nella loro intima costituzione, sappiamo, per le indagini fisiche d'interferenza, consistere di molte piccole e rapide onde, cosicchè quelle vibrazioni che vengono sentite come luce, stanno tra le lunghezze dell'onde da 688 a 393 milionesime parti di un millimetro e tra le velocità da 450 a 790 bilioni di vibrazioni al secondo. Ora anche qui a vibrazioni semplici, ad es., a vibrazioni di eguale lunghezza, corrispondono sensazioni semplici, e anche qui colla lunghezza e velocità della vibrazione varia continuamente la qualità della sensazione; alle onde più lunghe e più lente corrisponde il rosso, alle più brevi e rapide il violetto e fra questi tutte le altre gradazioni di colore si dispongono in un continuo, conforme alla lunghezza dell'onda. Ma già qui si presenta una differenza essenziale, imperocchè i colori più diversi fra loro per lunghezza di onda, rosso e violetto, sono più affini nella sensazione che gl'intermedi[0]. Oltre a ciò si aggiunge ancora che: 1) ogni pura variazione d'intensità (di ampiezza) delle vibrazioni fisiche della luce è soggettivamente sentita quale variazione al tempo stesso d'intensità e di qualità; come lo dimostra il modo di comportarsi già esaminato delle sensazioni di chiarore. 2) Ogni luce composta di vibrazioni diverse è sentita semplice, allo stesso modo che la luce oggettivamente semplice, consistente di un solo grado di vibrazione; come per l'appunto tosto risalta dalla comparazione soggettiva delle sensazioni acromatiche colle cromatiche. Conseguenza del primo di questi fatti è che la luce fisi-

76

camente semplice può provocare sensazioni non solo cromatiche, ma anche acromatiche, poichè nell'ampiezza massima delle vibrazioni si avvicina al bianco e nella minima passa al nero. La qualità della sensazione acromatica ammette quindi più di una spiegazione, poichè essa può essere prodotta così da variazione intensiva della luce oggettiva, come dalla mescolanza di semplici vibrazioni luminose che abbiano diversa lunghezza d'onda. Solo che nel primo caso colla variazione intensiva è sempre connessa una variazione del grado di chiarore, mentre questa può rimanere invariata nel secondo caso, cioè nella mescolanza.

22. Anche se il grado di chiarore delle sensazioni è mantenuto costante, la sensazione acromatica ammette pur sempre più di una interpretazione. Una sensazione pura di chiarore di una data intensità è determinata non solo da una mescolanza di tutti i gradi di vibrazioni contenuti nella luce solare come, ad es., nella solita luce diurna, ma anche dalla mescolanza in opportuno rapporto di due di essi, e precisamente di quelli che corrispondono a due sensazioni soggettivamente diversissime tra loro, i colori contrari. E poichè le mescolanze oggettive dei colori contrari suscitano la sensazione di bianco, questi colori sono detti *colori d'integrazione o complementari.* Rosso dello spettro e verde bleu, aranciato e bleu cielo, giallo e indaco bleu ecc. sono al tempo stesso colori contrari e complementari.

Come la sensazione acromatica, così anche ogni singola sensazione cromatica ammette più spiegazioni, ma in numero più limitato. Mescolando due colori oggettivi che stiano, nel cerchio dei colori, più vicini fra loro dei colori contrari, si ottiene una mescolanza non bianca, ma colorata e precisamente di quel colore che anche nella serie dei colori oggettivamente semplici, corrisponde alla sensazione dei colori intermedii. Quindi, se i colori mescolati si avvicinano ai colori contrari, la saturazione del colore risultante resta assai diminuita; ma se essi si accostano assai più tra loro, questa diminuzione non è percettibile e in questo caso il colore composto e il colore semplice sono per lo più sentiti come soggettivamente eguali. Così noi, ad es., non possiamo assolutamente distinguere l'aranciato dello spettro da una composizione di raggi rossi e gialli. Ed essendo possibile per tal modo ottenere tutti i colori che nel cerchio cromatico stanno tra rosso e verde, con una mescolanza di rosso e verde; quelli che stanno tra verde e violetto, con una mescolanza di verde e violetto; e finalmente anche quel colore che non è contenuto nello spettro solare, la porpora, con una mescolanza di rosso e violetto; tutta la serie dei toni cromatici possibili nelle sensazioni, può essere derivata da *tre* soli colori oggettivi. Mediante questi stessi tre colori ci è dato anche ricostituire il bianco in tutti i suoi gradi di passaggio; imperocchè la composizione di rosso e violetto dà la porpora, la quale è il colore complementare di verde; il bianco ottenuto dalla mescolanza di porpora e verde, se esso viene aggiunto a un singolo colore in diversi rapporti quantitativi, dà con questo i diversi gradi di saturazione.

23. I tre colori, che sono in tal modo usati per la costruzione di tutto il sistema delle sensazioni luminose sono detti *colori fondamentali*. Se vogliamo esprimere il loro valore nel sistema dei gradi di saturazione, possiamo servirci a rappresentare questo sistema, in luogo del cerchio che si riferisce solo ai rapporti psicologici, di un *triangolo*. Mediante questa figura il significato dei tre colori fondamentali è messo in risalto, occupando essi i tre angoli del triangolo sui lati del quale, proprio come sulla circonferenza del cerchio cromatico, vengono riportati i toni dei colori nel massimo di saturazione, mentre i restanti gradi di saturazione nei loro passaggi al bianco, che sta nel mezzo della superficie del triangolo, sono disposti nei punti della superficie. Del resto tre colori qualsivogliano potrebbero essere scelti come colori fondamentali, quando essi si trovino a distanza opportuna. I sunnominati rosso, verde e violetto rispondono praticamente allo scopo per questo solo, che in primo luogo si evita che uno dei tre componenti corrisponda a una sensazione di colore, la quale non possa essere prodotta da una luce oggettivamente semplice, corrisponda cioè alla porpora; e perchè in secondo luogo la sensazione al principio e alla fine dello spettro varia più lentamente colla durata delle vibrazioni; così che, se i colori estremi dello spettro sono compresi fra i colori fondamentali, il colore che risulta da una mescolanza di due colori tra loro vicini, è nella sensazione prossimo al colore oggettivamente semplice che sta fra quelli[0].

24. Dalle condizioni più sopra dimostrate(3) della stimolazione *fisiologica* appare chiaro che, come pur risulta dai fatti fin qui considerati, nel sistema delle sensazioni luminose non esiste una relazione univoca tra le sensazioni e gli stimoli fisici. Se il senso della vista deve annoverarsi fra i sensi *chimici*, una tale relazione potrà essere soltanto tra i processi fotochimici nella retina e le sensazioni. Ma poichè, come è noto, speci diverse di azioni fisiche luminose producono analoghe decomposizioni chimiche, è generalmente facile il comprendere come le sensazioni luminose debbano prestarsi a interpretazioni molteplici. In base al principio del parallelismo tra le differenze della sensazione e quelle dell'eccitamento fisiologico (pag. 36) si potrebbe ritenere che diversi stimoli fisici, i quali presentino le stesse sensazioni, determinino anche la stessa eccitazione fotochimica nella retina; che siano quindi tante speci e gradi di processi fotochimici, quante sono le speci e i gradi di sensazione che noi possiamo distinguere. Su questa conclusione infatti si basa ciò che noi sappiamo intorno ai sostrati fisiologici delle sensazioni luminose, non avendo l'indagine dei processi fisiologici della stimolazione luminosa condotto fino ad ora a un risultato più lontano di questo: che l'eccitazione è con ogni probabilità un processo chimico.

25. Coll'ipotesi che la stimolazione luminosa si fondi su processi chimici della retina, si può anche spiegare la *persistenza* relativamente lunga della sensazione, dopo che è cessata l'eccitazione (pag. 33). Questa persistenza essendo riferita all'oggetto considerato come stimolo, è detta *l'immagine consecutiva* dell'impressione. L'immagine consecutiva appare prima colle proprietà di chiarore o di colore eguali allo stimolo; epperò bianca per oggetti bianchi, nera per neri e colorata nello stesso colore per colorati (immagine positiva o di egual colore); ma dopo breve tempo essa passa per le impressioni acromatiche nel chiarore contrario, bianco in nero, nero in bianco; per le cromatiche nel colore contrario o complementare (immagine consecutiva negativa o complementare). Quando agiscano all'oscuro stimoli luminosi di breve durata, è possibile che questo passaggio si ripeta più volte; all'immagine negativa segue di nuovo una positiva e così via, di modo che si dà un oscillare delle sensazioni fra le due

fasi d'immagine consecutiva. L'immagine positiva può semplicemente essere ricondotta al fatto che la decomposizione fotochimica prodotta da una specie qualsiasi di luce, perdura ancora un breve tempo dopo l'azione della luce. L'immagine negativa o complementare può essere derivata da ciò, che ogni decomposizione prodotta in una certa direzione lascia addietro una distruzione parziale di quelle sostanze sensibili alla luce che prime subiscono quell'effetto. In questo caso gli stessi processi fotochimici, perdurando l'eccitazione retinica, devono variare in senso corrispondente.

26. Coll'immagini consecutive, positiva o negativa, stanno probabilmente in istretto rapporto, fenomeni *d'induzione di luce e di colore*. Essi consistono in ciò, che nel giro di una qualsiasi impressione luminosa sorgono contemporaneamente eccitamenti di natura eguale ed opposta. Il primo di questi fenomeni, l'induzione *positiva* di luce, è il più raro; si osserva specialmente quando una parte della retina è eccitata e la parte confinante è molto oscura; pare allora che l'eccitamento luminoso o cromatico irradi la parte rimasta oscura. In tutti gli altri casi si ha l'effetto d'induzione contraria o *negativa*, pel quale una superficie bianca pare circondata da un orlo oscuro, una oscura da un orlo chiaro, una colorata da un orlo del colore complementare. Tutti questi fenomeni sono del resto accompagnati da processi psicologici di contrasto, i quali corrispondono al principio generale che più innanzi tratteremo (§ 17, 11), del risalto dei contrari; ma di solito l'effetto complessivo di tali influenze fisiologiche e psicologiche, è senz'altro detto "contrasto". Questa confusione è bensì giustificata, sino ad un certo grado, specialmente dall'inseparabilità dei due fattori; ma sarebbe ben più opportuno chiamare eccitamento indotto esclusivamente il fattore fisiologico e riservare la determinazione di contrasto a quel fattore psicologico, il quale corrisponde appunto al risalto dei contrari; risalto che si dimostra anche in altri campi, specialmente nelle rappresentazioni di spazio, di tempo e nei sentimenti. L'induzione luminosa o colorata nel puro senso fisiologico consiste probabilmente in una specie d'irradiazione *negativa* della stimolazione, perocchè essa non si propaga colla sua propria qualità immediatamente nelle parti circostanti al punto eccitato, come nel caso dell'induzione

positiva, ma determina un eccitamento di natura contraria. È possibile che questa irradiazione negativa abbia la sua ragione in ciò che le sostanze fotochimiche di una parte della retina consumate nell'eccitazione, siano in parte reintegrate per un'affluenza dalle parti circostanti, cosicchè un'impressione luminosa su queste parti circostanti deve agire allo stesso modo, che per l'immagini consecutive lo stimolo sulle stesse parti prima eccitate (25). In appoggio a questo rapporto coi fenomeni dell'immagine consecutiva sta anche il fatto che, come in questa, l'effetto cresce coll'intensità degli stimoli luminosi. Quindi questa induzione fisiologica di luce si differenzia essenzialmente da quei fenomeni *psicologici* di contrasto, coi quali essa viene abitualmente confusa, e sui quali noi ritorneremo nell'interpretazione generale dei processi di contrasto (§ 17, 10).

26*a*. Posto il principio del parallelismo fra la sensazione e il processo fisiologico d'eccitamento come base delle nostre ipotesi sui processi che hanno luogo nella retina, ne seguirà necessariamente che alla relativa indipendenza delle sensazioni acromatiche nel loro rapporto colle sensazioni cromatiche, dovrà corrispondere una dipendenza analoga pei processi fotochimici. Innanzi tutto possiamo spiegare nel modo più naturale *due* fatti, dei quali l'uno appartiene al sistema soggettivo delle sensazioni luminose, l'altro ai fenomeni della mescolanza oggettiva dei colori. Il primo consiste nella tendenza che ha ogni sensazione colorata, quando aumenti o diminuisca il grado di chiarore, a passare in una sensazione acromatica. Facilissima riesce la spiegazione di questa tendenza, se si ammette che ogni eccitazione di colore è fisiologicamente composta di due parti distinte, delle quali l'una corrisponde alla sensazione cromatica, l'altra all'acromatica. Con ciò si può mettere in relazione l'altra condizione, che, per un certo stimolo d'intensità media, l'elemento d'eccitazione colorata è relativamente fortissimo, mentre per valori di stimolo più grandi o più piccoli sempre più prepondera l'elemento acromatico. Il secondo di questi due fatti consiste in ciò, che ogni qual volta due colori contrari qualsivogliano siano tra loro complementari, cioè mescolati in opportuni rapporti quantitativi, producono una sensazione acromatica. Questo fatto riesce facilmente comprensibile, se si ammette che i colori contrari, i quali soggettivamente sono le differenze massime della sensazione, oggettivamente rappresentino processi fotochimici che si neutralizzano. Che in conseguenza di questa neutralizzazione sorga l'eccitamento acromatico, risulterà pure assai chiaro dall'ipotesi, che quell'eccitamento si accompagni sin dal principio ad ogni stimolazione colorata, e che però rimanga solo, tosto che contrari eccitamenti colorati si elidano fra loro. Questa ipotesi di un'indipendenza relativa dei due processi fotochimici delle sensazioni, acromatica e cromatica, è confermata dall'esistenza di uno stato anormale del senso della vista, talora innato, talora prodotto da processi patologici della retina, la *totale cecità ai colori*. Infatti in questa anomalia, per la quale ogni eccitazione luminosa è sentita o su tutta la retina o su alcune parti di essa, come chiarore puro, senza che sia frammischiato alcun colore, abbiamo la dimostrazione che l'eccitazione colorata e acromatica sono due processi fisiologici tutt'affatto distinguibili.

Se noi usiamo della stessa veduta nel considerare il secondo processo che avviene nella retina, quello dell'*eccitazione colorata*, incontriamo anche qui due fatti analoghi. Il primo consiste in ciò, che due colori, i quali distino fra loro di un tratto limitato, danno luogo a un colore composto, che è eguale al colore semplice che sta fra essi. Questo fatto indica che l'eccitazione colorata è un processo il quale non varia collo stimolo fisico in modo continuo, come l'eccitazione sonora, ma in piccoli gradi, e si comporta precisamente così che questa variazione nel rosso e nel violetto, ad es., procede in grado maggiore che nel verde, perchè qui, in mescolanze di colori abbastanza vicine, si fanno già sentire le influenze complementari. Tale variazione graduale del processo corrisponde alla natura chimica di esso, poichè decomposizioni e composizioni chimiche devono sempre essere riferite a *gruppi* di atomi o molecole. Il secondo fatto consiste in ciò, che alcuni colori corrispondenti ad una maggior differenza d'eccitazione hanno nel tempo stesso soggettivamente, come colori contrari, il significato di differenze massime, e oggettivamente, come colori complementari, il significato di processi neutralizzantisi. Processi chimici possono neutralizzarsi solo quando siano di opposta natura. Due eccitazioni luminose complementari si comportano fra loro quindi in modo analogo ai processi dell'eccitazione chiara ed oscura che agiscono in senso contrario nell'eccitazione acromatica. Tuttavia qui si danno due differenze essenziali. In primo luogo una tale antitesi nell'eccitazione cromatica esiste non *una sol volta*, ma per ogni colore distinguibile nella sensazione, cosicchè ciascuno dei gradi dell'eccitazione cromatica fotochimica, che dobbiamo ammettere secondo i risultati della mescolanza di colori affini, possiede anche un certo grado di azione complementare. In secondo luogo i colori contrari costituiscono i massimi della differenza soggettiva delle sensazioni, fra i quali hanno luogo neutralizzazioni della differenza se da ciascuno di questi colori contrari, si procede non solo in *una* direzione, come per bianco e nero, ma in *due* fra loro opposte; in modo corrispondente è possibile elidere anche oggettivamente nelle due stesse direzioni l'azione complementare dei colori contrari. Come dal complementarismo dei colori contrari si conchiuse all'opposizione dei corrispondenti processi chimici, con egual diritto da quella bilaterale neutralizzazione si può conchiudere che al ritorno della linea dei colori nel suo punto di partenza corrisponde un ritorno di processi affini. L'intero processo dell'eccitazione cromatica, quale si compie nella variazione continua delle lunghezze dell'onde della luce oggettiva, cominciando dal rosso estremo e terminando da ultimo, dopo aver oltrepassato il violetto, per l'aggiunta delle mescolanze di porpora, al punto di partenza; dev'essere concepito, come una serie indeterminatamente grande di processi fotochimici. Questi costituiscono insieme un *processo circolare* in sè chiuso, nel quale ad ogni grado corrisponde un grado contrario che neutralizza il primo, e a questo due passaggi in direzioni opposte.

Nulla noi sappiamo del numero dei gradi fotochimici, che sono complessivamente presenti in questo processo circolare. I tentativi più volte fatti di ridurre tutte le sensazioni di colore al più piccolo numero possibile di tali gradi, mancano di sufficiente fondamento. O i risultati della mescolanza fisica dei colori sono in essi riconosciuti senz'altro come processi fisiologici: come nell'ipotesi dei tre colori fondamentali, rosso, verde, violetto, dalla diversa mescolanza dei quali devono derivare tutte le sensazioni luminose, anche le acromatiche (ipotesi di Young-Helmholtz); oppure si parte dall'ipotesi psicologicamente insostenibile, che le denominazioni dei colori siano sorte non dall'influenza di certi oggetti esterni, ma dal reale significato delle sensazioni corrispondenti (vedi sopra pag. 50); si ammette che, dati quattro colori fondamentali, le due copie di contrari, rosso e verde, giallo e bleu, siano i sostrati delle sensazioni di colore, alle quali per le sensazioni pure di chiarore si contrappone un'altra copia di contrari, nero e bianco; mentre tutte le altre sensazioni di luce, come grigio, aranciato, violetto, ecc., sono per determinazione soggettiva e oggettiva sensazioni composte (ipotesi di Hering). In appoggio così della prima come della seconda ipotesi, si sono portati innanzi i casi non rari di *parziale cecità ai colori*. I sostenitori dei tre colori fondamentali affermavano che tutti questi casi dovessero essere ricondotti alla mancanza della sensazione o di rosso o di verde, o talora anche di ambedue. I sostenitori dei quattro colori fondamentali opinavano che la parziale cecità ai colori si riferisse sempre a due dei colori fondamentali che stanno fra loro in contrapposizione, epperò o cecità per il rosso e il verde, o per il giallo ed il bleu. Un esame spregiudicato dei ciechi ai colori non conferma nessuna di queste affermazioni. Se la teoria dei tre colori fondamentali non è in grado di spiegare la totale cecità ai colori, contro la teoria dei quattro colori stanno i casi di cecità per il solo rosso o per il solo verde. Ambedue le ipotesi poi non rispondono ai casi non dubbi, nei quali specialmente alcune parti dello spettro, che non corrispondono a nessuno dei tre o dei quattro colori presi come fondamentali, sono vedute come acromatiche. L'unica cosa che si può dire allo stato delle nostre cognizioni si è, che ogni sensazione luminosa si basa verosimilmente sulla connessione di due processi fotochimici: di uno *acromatico*, il quale risulta alla sua volta di una decomposizione preponderante in una intensità piuttosto forte di luce, e di una restituzione che predomina in una luce più debole: e di un processo *cromatico*, il quale varia così gradatamente, che la serie complessiva delle decomposizioni fotochimiche costituisce un *processo circolare*, nel quale i prodotti della decomposizione di due gradi posti in una distanza relativamente grandissima, si neutralizzano a vicenda[0].

Le diverse modificazioni che si osservano nella retina ancor viva in seguito all'azione luminosa, vengono in appoggio alla teoria di un processo fotochimico: così il lento passaggio allo stato incolore della sostanza rossa, che si vede nella retina non illuminata (imbiancamento della porpora visiva) e i microscopici passaggi del protoplasma pigmentato fra gli elementi senzienti, i bastoncini e i coni; infine le variazioni di forma degli stessi coni e bastoncini. I tentativi di collegare questi fenomeni ad una teoria fisiologica dell'eccitazione luminosa sono decisamente prematuri. È assai verosimile che colla differenza di forma dei due elementi, dei coni e dei bastoncini, si connettano anche differenze di funzione. Poichè precisamente il centro della retina, che è la regione della vista diretta dell'uomo, contiene soli coni, mentre nelle parti laterali predominano i bastoncini; e poichè inoltre nella parte centrale, dove del resto manca la porpora visiva, la distinzione dei colori è assai più completa che nelle regioni laterali, le quali sono d'altra parte più sensibili ai gradi di chiarore; vien naturale il supporre che queste differenze si connettano colle proprietà fotochimiche dei coni e dei bastoncini. Ma anche qui manca ancora la dimostrazione.

§ 7. - I sentimenti semplici.

1. I sentimenti semplici, come nel § 5 fu notato, sorgono in una moltiplicità assai più varia che le sensazioni semplici, perciò che anche quei sentimenti che noi osserviamo legati solo a processi rappresentativi più o meno composti, sono di natura semplice (pag. 27), così, ad es., il sentimento dell'armonia sonora è tanto semplice quanto il sentimento collegato ad un suono isolato. Benchè più sensazioni sonore siano richieste per produrre un'armonia sonora, e benchè questa nel suo contenuto di sensazione sia una formazione composta, le qualità sentimentali di certi accordi armonici sono nondimeno così diverse dai sentimenti legati ai singoli toni, che quelle al pari di questi rappresentano unità soggettivamente del tutto inscindibili. Un'es-

senziale differenza consiste solo in ciò, che quei sentimenti che corrispondono a semplici sensazioni, possono essere isolati dalla connessione della nostra esperienza, usando lo stesso metodo dell'astrazione, di cui noi ci serviamo per la determinazione delle sensazioni semplici (pag. 30). All'opposto quel sentimento semplice, che è legato a una qualsiasi formazione composta di rappresentazioni, non può mai essere separato dai sentimenti che entrano in quella formazione come complemento soggettivo delle sensazioni; così, ad es., è impossibile sciogliere il sentimento d'armonia dell'accordo *do, mi, sol*, dai sentimenti semplici dei toni *do, mi* e *sol*. Questi cedono forse davanti a quello, perchè si combinano con quello, come più tardi vedremo (§ 12, 3 *a*), in un unico *sentimento totale*, ma non è mai possibile eliminarli naturalmente.

2. Il sentimento collegato ad una sensazione semplice è detto *sentimento sensoriale*[0], od anche *tono sentimentale della sensazione*. Ambedue queste espressioni sono capaci in senso opposto di erronee interpretazioni; la prima, perchè si è portati a intendere come "sentimento sensoriale" non soltanto una parte dell'esperienza immediata che possa essere isolata mediante astrazione, ma una parte che si presenti realmente isolata; la seconda, perchè il "tono sentimentale" potrebbe essere considerato una qualità sentimentale che va invariabilmente unita alla sensazione, allo stesso modo che il "tono del colore" è una parte necessaria a costituire una sensazione di colore. In verità il sentimento sensoriale non può presentarsi senza una sensazione, come un sentimento dell'armonia sonora non può essere senza sensazioni sonore. Se il sentimento di dolore od anche i sentimenti di pressione, di caldo, di freddo o muscolari ed altri, furono talvolta indicati come sentimenti sensoriali indipendenti, ciò deriva dalla confusione ancora comune in fisiologia dei concetti di sentimento e di sensazione (pag. 29); confusione per la quale ora si chiamano sentimenti alcune sensazioni, come quelle del tatto, ora si trascura in altre sensazioni che, come le dolorifiche, sono accompagnate da forti sentimenti, la distinzione dei due elementi. Nè meno falso sarebbe l'attribuire a una determinata sensazione un sentimento ben stabilito qualitativamente e intensivamente. Riteniamo piuttosto che la sensazione è sol-

tanto *uno* fra i molti fattori che determinano un sentimento esistente in un dato momento, perchè oltre ad essa hanno sempre parte essenziale processi antecedenti e disposizioni persistenti, insomma condizioni che noi nel singolo caso possiamo intravvedere soltanto frammentariamente. Il concetto del "sentimento sensoriale" o del "tono sentimentale" è quindi per doppio rispetto il prodotto di un'analisi e di un'astrazione; in primo luogo noi dobbiamo distinguere il sentimento semplice dalla sensazione pura concomitante; in secondo luogo, fra gli elementi sentimentali variamente mutabili che possono essere uniti sotto diverse condizioni ad una determinata sensazione, noi dobbiamo ritenere quello più costante, nel quale manchino, quant'è mai possibile, tutte le influenze che potrebbero perturbare o complicare un semplice effetto di sensazione.

Fra queste condizioni la prima si può ottenere in modo relativamente facile, quando si tenga presente il valore psicologico dei concetti di sensazione e sentimento; la seconda invece molto difficilmente. Specialmente nei due sistemi più perfetti delle sensazioni di suono e di luce in verità non è mai possibile l'allontanare completamente tali influssi *indiretti*. Si può giungere al puro tono sentimentale della sensazione solo usando lo stesso metodo che ha servito all'astrazione della sensazione pura (pag. 22): si potrà quindi ammettere che alla sensazione, come tale, appartenga soltanto quel tono sentimentale, il quale rimanga costante ad ogni variazione delle condizioni. Ma quant'è facile applicare questa regola alle sensazioni, altrettanto è difficile nel caso dei sentimenti, perchè quelle influenze secondarie sono per lo più saldamente legate alla sensazione, allo stesso modo che l'influenza primaria del tono sentimentale. La sensazione verde, ad esempio, risveglia quasi inevitabilmente la rappresentazione della vegetazione verde, ed essendo a questa rappresentazione collegati sentimenti complessi, la natura dei quali può essere affatto indipendente dal tono sentimentale del color verde, non è possibile determinare senz'altro, se il sentimento osservato nell'effetto dell'impressione sia un puro tono sentimentale, oppure un sentimento svegliato da rappresentazioni concomitanti od un insieme dei due.

2*a*. Questa difficoltà ha dato occasione ad alcuni psicologi di oppugnare l'esistenza di un puro tono sentimentale. Essi affermano che ogni sensazione suscita alcune rappresentazioni concomitanti, le quali soltanto producono l'effetto sentimentale. Ma a questa teoria contrastano già i risultati ottenuti nelle sensazioni di luce, modificando sperimentalmente le condizioni. Se le sole rappresentazioni fossero decisive per l'origine dei sentimenti, questi dovrebbero essere fortissimi quando il contenuto sensibile dell'impressione è al massimo grado simile al contenuto di quelle rappresentazioni. Ma questo non è il caso. Piuttosto il tono sentimentale di un colore è massimo, se il suo grado di saturazione raggiunge un massimo. Pertanto il tono sentimentale più intenso corrisponde ai colori spettrali puri osservati in ispazio oscuro, e questi sono per lo più molto diversi dai colori degli oggetti naturali, ai quali potrebbero riferirsi le rappresentazioni concomitanti. Così pure non si può sostenere con ragione la teoria che riconduce senz'altro i sentimenti di suono alle rappresentazioni. Senza dubbio ogni singolo suono può svegliare note rappresentazioni musicali; ma d'altra parte la costanza colla quale certe qualità sonore sono scelte ad esprimere certi sentimenti, ad es., i suoni profondi, ad esprimere gravità e tristezza, è comprensibile solo, se alle sensazioni semplici sonore va aggiunto un tono sentimentale corrispondente. Il circolo nel quale si aggira chi deriva questi sentimenti da rappresentazioni associate, diventa ancor più manifesto quando si passi alle sensazioni dell'olfatto del gusto, ed alle sensazioni generali. Se, ad esempio, il tono sentimentale piacevole o spiacevole di una sensazione gustativa può essere accresciuto dal ricordo della medesima impressione già avuta, questo è solo possibile per ciò, che l'impressione era stata piacevole o spiacevole già in quel suo effetto anteriore.

3. La varietà dei sentimenti sensoriali semplici è assai grande. I sentimenti che corrispondono a un certo sistema di sensazioni costituiscono sempre un sistema, nel quale ad ogni variazione qualitativa o intensiva della sensazione va generalmente parallela una variazione qualitativa o intensiva del tono sentimentale. Ma nello stesso tempo queste variazioni relative nel sistema dei sentimenti si comportano in modo essenzialmente diverso dalle variazioni corrispondenti nel sistema delle sensazioni; cosicchè anche per ciò è impossibile conside-

rare il tono sentimentale come terzo elemento costitutivo della sensazione, analogo all'intensità e alla qualità. Se si varia l'intensità della sensazione, il tono sentimentale può mutare non solo intensivamente, ma anche qualitativamente, e se si varia la qualità della sensazione, il tono sentimentale muta non solo qualitativamente, ma anche intensivamente. Se, ad es., si aumenta la sensazione di dolce, il tono sentimentale passa alla fine da gradito a sgradito; se la sensazione dolce passa a poco a poco o in acido o in amaro, si nota che l'acido, e ancor più l'amaro, produce, per eguale intensità di sensazione, un'eccitazione sentimentale più forte che il dolce. *Ogni variazione nella sensazione è pertanto generalmente accompagnata da una doppia variazione nel sentimento.* Ma anche per il modo con cui ogni variazione d'intensità ed ogni variazione di qualità del tono sentimentale sono fra loro legate, conformemente al principio esposto nel § 5 (pag. 26), risulta che ogni variazione del sentimento procedente in *una* dimensione, si muove, non come la corrispondente variazione della sensazione, fra differenze massime, ma fra *contrarii*.

4. In conseguenza di questo principio, alle massime differenze qualitative della sensazione corrispondono nel sentimento *qualitativamente* i massimi contrari, *intensivamente* i valori massimi, i quali o sono di eguale grandezza, o tendono almeno ad esserlo, a seconda della speciale proprietà dei contrari qualitativi; al punto medio fra i due contrari corrisponde il valore d'intensità zero, fintanto che si consideri solo la dimensione cui i contrari appartengono. Però questo valore d'intensità zero può essere avvertito solo quando il corrispondente sistema di sensazione è un sistema *assolutamente unidimensionale*; in tutti gli altri casi il punto medio neutro, che esiste in rapporto ad una determinata di sensazione, suole appartenere contemporaneamente anche ad un'altra dimensione di sensazione, o persino ad una pluralità di dimensioni, in cui gli spettano sempre valori di sentimenti determinati. Così, ad es., i colori dello spettro giallo e bleu sono colori contrari, ai quali appartengono anche opposti toni sentimentali. Se ora nella serie dei colori si passa a poco a poco dal giallo al bleu, il verde dovrebbe essere il punto di mezzo neutro fra i due. Ma il verde sta alla sua volta in un contrasto sentimentale col suo proprio

colore contrario, la porpora, ed oltre a ciò forma, come ogni colore saturato, l'estremo di una serie che contiene i passaggi dello stesso tono di colore al bianco. Il sistema delle sensazioni semplici di suono costituisce un continuo ad *una sola* dimensione, ma qui per l'appunto noi non possiamo isolare mediante astrazione i toni sentimentali corrispondenti come facciamo colle sensazioni pure, perchè la realtà ci offre non solo passaggi tra suoni di diversa altezza, ma anche passaggi fra il suono assolutamente semplice e il rumore composto da un complesso di suoni semplici. Conseguenza di questa condizione è, che ad ogni sistema di sensazioni pluridimensionale corrisponde un sistema di toni sentimentali incrociantisi, nel quale ogni punto appartiene generalmente nello stesso tempo a più dimensioni sentimentali, cosicchè il tono sentimentale corrispondente è una risultante di elementi sentimentali posti in dimensioni di sensazioni diverse. Donde deriva che nel campo della graduazione qualitativa del sentimento, non è possibile fare una distinzione fra sentimenti semplici e composti. Il sentimento corrispondente ad una data sensazione semplice, a causa delle proprietà suddimostrate, generalmente è già un prodotto di una fusione di più elementi semplici, pur essendo indivisibile al pari di un sentimento di natura originariamente semplice (v. sotto § 12, 3). Un'ulteriore conseguenza di questa proprietà è che il punto di mezzo neutro tra opposte qualità sentimentali può essere un contenuto della nostra esperienza solo nei casi speciali, nei quali il tono sentimentale, appartenente a una determinata sensazione, corrisponde ai punti di mezzo neutri di tutte le dimensioni, alle quali esso contemporaneamente spetta. Pei sistemi di sensazioni a più dimensioni, specie in quelli della vista e dell'udito questa condizione limite è pressochè adempiuta in modo manifesto, appunto in quei casi nei quali è di un valore pratico speciale per lo svolgimento indisturbato dei processi sentimentali. Qui da una parte le sensazioni di luce acromatica aventi un chiarore medio, e i gradi di saturazione dei colori a piccola graduazione che si aggiungono a quelle; dall'altra parte le impressioni sonore dell'ambiente comune, le quali stanno proprio tra i suoni e i rumori, come, ad es., la voce umana, costituiscono le zone neutre d'indifferenza della tonalità sentimentale, dalla quale si distaccano i

90

toni sentimentali più intensivi corrispondenti alle qualità delle sensazioni più marcate. In conseguenza di ciò i sentimenti composti che corrispondono alle varie combinazioni rappresentative delle sensazioni, possono in questi casi svilupparsi quasi indipendentemente dai sentimenti sensoriali concomitanti.

5. In modo di gran lunga più semplice si costituiscono le graduazioni qualitative e intensive dei sentimenti semplici che vanno parallele ai *gradi d'intensità della sensazione*. Nella loro forma più perspicua, esse si osservano nei sistemi uniformi delle sensazioni del senso generale. Essendo ciascuno di questi sistemi qualitativamente uniforme, così da essere geometricamente rappresentato in modo approssimativo da un unico punto, alle variazioni intensive della sensazione che rimangono, possono andar parallele variazioni del sentimento anche soltanto a una dimensione che si muovon tra due opposti. Perciò qui è sempre facile osservare la zona neutra d'indifferenza: essa corrisponde a quelle sensazioni moderate di pressione, di caldo, di freddo, che sono legate all'intensità normale media degli stimoli generali di senso. I sentimenti semplici posti al di qua e al di là di questa zona presentano un carattere decisamente contrario, in quanto gli uni possono generalmente essere annoverati fra i sentimenti di piacere, gli altri fra quelli di dispiacere (v. sotto 7). Di questi due sentimenti contrari noi possiamo con sicurezza produrre soltanto i sentimenti di dispiacere mediante l'aumento intensivo della sensazione. Nei sistemi del senso generale, a causa dell'abitudine a stimoli moderati si è prodotto per le intensità più deboli un così notevole aumento in estensione della zona neutra, che di regola solo una serie di sensazioni intensivamente o qualitativamente molto diverse determina ancora sentimenti distinti. In tali casi i sentimenti di piacere corrispondono di regola a sensazioni d'intensità moderata.

In certe sensazioni dei sensi del gusto e dell'olfatto è possibile, indipendentemente da questa influenza del contrasto, osservare in modo più completo la relazione fissa tra l'intensità della sensazione e il tono sentimentale. Se qui per deboli sensazioni, col rinforzarne l'intensità, il sentimento di piacere aumenta dapprima sino a un massimo, ad una certa intensità media cade nel nulla per poi passare, ad

91

ulteriore aumento di sensazione, in un sentimento di dispiacere, il quale cresce sino al massimo della sensazione.

6. La varietà qualitativa dei sentimenti semplici sembra sia infinitamente grande, in ogni caso più grande che la varietà delle sensazioni. Ciò dipende in primo luogo dal fatto che per i sentimenti corrispondenti ai sistemi pluridimensionali delle sensazioni, ogni punto di sensazione appartiene contemporaneamente a più dimensioni di sentimento (pag. 63); in secondo luogo e principalmente, dal fatto che alle formazioni diversissime, consistenti di varie combinazioni di sensazioni, come alle rappresentazioni intensive, spaziali, temporali, infine a certi stadi nel decorso delle emozioni e dei processi di volere corrispondono egualmente sentimenti che sono in sè indecomponibili e che perciò devono essere annoverati tra i sentimenti semplici (pag. 59).

Tanto più è quindi a deplorare che la lingua presenti per i sentimenti semplici denominazioni ancora più scarse che per le sensazioni. La terminologia propria dei sentimenti si limita tutt'affatto al risalto di certi contrari generali, come piacere e dispiacere, gradito e sgradito, serio e lieto, eccitato e tranquillo e così via; determinazioni, per le quali si ricorre per lo più agli affetti, nei quali i sentimenti entrano come elementi. Oltre a ciò quell'espressioni sono di natura così generale, che ciascuna può abbracciare un numero piuttosto grande di singoli sentimenti semplici. In altri casi, per la descrizione di sentimenti legati a più semplici impressioni si ricorre a rappresentazioni complicate, alle quali corrispondono sentimenti di simile carattere: così, ad es., *Goethe* nella sua descrizione dei sentimenti dei colori, e molti compositori di musica nei sentimenti di suono. Questa povertà della lingua nelle designazioni specifiche di sentimento è una conseguenza psicologica della natura soggettiva dei sentimenti, a causa della quale qui vengono meno tutti quei motivi dell'esperienza della vita pratica, dai quali sono sorte le denominazioni degli oggetti e delle loro proprietà. Il conchiudere da ciò a una corrispondente povertà delle qualità semplici dei sentimenti è un errore psicologico, che può essere tanto più fatale, in quanto rende impossibile sin dal principio un'indagine sufficiente dei processi complessi del sentimento.

7. Per le suindicate difficoltà una completa enumerazione di tutte le possibili qualità semplici del sentimento appare meno probabile che una simile enumerazione delle sensazioni. Essa non potrebbe venire effettuata, anche perchè i sentimenti, secondo le suddescritte proprietà, non costituiscono, come le sensazioni di suono, di luce, di gusto, sistemi in sè chiusi, ma una varietà dappertutto connessa (pag. 28), e perchè da una combinazione di sentimenti sorgono nuovamente sentimenti, i quali possiedono un carattere non solamente unitario ma semplice (pag. 59). Nella varietà dei sentimenti consistente di un gran numero di qualità diverse e graduate con la massima finezza si distinguono però diverse *direzioni principali*, che si estendono fra sentimenti contrari di carattere predominante. Tali direzioni fondamentali del sentimento sono sempre espresse da *due* denominazioni che indicano quei contrari. Ogni determinazione deve però essere considerata solo come un'espressione collettiva che abbraccia una quantità di sentimenti varianti per ogni individuo.

In questo senso si possono fissare tre direzioni principali: le diremo: direzioni del *piacere* e del *dispiacere*⁰, dei sentimenti *irritanti* e *calmanti* (eccitanti e deprimenti) infine dei sentimenti di *tensione* e di *sollievo*. Un sentimento individuale può appartenere, o a tutte queste direzioni, o soltanto a due di esse, oppure anche ad una sola. Ed è appunto solo per questa possibilità, che noi siamo capaci di distinguere le direzioni accennate. La combinazione di diverse direzioni di sentimento, appunto quella che più spesso ci si offre, allato al suaccennato (pag. 62) influsso del sovrapporsi di vari effetti sentimentali, dimostra che la natura generale dei sentimenti esige bensì una zona d'indifferenza, ma che noi di fatto non ci troviamo forse mai in uno stato che sia del tutto privo di sentimenti.

8. Come esempi di forme pure di piacere e di dispiacere noi possiamo considerare i sentimenti legati a sensazioni del senso generale e anche all'impressioni dell'olfatto e del gusto. Per una sensazione di dolore, ad esempio, noi proviamo un sentimento di dispiacere di solito non mescolato ad alcuna delle altre forme sentimentali. Sentimenti eccitanti e deprimenti osserviamo collegati a sensazioni pure specialmente nelle impressioni di colore e di suono: così il colore rosso agi-

sce come eccitante ed il bleu come calmante. Infine sentimenti di tensione e di sollievo sono legati al decorso dei processi; nell'attesa di uno stimolo di senso si osserva un sentimento di tensione; al prodursi di un avvenimento aspettato un sentimento di sollievo. Tanto l'attesa quanto il soddisfacimento dell'attesa possono essere accompagnati da un sentimento di eccitazione, oppure anche a seconda di condizioni speciali da sentimenti di piacere o dispiacere; ma questi altri sentimenti possono anche del tutto mancare, dove i sentimenti di tensione o di sollievo, come pure le sunnominate direzioni principali si danno a riconoscere quali forme speciali che non possono essere ridotte ad altre. Una tale decomposizione è invece possibile per un gran numero di sentimenti, i quali tuttavia possiedono nelle loro qualità, allo stesso modo dei sentimenti sin qui ricordati, il carattere di sentimenti semplici. I sentimenti della serietà e dell'allegria, quando essi sono collegati; ad esempio, all'impressioni sensibili di suoni profondi od alti, di colori oscuri o chiari, possono essere sentiti come qualità speciali che stanno oltre alla zona d'indifferenza, tanto nella direzione dei sentimenti di piacere o dispiacere, quanto in quella dei sentimenti eccitanti e deprimenti. Solo che qui si deve tenere presente che piacere e dispiacere, eccitazione e calma non indicano singole qualità del sentimento, ma *direzioni* del sentimento, entro le quali si dànno qualità semplici in numero indeterminatamente grande, così che, ad es., il sentimento spiacevole della serietà non solo è diverso da quello dello stimolo dolorifico tattile, o della dissonanza, ma la serietà stessa può in diversi casi variare nella sua qualità. Inoltre le direzioni del piacere e del dispiacere si combinano con quelle della tensione e del sollievo nei sentimenti ritmici, dove la successione regolare di tensione e di sollievo è collegata al piacere, la perturbazione di questa regolarità invece al dispiacere, come nella delusione e nella sorpresa; mentre oltre a ciò il sentimento in ambedue i casi può avere ancora, a seconda delle circostanze, un carattere eccitante o calmante.

9. Questi esempi confermano nell'opinione, che le tre direzioni fondamentali dei sentimenti semplici dipendono dalle relazioni, nelle quali un singolo sentimento sta al *decorso dei processi psichici*. En-

tro questo decorso ogni sentimento ha infatti generalmente un *triplice* significato, in quanto esso: 1) esprime una modificazione dello stato *presente* in un dato momento; questa modificazione è designata dalla direzione dei sentimenti di *piacere* e di *dispiacere*; 2) esercita un'influenza sullo stato *seguente*; quest'influenza si può distinguere secondo i suoi contrari in *eccitamento* e in *inibizione* (acquetamento); 3) è determinato nella sua natura dallo stato *precedente*, l'effetto del quale si dimostra nelle forme della *tensione* e del *sollievo*. Queste condizioni lasciano anche supporre, che non ci siano altre direzioni fondamentali dei sentimenti.

9a. Fra le tre direzioni principali di sentimenti ora distinte è stata di solito presa in considerazione solo quella di piacere e di dispiacere, le altre erano annoverate tra le emozioni. Poichè le emozioni, come vedremo nel § 13, sono combinazioni di sentimenti secondo leggi, è chiaro che le forme fondamentali delle emozioni debbano già essere preformate negli elementi sentimentali. Alcuni psicologi hanno inoltre considerato il piacere e il dispiacere, non come concetti collettivi riferentisi a una grande varietà di sentimenti singoli, ma come riferentisi a stati concreti pienamente uniformi, così che, ad es., il dispiacere del dolore di denti, di un insuccesso intellettuale, di un avvenimento tragico, ecc., dovrebbero nel loro contenuto sentimentale essere identici. Altri ancora cercarono identificare i sentimenti con speciali sensazioni, e precisamente colle sensazioni della pelle e muscolari. Queste teorie lasciano senza risposta i problemi dei processi sentimentali composti, come pure di tutta l'estetica e l'etica, oppure esse, ad imagine della psicologia volgare, ricorrono a interpretazioni intellettualistiche. Si suole in questo caso dapprima annullare l'effetto estetico mediante riflessioni logiche su di esso, per poi affermare che queste riflessioni sono l'effetto stesso. Piuttosto si potrebbe ammettere che le sei classi di sentimenti, che si ottengono dalle tre suddistinte direzioni (piacere, dispiacere, eccitazione, inibizione, tensione, sollievo), siano già di per sè stesse qualità semplici concrete, nelle quali si formino differenze qualitative soltanto per le diverse intensità e mescolanza dei fattori. Ma contro ciò sta l'osservazione dei sentimenti semplici, specialmente di colore e di suono. Quando, ad es., si

95

fa variare il colore bleu puro dello spettro dal bleu cielo profondo all'indaco-bleu, si ottiene in ambedue i casi l'impressione di riposo propria di questo colore, ma in una tonalità alquanto diversa, che difficilmente si può spiegare, supponendo che si sia introdotta un'altra direzione sentimentale. La teoria delle tre coppie uniformi di sentimento ancora meno potrebbe bastare a spiegare quei sentimenti che sono legati a impressioni composte. Così l'accordo della terza maggiore, della quarta e quinta è accompagnato da sentimenti di piacere diversi non solo intensivamente, ma anche qualitativamente. La mancanza di designazioni nel linguaggio rende senza dubbio più difficile la sicura distinzione di tali gradazioni dei sentimenti. Ma questa mancanza può tanto meno essere riferita a una mancanza dei sentimenti stessi, in quanto essa in questo caso trova spiegazione in altre ragioni. Una conferma alla nostra conclusione ci è data dalle sensazioni, per le quali il numero dei nomi è più grande, a causa della loro continua applicazione oggettiva, senza che però esso raggiunga, anche solo lontanamente, la moltitudine delle qualità soggettivamente distinguibili nelle sensazioni, principalmente poi per le sensazioni di suono, di colore, di luce.

10. Si è posta la questione, se ai sentimenti semplici, alla stessa guisa che alle sensazioni, corrispondano determinati *processi fisiologici*. Mentre la vecchia psicologia propendeva a negare tale questione, e a contrapporre il sentimento come uno stato interno puramente psichico alle sensazioni suscitate dal mondo esterno, in più recente tempo si è di solito risposto affermativamente, senza tuttavia potersi appoggiare ad una sufficiente dimostrazione empirica.

Senza dubbio le nostre teorie sui fenomeni fisiologici, concomitanti ai sentimenti, devono avere a guida processi fisiologici realmente dimostrabili; così come le teorie sui fondamenti fisiologici delle sensazioni si uniformarono ai risultati delle ricerche sulla struttura e funzione degli organi di senso. Avuto riguardo alla natura soggettiva dei sentimenti, tali processi concomitanti non dovranno essere cercati, come per la sensazione, in processi che siano direttamente prodotti nell'organismo da azioni esterne, ma piuttosto in processi che sorgano come *effetti* a quelli suscitati direttamente. Su questa via c'indirizza pure l'osservazione delle formazioni composte di elementi sentimentali, delle emozioni e dei processi volitivi, come quelle che sono accompagnate da fenomeni fisiologici chiaramente percettibili, i quali presentano sempre esteriori movimenti corporei o alterazioni nello stato degli organi esterni di movimento.

Mentre l'analisi delle sensazioni e delle formazioni psichiche, che da esse derivano, è fondata sull'uso diretto del *metodo d'impressione,* l'indagine dei sentimenti semplici e dei processi, che sono composti di sentimenti, può giovarsi solo in modo indiretto di questo metodo. Invece il *metodo dell'espressione.* cioè la ricerca degli effetti fisiologici di processi psichici, è in modo speciale adatto per lo studio dei sentimenti e dei processi composti di sentimenti, perchè, come l'esperienza dimostra, tali effetti sono regolarmente sintomi dei processi sentimentali. In questo senso si può, per aiutare il metodo dell'espressione, trarre vantaggio da tutte le manifestazioni, nelle quali si danno a conoscere esteriormente gli stati interni dell'organismo. A tale ordine di manifestazioni appartengono, insieme ai movimenti dei muscoli esterni, i movimenti della respirazione e del cuore, le contrazioni e le dilatazioni dei vasi sanguigni delle diverse parti del corpo, la dilatazione e il restringimento della pupilla, e altre simili. Il più sensibile di questi sintomi è il moto cardiaco, di cui ci da un'imagine fedele il polso esaminato ad una arteria periferica. Nel caso dei sentimenti semplici mancano generalmente tutte le altre manifestazioni; soltanto per una grande intensità di essi, per la quale essi passano nel tempo stesso continuamente in emozioni, si presentano anche altri sintomi, specialmente alterazioni di respiro e movimenti mimici.

11.   Fra le suricordate direzioni di sentimenti, i sentimenti di *piacere* e di *dispiacere* sono specialmente quelli, pei quali è stata dimostrata una regolare relazione ai movimenti del polso. Essa consiste in un rallentamento e rinforzamento del polso per i sentimenti di piacere, in un acceleramento e indebolimento per quelli di dispiacere. Per le altre direzioni le modificazioni intervenute possono essere argomentate con una certa verosimiglianza solo dagli effetti delle emozioni corrispondenti (§ 13,5). Pertanto i sentimenti *eccitanti* sembrano manifestarsi solo con pulsazioni più forti, i *calmanti* con più de-

boli, senza alcuna contemporanea modificazione nella velocità; i sentimenti di *tensione* invece con polso più lento e indebolito, quelli di *sollievo* con polso accelerato e rinforzato. Appartenendo la maggior parte dei sentimenti singoli a più direzioni, in molti casi la pulsazione diventa complessa e si può al più conchiudere generalmente per la preponderanza dell'una o dell'altra direzione del sentimento; ma anche questa conclusione rimane incerta, fintanto ch'essa non viene confermata da una diretta osservazione del sentimento. 11*a*. I rapporti che offrono una certa probabilità, dopo le ricerche fin'ora fatte sui sintomi che il polso ci dà dei sentimenti e delle emozioni, sono rappresentati dallo schema seguente:

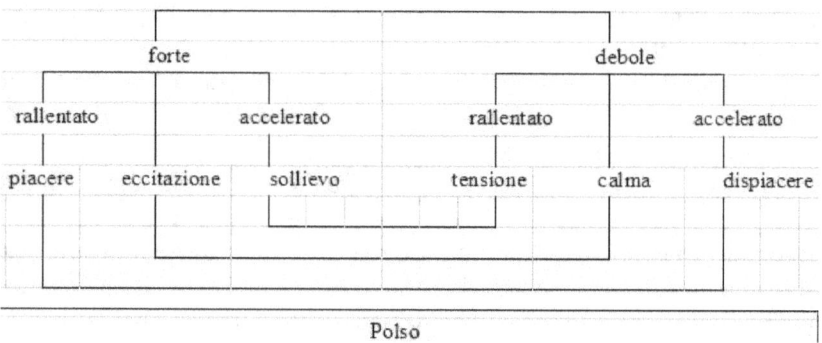

Come appare da questo schema, l'eccitazione e la calma si manifestano con sintomi del polso semplici, il piacere e il dispiacere, il sollievo e la tensione con sintomi doppi. Del resto questo schema, per lo più dedotto da complicati effetti di emozioni, abbisogna della conferma di ricerche, nelle quali si prenda cura d'isolare le principali direzioni del sentimento. Così pure le variazioni nei movimenti di respirazione e nella tensione muscolare ecc., aspettano ancora ulteriori indagini. Dal fatto che ogni sintomo si presta a più interpretazioni, appare anche che se un determinato sentimento è dato all'osservazione del psicologo, questi può conchiudere dai sintomi presenti a determinati effetti d'innervazione, ma non può mai dai sintomi fisiologici conchiudere all'esistenza di certi sentimenti. Da ciò segue che è inammissibile porre allo stesso livello rispetto al valore psicologico, il metodo dell'espressione e quello dell'impressione. Per la natura stessa della cosa, nell'arbitraria produzione e variazione dei processi psichici è possibile usare il solo metodo d'impressione. Il metodo d'espressione può dare sempre solo risultati, i quali sono in grado di spiegare i fenomeni fisiologici accompagnanti i sentimenti, non mai però la natura psicologica di questi.

Specialmente le alterazioni osservate nel polso devono essere considerate come effetti di un mutamento nell'innervazione del cuore che parte dal centro di esso. Ora la fisiologia dimostra, che il cuore sta in connessione cogli organi centrali mediante un doppio sistema: mediante un sistema di *nervi di eccitamento*, che corrono nei nervi simpatici e indirettamente provengono dal midollo allungato, e mediante un sistema di *nervi d'inibizione*, che corrono nel X nervo cerebrale (*Vagus*), ed hanno egualmente la loro origine nel midollo allungato. La regolarità normale della pulsazione dipende da un equilibrio tra le influenze dei nervi eccitanti e inibenti, pei quali, oltre che nel cervello, sono centri anche nel cuore stesso, nei gangli di esso: Ogni aumento e ogni diminuzione dell'energia cardiaca ammette in generale una doppia spiegazione: il primo può provenire dall'aumento dell'innervazione eccitante o dalla diminuzione di quella inibente, la seconda dalla diminuzione dell'eccitante e dall'aumento dell'inibente, e in ambedue i casi le due influenze possono anche combinarsi. Noi non abbiamo un espediente per la distinzione di queste possibilità; ma la circostanza che la stimolazione dei nervi d'inibizione ha un più rapido effetto di quella dei nervi d'eccitamento, può in molti casi offrirci una notevole probabilità per l'una o per l'altra supposizione. I sintomi che il polso dà dei sentimenti, seguono assai presto le sensazioni che li producono. Si può quindi con probabilità conchiudere che le variazioni dell'innervazione d'inibizione, proveniente dal cervello e guidata per il vago, siano specialmente quelle che noi osserviamo nei sentimenti e nell'emozioni. Epperò si può forse ammettere che alòa tonalità sentimentale d'una sensazione corrisponda fisiologicamente una diffusione dei processi stimolatori dal centro di senso agli altri domini centrali, che stanno in rapporto colle origini dei nervi d'inibizione del cuore. Quali siano questi domini centrali noi ancora non lo sappiamo; ma la circostanza, che i sostrati fisiologici per tutti gli elementi della nostra esperienza psicologica appartengono con ogni probabilità alla corteccia cerebrale, rende accettabile quest'opinione anche per il campo centrale di quell'innervazione d'inibizione; mentre oltre a ciò le differenze essenziali delle proprietà dei sentimenti da quelle delle sensazioni non lasciano credere che quel centro sia identico ai centri di senso. Se si ammette una speciale regione corticale come organo di tali effetti, non vi è alcuna ragione per presupporre che ogni centro sensitivo abbia uno speciale centro di trasmissione, ma la piena omogeneità dei sintomi fisiologici ci fa credere piuttosto che esista un unico dominio, il quale debba essere una specie di organo centrale di collegamento fra i diversi centri di senso. (Sul particolare significato di una tale regione centrale e sulla sua probabile posizione anatomica v. più innanzi § 15, 2a).

II. - LE FORMAZIONI PSICHICHE

§ 8. - Concetto e divisione delle formazioni psichiche.

1. Per "formazione psichica" noi intendiamo ogni parte composta della nostra esperienza immediata, la quale si distingue per certi caratteri da tutto l'altro contenuto dell'esperienza stessa, e in modo che essa è appresa come un'unità relativamente indipendente, ed è stata designata con un nome speciale, quando il bisogno pratico lo richiedeva. Il procedimento di denominazione ha qui seguito la regola generalmente tenuta dalla lingua; questa infatti si limita alla designazione delle *classi* e delle *speci* principalissime, sotto le quali i fenomeni possono essere assunti, mentre la distinzione delle formazioni concrete è lasciata all'intuizione immediata. E però espressioni, come rappresentazioni, emozioni, azioni del volere e simili, indicano classi generali di formazioni psichiche, mentre espressioni, come rappresentazioni visive, gioia, collera, speranza, ecc., indicano singole speci contenute in ogni classe. Queste designazioni nate dall'esperienza pratica d'ogni giorno, poichè si basano su caratteri differenziali realmente esistenti, potranno essere mantenute anche dalla scienza. Solo che questa deve rendersi conto tanto della natura di ogni carattere, quanto del particolare contenuto delle singole forme principali di formazioni psichiche, per dare ai singoli concetti un più esatto significato. E qui sin dal principio si devono tener lontani due pregiudizi, ai quali quelle originarie denominazioni facilmente conducono: l'uno sta nell'opinione, che una formazione psichica sia un contenuto assolutamente indipendente della nostra esperienza immediata; l'altro sta nel credere che a certe formazioni, alle rappresentazioni, ad es., spetti una specie di realtà *sostanziale*. In verità le formazioni psichiche hanno soltanto il valore di unità *relativamente* indipendenti che, come sono già per sè stesse composte di molteplici elementi, così stanno fra loro in una connessione generale, nella quale si collegano

continuamente formazioni relativamente semplici a formazioni più complesse. Inoltre le formazioni, allo stesso modo degli elementi psichici, che sono in esse contenuti, non sono mai oggetti, ma *processi*, che variano da un momento all'altro, e però si possono pensare, fissati in un dato momento solo mediante un'arbitraria astrazione, che è assolutamente indispensabile allo studio di alcuni di essi (v. § 2; pag. 11).

2. Tutte le formazioni psichiche sono decomponibili in elementi psichici, cioè in sensazioni pure e in sentimenti semplici. Ma questi elementi, conformemente alle proprietà dei sentimenti semplici studiati nel § 7, si comportano in modo essenzialmente diverso, in quanto gli elementi sensibili, ottenuti mediante una tale scomposizione, appartengono sempre a uno dei sistemi di sensazioni più su considerati; mentre come elementi sentimentali si presentano non solo quelli che corrispondono alle sensazioni pure contenute nella formazione psichica, ma anche altri che nascono solo quando gli elementi si combinano in una formazione. Perciò i sistemi qualitativi della sensazione rimangono sempre costanti nello sviluppo delle più varie formazioni; laddove i sistemi qualitativi dei sentimenti semplici continuamente crescono in tale sviluppo. Con questa proprietà se ne collega un'altra, che è in massimo grado caratteristica per la reale natura dei processi psichici. Le proprietà delle formazioni psichiche non sono soltanto prodotti della proprietà degli elementi psichici che in esse entrano, ma in seguito alla combinazione degli elementi si aggiungono a quelle sempre proprietà *nuove*, che sono particolari alle formazioni come tali. Così una rappresentazione visiva contiene non solo la proprietà delle sensazioni luminose, e insieme delle sensazioni di posizione e di movimento dell'occhio, ma oltre a ciò anche le proprietà dell'ordine spaziale delle sensazioni, che queste in sè e per sè non contengono affatto; oppure un processo volitivo non consiste solo di rappresentazioni e sentimenti, nei quali i singoli atti del processo possano venire scomposti, ma dalla combinazione di questi atti risultano nuovi elementi sentimentali, che sono specificamente particolari al processo volitivo composto. Ma qui anche le combinazioni degli elementi di sensazione e di quelli sentimentali si comporta in

modo diverso, perchè pei primi, a causa della costanza dei sistemi di sensazioni, sorgono non sensazioni *nuove*, ma particolari *forme dell'ordine delle sensazioni*: queste forme sono le *varietà estensive di spazio e di tempo;* nelle combinazioni degli elementi sentimentali si formano invece *nuovi sentimenti semplici*, i quali, congiunti cogli originari, presentano unità sentimentali *intensive* di natura composta.

3. La divisione delle formazioni psichiche si fonda naturalmente sugli elementi, dei quali esse constano. Diciamo *rappresentazioni* le formazioni che sono, o in tutto o in preponderanza, costituite da sensazioni; chiamiamo *moti d'animo* quelle che in massima parte constano di elementi sentimentali. Ma anche per le formazioni valgono le stesse limitazioni che per i corrispondenti elementi; se quelle sono ancor più di questi, sorte dall'immediata distinzione dei reali processi psichici, non vi è però in fondo un puro processo rappresentativo, come non vi è un moto d'animo puro; ma noi possiamo soltanto astrarre nel primo caso da questo e nel secondo da quello. Anche qui appare una relazione analoga a quella esistente tra gli elementi, perchè per le rappresentazioni è possibile trascurare gli stati soggettivi concomitanti, mentre la descrizione dei moti d'animo deve sempre presupporre qualche rappresentazione. Queste rappresentazioni però possono essere di assai varia maniera per le singole speci e maniere dei moti d'animo.

Noi distinguiamo quindi tre forme principali di *rappresentazioni*: 1) rappresentazioni intensive; 2) rappresentazioni di spazio; e 3) rappresentazioni di tempo; e similmente tre forme principali di *moti d'animo:* 1. composizioni intensive di sentimenti; 2. emozioni; 3. processi volitivi. Le rappresentazioni di tempo costituiscono un punto di passaggio fra le due forme fondamentali, perchè certi sentimenti hanno una parte essenziale al sorgere di esse.

§ 9. - Le rappresentazioni intensive.

1. Noi diciamo rappresentazione intensiva una combinazione di sensazioni, nella quale ogni elemento è legato a un secondo, proprio nella stessa guisa che a un qualunque altro. In questo senso, ad es., l'accordo *re fa la* è una rappresentazione intensiva. Le singole combinazioni, nelle quali si può scomporre quell'accordo, in qualunque ordine possano essere pensate, come *re fa, re la, fa re, fa la, la re, la fa,* sono nell'apprendimento immediato fra loro di egual valore. Questo appar chiaro, tosto che noi paragoniamo quell'accordo con una serie di sensazione sonore identiche, dove *re fa, re la, fa re, fa la,* ecc., sono rappresentazioni essenzialmente diverse. Le rappresentazioni intensive possono quindi essere definite anche come *combinazioni di elementi sensibili in un ordine permutabile a piacimento*.

Per questa proprietà le rappresentazioni intensive non presentano alcun carattere derivante dal modo in cui sono collegate le sensazioni, carattere per il quale esse possano venir scomposte in singole parti; ma una tale scomposizione è sempre possibile solo in base alla diversità delle sensazioni componenti. Così noi distinguiamo gli elementi dell'accordo *re fa la*, solo perchè in esso udiamo i toni qualitativamente diversi *re, fa, la*. Questi singoli elementi entro l'organica rappresentazione del tutto, possono però essere meno nettamente distinti che nel loro stato isolato. Questo ritrarsi degli elementi di fronte all'impressione del tutto, fatto che ha una grande importanza in tutte le forme delle combinazioni rappresentative, noi lo diciamo: *fusione delle sensazioni*, e nel caso speciale delle rappresentazioni intensive: *fusione intensiva*. Se un elemento è così intimamente legato ad un altro, che possa essere percepito nel tutto solo mediante una non comune direzione dell'attenzione, appoggiata dalla variazione sperimentale delle condizioni, diciamo la fusione *perfetta*; se invece l'elemento si confonde pur sempre nell'impressione totale, ma in modo che rimanga di per sè direttamente riconoscibile nella sua propria qualità, diciamo la fusione *imperfetta*. Diciamo infine *elementi predominanti* quegli elementi, che fanno prevalere sugli altri le loro qualità. Il concetto della fusione nel senso qui definito è un concetto *psicologico*; esso presuppone che gli elementi fusi nella rappresentazione possano di fatto essere soggettivamente dimostrati; è chiaro che esso non deve quindi essere confuso col concetto, tutt'affatto d'altro genere e puramente fisiologico, della fusione d'impressioni esterne in un unico processo di stimolazione. Se, ad es., si combinano colori complementari del bianco, non si ha naturalmente alcuna fusione psicologica.

In realtà tutte le rappresentazioni intensive ammettono sempre anche certi legami spaziali e temporali. Così, ad es., un accordo ci è sempre dato come un processo che ha durata nel tempo, che noi, benchè spesso solo indeterminatamente, riferiamo a una direzione qualsiasi nello spazio. Ma poichè queste proprietà temporali e spaziali possono variare a piacimento per un'eguale natura intensiva delle rappresentazioni, si astrae da esse nello studio delle proprietà intensive delle rappresentazioni.

2. Nelle *rappresentazioni del senso generale* si dànno fusioni intensive, quali combinazioni di sensazioni di pressione con sensazioni di caldo o di freddo, di sensazioni di pressione o di temperatura con sensazioni di dolore. Queste fusioni sono generalmente imperfette, e talora nessun elemento predominante risalta decisamente sugli altri. Più strette sono le combinazioni di certe *sensazioni dell'olfatto e del gusto*; esse sono evidentemente favorite pel lato fisiologico dalla vicinanza degli organi di senso, pel lato fisico dal regolare combinarsi di certe azioni stimolanti nei due organi di senso. Di solito le sensazioni più intensive sono le predominanti, e quando questo predominio spetta alle sensazioni di gusto, l'impressione composta è per lo più appresa come una qualità in tutto gustativa, così che la maggior parte dei così detti, volgarmente, "sapori" sono in realtà composizioni di sapori o di odori.

Il *senso dell'udito* presenta nella più ricca varietà rappresentazioni intensive di tutti i gradi possibili di composizione. Fra esse quelle relativamente più semplici, che stanno più vicine ai toni semplici, sono i *suoni isolati*; forme più complesse sono date dagli *accordi*, dai quali sotto certe condizioni e per la contemporanea connessione con sensazioni semplici di rumore, sorgono i *rumori composti*.

3. Il *suono isolato* è una rappresentazione intensiva, che consiste di una serie di sensazioni sonore regolarmente graduate nella loro qualità. Questi elementi, i *toni parziali* del suono, costituiscono una fusione perfetta, nella quale la sensazione del tono parziale più basso si affaccia come l'elemento predominante. In base a questo, *tono principale*, il suono è determinato in rapporto alla sua *altezza*. Gli altri elementi, come toni più alti, sono detti *ipertoni*. Essi sono percepiti tutt'insieme come una seconda parte determinante il suono, che viene ad aggiungersi all'elemento predominante; come il *colore del suono*[0]. Tutti i toni parziali che determinano il colore del suono, si trovano sulla scala dei toni ad intervalli fissi e regolari dal tono fondamentale. La serie completa degl'ipertoni possibili per un suono è rappresentata dalla 1ª ottava del tono principale, dalla quinta di esso; dalla seconda ottava del tono principale, dalla sua terza maggiore e quinta e così via. A questa serie corrispondono i seguenti rapporti dei numeri di vibrazioni delle onde sonore oggettive:

1 (tono principale), 2, 3, 4, 5, 6, 7, 8.....(*ipertoni*).

Lasciando costante l'altezza del tono principale si può variare il secondo elemento della qualità sonora, il *colore del suono*, secondo il numero, la posizione e l'intensità relativa degl'ipertoni. In tal modo si spiega la prodigiosa varietà delle colorazioni sonore degli strumenti musicali; come pure il fatto che in tutti gli strumenti il colore varia coll'altezza del tono, essendo gl'ipertoni pei toni bassi, relativamente forti e pei toni alti, deboli, e da ultimo scomparendo del tutto, se essi stanno al di là del limite dei toni udibili. Ma anche le più piccole differenze della colorazione sonora per i singoli strumenti di egual specie, si spiegano coi medesimi rapporti.

Psicologicamente la condizione principale perchè sorga un suono isolato, consiste nell'essere data una fusione di sensazioni sonore con *un solo* elemento predominante, e nell'essere la fusione perfetta, o almeno quasi perfetta. Di solito col solo orecchio gl'ipertoni non sono distinti immediatamente entro il suono *isolato*, ma essi possono divenir percettibili mediante un rinforzamento di risonanza (mediante trombe acustiche che siano accordate sull'ipertono cercato) e una volta che essi siano stati isolati con tal mezzo sperimentale, gl'ipertoni più forti possono venir successivamente distinti per entro il suono senza quel sussidio, quando su di essi si diriga l'attenzione.

4. Le condizioni, per le quali *un solo* elemento predominante è contenuto in una composizione di toni, consistono: 1) nell'intensità relativamente maggiore *di quello*; 2) nel suo rapporto qualitativo agli altri toni parziali: il tono principale deve essere il *tono fondamentale* di una serie, i cui membri sono fra loro complessivamente toni armonici; 3) nella coincidenza perfettamente uniforme dei diversi toni parziali; questa coincidenza è oggettivamente soddisfatta dall'unità della sorgente sonora (cioè il suono sia prodotto dalla vibrazione di *una sola* corda, o di *una sola* linguetta). Questa unità della sorgente sonora fa sì che le vibrazioni oggettive dei toni parziali stiano sempre fra loro nello stesso rapporto di fasi; il che non può avverarsi nelle combinazioni di suoni di più sorgenti sonore. Di queste condizioni, delle quali le prime due si riferiscono agli *elementi* e la terza alla *forma* della combinazione, la prima può mancare, senza che sia turbata la rappresentazione del suono. Se invece non è adempiuta la seconda, la combinazione passa o in un *accordo*, quando manca il tono fondamentale, o in un *rumore*, quando la serie dei toni non è armonica; oppure in una forma intermedia tra l'accordo e il rumore, quando le due cause si combinano. Se non è adempiuta la terza condizione, la costanza cioè del rapporto di fase dei toni parziali, il suono isolato passa in un accordo, anche quando le due prime condizioni sono pienamente osservate. Una serie di suoni semplici del diapason, che pei loro rapporti intensivi e qualitativi dovrebbero formare un *suono isolato*, in realtà sveglia sempre la rappresentazione di un accordo.[0]

5. L'*accordo* è una combinazione intensiva di suoni isolati; generalmente è una fusione imperfetta, nella quale sono contenuti più elementi dominanti. Pertanto in un accordo si presentano di solito tutti i gradi possibili della fusione, specialmente quando esso consta di suoni isolati, che siano di qualità composta. Allora non soltanto ogni suono isolato costituisce di per sè una formazione di fusione completa, ma anche le parti determinate qualitativamente dai loro toni prin-

cipali si fondano alla loro volta, e in modo tanto più perfetto, quanto più esse si avvicinano al rapporto degli elementi di un suono isolato. Perciò in un accordo di suoni ricchi di ipertoni, quei suoni isolati, i toni principali dei quali corrispondono agli ipertoni di un suono pur contenuto nell'accordo, si fondono con questo suono in modo molto più perfetto che colle altre parti del suono, e queste alla loro volta si fondono tanto più, quanto più il loro rapporto si avvicina a quello degli elementi iniziali di una serie di ipertoni. Così nell'accordo *do, mi, sol, do'*, i suoni *do* e *do'* costituiscono una fusione quasi perfetta, i suoni *do* e *sol*, *do* e *mi* invece fusioni imperfette; ancor più imperfetta è infine la fusione dei suoni *do* e *mi bemolle*. Una misura del grado della fusione si ottiene in tutti questi casi, quando si eseguisce, durante un brevissimo tempo, un accordo e si lascia decidere dall'ascoltatore, se egli abbia percepito un unico suono o più suoni. Ripetuto più volte quest'esperimento, il numero relativo dei giudizi affermanti l'unità del suono dà una misura per il grado della fusione.

6. In un accordo altri elementi vengono ancora ad aggiungersi a quelli già contenuti nei suoni isolati; essi sorgono dal sovrapporsi delle vibrazioni per entro l'apparato uditivo, e dànno luogo a nuove sensazioni sonore caratteristiche per le diverse speci degli accordi, sensazioni che col primitivo insieme di suoni, possono egualmente costituire fusioni ora perfette e ora imperfette. Queste sensazioni sono quelle dei *toni di differenza*. Esse corrispondono, come il loro nome lo indica, alla differenza del numero di vibrazioni fra due toni primari. La loro origine può essere doppia: o esse sorgono dall'interferenza delle vibrazioni nell'apparato uditivo esterno specialmente nel timpano e negli ossicini (toni di combinazione di Helmholtz); oppure esse sorgono dall'interferenza delle vibrazioni sulle fibre nervose dell'udito (toni di battimento di Koenig). I primi sono, conformemente alla loro origine, toni deboli, e restano sempre relativamente molto più deboli dei loro toni d'origine. I secondi sono invece generalmente toni piuttosto forti, e possono spesso vincere in intensità anche i loro toni d'origine. I toni di differenza della prima maniera s'incontrano probabilmente soltanto negli accordi armonici, quelli della seconda maniera anche nei dissonanti. La fusione dei toni di diffe-

renza coi toni principali dell'accordo è alla sua volta tanto più perfetta, quanto meno essi sono intensivi, e quanto più si connettono coi primitivi elementi sonori, come toni armonici nella serie semplice dei toni. In conseguenza di queste proprietà, i toni di differenza hanno per gli accordi un significato caratteristico, analogo a quello che gli ipertoni hanno per i suoni. Essi sono però elementi pressochè indipendenti dalla colorazione dei componenti l'accordo, e invece variano straordinariamente col rapporto dei toni principali dell'accordo; donde si spiega la relativa uniformità nel carattere di un dato accordo, a lato della mutevole colorazione sonora dei suoni isolati.

7. L'accordo può passare, attraverso a tutti i gradi intermedi possibili, nella terza forma delle rappresentazioni sonore intensive, in quella del *rumore*. Quando il rapporto di due toni sta oltre il limite della serie armonica dei toni, e quando anche la differenza del loro numero di vibrazioni non oltrepassa un certo limite, per i suoni alti circa 60 vibrazioni, pei bassi 30 e meno; allora nascono perturbazioni nell'accordo, le quali corrispondono nel loro numero alla differenza del numero di vibrazioni dei toni primari, e hanno la loro causa, nell'alternata interferenza di fasi di vibrazioni con uguale od opposta direzione. Queste perturbazioni consistono o in interruzioni della sensazione sonora, *singoli urti*, oppure, e specialmente per i toni bassi, in sensazioni intermittenti di un tono di differenza, *battimenti di toni*. Se la differenza dei numeri delle vibrazioni oltrepassa i limiti suddetti, i toni suonano dapprima, sparendo le intermissioni, continui, ma aspri, e poi, sparendo anche l'asprezza, *puramente dissonanti*. La dissonanza solita si compone di battimenti o di asprezze dell'accordo o di pura dissonanza; i primi due fattori consistono in intervalli delle sensazioni percettibili, o appena evanescenti, l'ultimo invece nell'intera eliminazione dell'unità sonora e consonanza prodotta da fusione perfetta o imperfetta. Questa scomposizione dei toni, che si fonda sul rapporto delle pure qualità sonore, può essere detta anche *bissonanza*. Se per il consonare di un maggior numero di suoni discordanti, si accumulano i fattori della solita dissonanza, singoli urti, battimenti, asprezze, bissonanze, allora l'accordo diventa *rumore*. Questo è psicologicamente caratterizzato da ciò, che in esso gli elementi predo-

minanti spariscono completamente, o si confondono nella serie degli elementi, che modificano il carattere complessivo della rappresentazione. Per la conoscenza del rumore importa, nei rumori di breve durata, esclusivamente la generale posizione degli elementi prevalenti in intensità, e nei rumori di qualche durata, anche la forma della perturbazione, quale risulta dalla rapidità dei singoli urti, dai concomitanti battimenti, ecc.

Esempi caratteristici delle diverse forme di rumore sono le voci della favella umana, fra le quali le vocali sono gradi intermedi fra suono e rumore con carattere prevalente di suono, i fonemi di risonanza sono rumori continui, le consonanti proprie invece rumori momentanei. Parlando sottovoce, anche le vocali diventano rumori. Il fatto che qui tuttavia le loro differenze rimangono conservate, dimostra che la caratteristica delle vocali sta essenzialmente nei loro elementi di rumore. In tutti i rumori, coi numerosi elementi sonori che entrano in essi, si collegano verosimilmente anche semplici sensazioni di rumore (pag. 39), in quanto che le scosse irregolari dell'aria, provenienti dalle perturbazioni delle onde sonore, eccitano in parte gli elementi nel vestibolo del labirinto, in parte anche direttamente le fibre dello stesso nervo uditivo.

7a. La spiegazione dei fondamenti fisiologici delle rappresentazioni *intensive* dell'udito, e sopratutto delle sonore, è stata essenzialmente promossa dall'*ipotesi della risonanza* (p. 41) posta da Helmholtz. Quando si ammette che determinate parti dell'apparato uditivo siano così accordate, che le onde sonore di un certo numero di vibrazioni facciano sempre vibrare soltanto le parti corrispondentemente accordate: si spiega in generale quella capacità analizzante del senso dell'udito, per la quale noi possiamo distinguere gli elementi sonori non solo in un accordo, ma anche, sino ad un certo grado, in un suono isolato. L'ipotesi della risonanza però dà la ragione fisiologica soltanto di *un* lato della fusione sonora, la persistenza delle singole sensazioni nel tutto della rappresentazione intensiva, ma non dell'altro, aspetto, la più o meno intima combinazione degli elementi. Se si è ammesso a questo scopo un immaginario "apparato di fusione" nel cervello, questa è una di quelle finzioni più dannose che utili, nelle quali si cerca di appagare il bisogno di spiegazioni con una parola che nulla dice. Poichè gli elementi sonori, producenti una rappresentazione intensiva di suoni, sono in essa contenuti come sensazioni reali e più o meno abbandonano la loro individualità nel tutto della rappresentazione, la fusione sonora è un processo psichico, il quale perciò richiede anche una spiegazione psicologica. Ma in quanto questa fusione si comporta in diversa maniera per diverse condizioni oggettive, ad es., per l'effetto delle vibrazioni composte provenienti o da una unica sorgente sonora, o da diverse sorgenti sonore, queste differenze richiedono senza dubbio a loro spiegazione principi fisici e fisiologici. L'idea che prima si presenta per tale spiegazione è di completare in modo sufficiente l'ipotesi della risonanza. Se si ammette che, insieme alle parti dell'organo dell'udito analizzante il suono, insieme all'apparato di risonanza, esistono ancora altri organi, sui quali agisce l'intera massa sonora indecomposta - organi che, dopo le osservazioni fatte a pag. 33 sugli uccelli privi del labirinto, potrebbero essere forse le fibre del nervo acustico, correnti nei canali ossei del labirinto - si ha così un sufficiente sostrato fisiologico a spiegare l'effetto diverso di quelle condizioni. Si aggiunge ancora l'esistenza dei toni di battimento, che spesso vincono di gran lunga in intensità i toni primari (pag. 80), come pure l'osservazione, che le interferenze di un unico tono, se date con sufficiente velocità, si collegano a una seconda sensazione di tono; fatti questi, che sembrano richiedere una integrazione dell'ipotesi di risonanza nel senso suindicato.

§ 10. - Le rappresentazioni di spazio.

1. Dalle rappresentazioni intensive si distinguono immediatamente quelle di spazio e di tempo per essere le loro parti tra loro collegate non in un modo comunque permutabile, ma in un ordine saldamente determinato, così che, se si pensa variato quest'ordine, la rappresentazione stessa si altera. Noi diciamo generalmente rappresentazioni *estensive* le rappresentazioni che hanno un ordine così fisso

111

delle loro parti.

Tra le possibili forme di rappresentazioni estensive si notano ancora le *spaziali* per questo, che quell'ordine fisso delle parti di una rappresentazione spaziale è soltanto un ordine *reciproco*, e non si riferisce al rapporto di esse al soggetto percipiente; piuttosto è possibile pensare questo rapporto variato a piacimento. Questa indipendenza oggettiva della rappresentazione spaziale dal soggetto percipiente si esplica nell'attitudine che hanno le formazioni di spazio di essere *spostate* e *rivoltate*. Il numero delle direzioni, nelle quali possono avere luogo questi spostamenti e rivolgimenti è limitato, potendo essi complessivamente avvenire in solo *tre* sensi, in ciascuno dei quali son possibili movimenti secondo due direzioni fra loro opposte. A questo numero massimo delle direzioni per gli spostamenti e i rivolgimenti delle formazioni di spazio, corrisponde il numero delle direzioni, nelle quali possono essere ordinate fra loro tanto le parti di ogni singola formazione, quanto le diverse formazioni. Noi diciamo questa proprietà la natura *tridimensionale* dello spazio. Una singola rappresentazione spaziale può quindi essere anche definita come una *formazione tridimensionale, avente un'orientazione fissa, reciproca, delle sue parti, ma un'orientazione comunque variabile rispetto al soggetto percipiente*. Si comprende facilmente che in questa definizione si astrae dalle variazioni, in realtà molto frequenti, nelle disposizioni delle parti; quando esse avvengono, si ha il passaggio di una rappresentazione in un'altra. Inoltre l'ordine tridimensionale delle rappresentazioni spaziali inchiude anche gli ordini a due ed a una dimensione come limiti, nei quali del resto si devono sempre pensare insieme le dimensioni mancanti, tosto che si consideri il rapporto della formazione spaziale al soggetto percipiente.

2. Questo rapporto al soggetto percipiente, dato in realtà in tutte le rappresentazioni spaziali, psicologicamente richiede sin dal principio, che l'ordine degli elementi in una tale rappresentazione non possa essere una proprietà originaria degli elementi stessi, analoga in qualche modo all'intensità o qualità delle sensazioni, ma che essa sia solo una conseguenza del coesistere delle sensazioni proveniente da condizioni psichiche che nuove sorgono per questo coesistere. Impe-

rocchè chi non volesse ammettere questa necessità psicologica, sarebbe costretto non solo ad attribuire una qualità spaziale ad ogni singola sensazione, ma dovrebbe in ogni sensazione per quanto spazialmente limitata, accogliere anche la rappresentazione di tutto lo spazio a tre dimensioni nella sua orientazione al soggetto. Questo ricondurrebbe alla teoria di un'intuizione spaziale a priori precedente tutte le singole sensazioni; opinione che non solo starebbe in contraddizione con tutte le nostre esperienze sulle condizioni d'origine e sullo sviluppo delle formazioni psichiche, ma in modo speciale anche con tutte le esperienze sulle influenze, alle quali sono soggette le formazioni rappresentative dello spazio.

3. Tutte le rappresentazioni di spazio ci si offrono come forme dell'ordine di due qualità di senso, delle *sensazioni tattili* e delle *sensazioni luminose*, dalle quali poi solo secondariamente, mediante il legame colle rappresentazioni tattili o visive, la relazione spaziale può essere trasportata anche ad altre sensazioni. Nel senso tattile e visivo invece condizioni favorevoli per un ordine estensivo spaziale delle sensazioni sono già date manifestamente dall'estensione in superficie degli organi periferici di senso e dall'essere questi corredati di apparati di movimento, che fanno possibile una varia orientazione delle impressioni al soggetto percipiente. Dei due domini di senso, quello del *tatto* è alla sua volta il primitivo, perchè sorge prima nell'evoluzione degli organismi e perchè oltre ciò quelle condizioni d'organizzazione, che si presentano in assai più fina conformazione nel senso della vista, sono ancora rozze, e però anche sotto un certo aspetto più distinte. Si deve però notare che negli uomini non ciechi,[0] le rappresentazioni spaziali del senso tattile subiscono in alto grado l'influenza di quelle del senso della vista.

A. LE RAPPRESENTAZIONI TATTILI DELLO SPAZIO.

4. La *più semplice* rappresentazione di spazio possibile per il senso tattile è quella di una *impressione isolata, pressochè puntiforme sulla pelle*. Anche se una tale impressione agisce, essendo rimosso

l'organo visivo, si forma una determinata rappresentazione del *luogo del contatto*. Questa rappresentazione, che si dice *localizzazione dello stimolo*, come l'introspezione insegna, non è di solito immediata negli uomini non ciechi - il che dovrebbe essere, se la spazialità fosse una proprietà originariamente particolare della sensazione - ma essa è dipendente da una *rappresentazione visiva*, benchè per lo più oscura, della parte del corpo toccata, rappresentazione che si aggiunge a quella. La localizzazione pertanto in prossimità alle linee di contorno degli organi tattili, le quali si imprimono più distinte nell'immagine visiva, è più esatta che nelle superfici centrali uniformi. Una rappresentazione visiva può essere svegliata da un'impressione tattile anche quando è escluso l'organo della vista, perchè ad ogni punto dell'organo tattile appartiene una propria colorazione qualitativa della sensazione tattile, la quale è indipendente dalla qualità dell'impressiono esterna, e dipende probabilmente dalle particolarità di struttura della pelle, varianti da punto a punto e non mai perfettamente eguali per due punti lontani.

Questa colorazione locale è detta *il segno locale* della sensazione. Esso varia nelle diverse parti della pelle con rapidità assai diversa: molto presto, ad es., sulla punta della lingua, all'estremità delle dita, alle labbra; lentamente alle superfici maggiori delle membra e del busto. Si può ottenere una misura della rapidità con cui variano i segni locali, se si fanno agire due impressioni, vicine tra loro, sopra una parte della pelle. Fintanto che la distanza delle impressioni sta nella regione di segni locali qualitativamente non distinguibili, esse sono percepite come un'impressione unica, ma tosto che quei limiti sono sorpassati, le impressioni sono separate spazialmente. Questa distanza minima di due impressioni, ancora appena distinguìbile, è detta *soglia spaziale del tatto*. Essa varia da 1 a 2 mm. (punta della lingua e delle dita), sino a 68 mm. (dorso, parte superiore del braccio, della gamba). Sulle parti dei punti di pressione (pag. 37) distanze ancora più piccole possono essere percepite con un favorevole impiego degli stimoli. Inoltre la soglia spaziale dipende dalle condizioni dell'organo e dall'influenza dell'esercizio. Per il primo fatto nei fanciulli, nei quali evidentemente le differenze di struttura, condizione dei segni locali, sono notevolmente a più piccola distanza, è minore che negli adulti, e a causa dell'esercizio essa è pei ciechi, specie nei polpastrelli delle dita, di cui essi usano prevalentemente per tastare, minore che nei non ciechi.

5. La localizzazione delle impressioni tattili, e con essa l'ordine spaziale di una pluralità di queste impressioni, come insegna la suddescritta cooperazione delle rappresentazioni visive delle parti toccate del corpo, si fondano negli uomini normali non su un'originaria qualità spaziale dei punti della pelle e neppure su una primaria funzione spaziale dell'organo tattile, ma presuppongono le rappresentazioni spaziali del senso della vista. Queste però possono diventare attive solo per ciò, che alle parti dell'organo tattile appartengono certe proprietà qualitative, i segni locali, che svegliano la rappresentazione visiva della parte toccata. Non v'ha pertanto alcuna ragione per attribuire ai segni locali una immediata relazione spaziale; piuttosto essi possono evidentemente bastare a tutte le esigenze, quando posseggano soltanto la proprietà di segnali qualitativi, che richiamino la corrispettiva imagine visiva; questa però aderisce a loro a causa della frequenza dei legami. Corrispondentemente, l'acutezza della localizzazione è favorita da tutte le influenze, che, da una parte, aumentano la determinatezza dell'imagine visiva e, dall'altra, le differenze qualitative dei segni locali.

Noi potremo pertanto, in questo caso, designare il processo delle rappresentazioni spaziali, come un ordinamento degli stimoli tattili entro le imagini visive già pronte, a causa del fisso legame di queste imagini coi segni locali qualitativi degli stimoli. E conformemente al § 9 (pag. 76) possiamo considerare il legame dei segni locali coll'imagini visive delle parti del corpo corrispondenti a quelli, come una *fusione imperfetta, ma molto costante*. La fusione è imperfetta, perchè tanto l'imagine visiva, quanto l'impressione tattile conservano la loro individualità; è però così costante, che appare indissolubile per uno stato eguale dell'organo tattile; il che spiega anche la sicurezza relativa della localizzazione. Gli elementi predominanti in questa fusione sono le sensazioni tattili, dietro alle quali le rappresentazioni visive per molti individui così si ritraggono, che non possano essere

115

percepite con sicurezza, neppure usando di grande attenzione. In tali casi la percezione spaziale è forse, come presso i ciechi, una funzione immediata delle sensazioni tattili e di movimento (vedi sotto 6). Generalmente però l'osservazione più esatta mostra, che ci possiamo render conto della posizione della distanza delle impressioni, solo in quanto cerchiamo di renderci più distinta l'indeterminata imagine visiva della parte del corpo toccata.

6. Queste condizioni valevoli per gli uomini normali mutano essenzialmente nei *ciechi*, specialmente nei *ciechi nati*, o nei divenuti ciechi in tenera età. Il cieco conserva, senza dubbio, per assai lungo tempo le imagini mnemoniche degli oggetti abitualmente veduti, e però le rappresentazioni spaziali del tatto per lui rimangono ancor sempre, in un certo grado, come prodotti di una fusione fra sensazioni tattili e imagini visive. Ma, venendo meno a lui il soccorso di un ripetuto rinnovarsi delle rappresentazioni visive, egli si giova in misura sempre crescente dei movimenti: passando da un'impressione tattile ad un'altra, egli nella sensazione tattile, prodotta nelle articolazioni e nei muscoli (pag. 37), la quale è una misura della grandezza del movimento compiuto, ottiene anche una misura della distanza in cui si trovano le impressioni tattili fra loro. Questo soccorso, che nei divenuti ciechi si è aggiunto alle imagini visive a poco a poco evanescenti, e in certo qual modo le sostituisce, è pei *ciechi nati* sin dal principio l'unico mezzo pel quale essi sono in grado di foggiarsi una rappresentazione dei rapporti reciproci di posizione e di distanza esistenti fra le singole impressioni. E infatti si osserva in tali persone un continuo movimento degli organi tattili, specie delle dita, sugli oggetti, all'apprendimento dei quali vengono pure in aiuto l'acuita attenzione diretta sulle sensazioni tattili, e il maggiore esercizio nella distinzione di esse. Il grado inferiore di sviluppo del senso tattile rispetto a quello della vista si dimostra in ciò, che l'apprendimento di contorni e superfici ininterotte è assai più imperfetto che quello delle impressioni puntiformi disposte vicine in ordine diverso. Una prova evidente di ciò è data dal fatto, che nella *scrittura dei ciechi* si vide necessario usare, per le singole lettere, segni artificiali, consistenti in punti in rilievo, in diverse combinazioni. Così, ad es., nella scrittura

116

dei ciechi più in uso (quella di Braille) un punto è il segno per *A*, due punti orizzontalmente posti l'uno accanto all'altro per *B*, due punti verticalmente posti l'uno sull'altro per *C*, e così via; sei punti al massimo bastano per tutte le lettere. I punti debbono però essere così lontani l'uno dall'altro, che essi possano essere percepiti ancor separati dall'estremità del dito indice. Come si svolgano le rappresentazioni spaziali nei ciechi, appare assai bene dal modo in cui questa scrittura viene letta; di solito sono impiegati ambedue gl'indici, della mano destra e della sinistra; l'indice destro precede e coglie un gruppo di punti simultaneamente (tasto sintetico), l'indice sinistro segue alquanto più lentamente e coglie i singoli punti successivamente (tasto analizzante). Le due impressioni, la simultanea e la successiva, sono però fra loro collegate e riferite al medesimo oggetto. Questo procedimento mostra chiaramente che, tanto pel cieco quanto pel non cieco, la distinzione spaziale delle impressioni tattili non è data immediatamente coll'azione delle impressioni stesse sull'organo tattile; ma che nei ciechi i movimenti, pei quali il dito destinato al tasto analizzante percorre le singole estensioni, compiono lo stesso ufficio che nei non ciechi spetta alle concomitanti rappresentazioni visive.

Una rappresentazione della grandezza e direzione di questi movimenti può sorgere solo dall'essere ogni movimento accompagnato da una sensazione interna di tatto (pag. 37). L'opinione che questa sensazione tattile interna sia già immediatamente collegata con una rappresentazione dello spazio percorso nel movimento, sarebbe inverosimile al massimo grado, perchè non soltanto presupporrebbe nel soggetto un'intuizione innata dello spazio che lo circonda, e della sua posizione nello stesso (pag. 83), ma inchiuderebbe ancora in sè l'opinione speciale, che le sensazioni tattili interne, quantunque conformi all'esterne nella loro natura qualitativa e nei sostrati fisiologici, si differenzino da queste per ciò, che in esse colla sensazione sorge sempre anche un'imagine della posizione del soggetto e dell'ordine spaziale del suo ambiente immediato. Opinione questa, che ci ricondurrebbe necessariamente alla dottrina platonica della reminiscenza delle idee innate; infatti la sensazione che sorge nel tastare è qui pensata come una causa occasionale esterna, che in noi ridesta l'idea dello spazio innata e quindi evidentemente trascendentale.

7. Con quest'ultima ipotesi, pur non tenuto conto della sua inverosimiglianza psicologica, non si saprebbe accordare l'influenza che l'esercizio ha nella distinzione dei segni locali e delle differenze di movimento. Dopo ciò, non resta altro che riporre anche qui, come pei non ciechi (pag. 86), l'origine della rappresentazione spaziale nelle *combinazioni empiricamente date delle sensazioni stesse.* Queste combinazioni consistono in ciò, che nel percorrere le impressioni tattili esteriori, a due sensazioni *a* e *b* aventi una determinata differenza di segni locali corrisponde sempre una determinata sensazione tattile interna o accompagnante il movimento e ad una maggiore differenza di segni locali *a* e *c* corrisponde una sensazione di movimento più intensiva γ e così via. Difatti nel tastare dei ciechi queste sensazioni tattili interne ed esterne sono date sempre in questa regolare connessione. Pertanto anche dal punto di vista della stretta esperienza, non si può affermare, che uno qualsiasi di quei due sistemi di sensazioni porti in se stesso, già a sè e per sè, la rappresentazione di un ordine spaziale; ma noi possiamo dire soltanto che questo ordine sorge regolarmente dalla combinazione di quei due sistemi. Mediante questo punto di vista la rappresentazione spaziale dei ciechi, determinata da impressioni esterne, può definirsi come il prodotto *di una fusione di sensazioni tattili esterne e dei loro segni locali qualitativamente graduati con sensazioni tattili interne intensivamente graduate.* In questo prodotto di fusione le sensazioni tattili esterne costituiscono, colle loro proprietà determinate dagli stimoli esterni, gli elementi predominanti, dietro i quali i segni locali e le sensazioni tattili interne, colle loro particolari proprietà qualitative ed intensive, si ritraggono così completamente che esse, allo stesso modo degli ipertoni di un suono, possono essere percepite, solo quando si diriga l'attenzione specialmente su di essi. Anche le rappresentazioni tattili di spazio riposano pertanto su una fusione *perfetta.* Ma la particolarità di questa, a differenza, ad es., delle fusioni intensive di suono, consiste in ciò, che gli elementi secondari o sussidiali sono elementi di natura diversa, i quali nel tempo stesso stanno fra loro in relazioni fisse. Mentre i segni locali costituiscono un puro sistema qualitativo, le sensazioni tattili

118

interne, accompagnanti i movimenti dell'organo tattile, si dispongono in una scala di gradi intensivi, e poichè l'energia di movimento, impiegata a percorrere l'intervallo fra due punti, cresce colla grandezza dell'intervallo, la differenza intensiva delle sensazioni accompagnanti il movimento deve pure aumentare colla differenza qualitativa dei segni locali.

8. In tale guisa l'ordine spaziale delle impressioni tattili è il prodotto di una *doppia fusione*: di una prima, che ha luogo tra gli elementi sussidiati e per la quale i gradi qualitativi del sistema dei segni locali, ordinato secondo due dimensioni, sono ordinati nel loro rapporto reciproco, secondo i gradi intensivi della sensazione interna; e di una seconda, per la quale le sensazioni tattili esterne, determinate dagli stimoli esterni, si collegano con quei primi prodotti di fusione. Naturalmente i due processi non hanno luogo successivamente, ma in un unico e medesimo atto, perchè tanto i segni locali, quanto i movimenti tattili devono essere suscitati solo dagli stimoli esterni. Ma, mutando la sensazione tattile esterna colla natura dello stimolo oggettivo, i segni locali e le sensazioni tattili interne costituiscono elementi soggettivi, il cui ordine reciproco rimane sempre lo stesso di fronte alle diversissime impressioni esterne. In ciò sta la condizione psicologica per la *costanza delle proprietà* da noi attribuite allo spazio, di contro alle proprietà qualitative, variamente mutanti degli oggetti contenuti nello spazio.

9. Dopo che si sono formato le fusioni tra i segni locali e le sensazioni tattili interne, producenti l'ordine spaziale delle sensazioni tattili esterne, ciascuno di questi elementi rimane del resto sino ad un certo grado, sia pure limitato, capace per sè solo di determinare una localizzazione di sensazioni, e persino di suscitare composto rappresentazioni spaziali. Così non solo il non cieco, ma anche il cieco e il cieco nato hanno per l'organo tattile in perfetto riposo una rappresentazione del luogo di un contatto e possono percepire due impressioni, agenti a sufficiente distanza, come separato nello spazio. Naturalmente nel cieco nato non sorge, come nel non cieco, l'imagine visiva del luogo toccato, ma invece di questa si forma la rappresentazione di un movimento del membro toccato e, quando agiscono più impres-

sioni, la rappresentazione di un movimento tattile, che va da un'impressione all'altra. Anche nelle rappresentazioni così prodotte agiranno le stesse fusioni che nelle solite soccorse da movimento tattile, con questa sola differenza, che uno dei fattori dei prodotti di fusione, la sensazione tattile interna, esiste solo come imagine della memoria.

10. Così pure può succedere il contrario: come contenuto reale della sensazione può essere dato solo una somma di sensazioni tattili interne, che sorgono dal movimento di una parte del corpo, senza notevole mescolanza di sensazioni tattili esterne; e quelle sensazioni tattili interne, accompagnanti il movimento, possono egualmente costituire il sostrato di una rappresentazione spaziale. Questo avviene regolarmente nelle *rappresentazioni pure del movimento di parti del nostro corpo.* Se noi, ad es., ad occhi chiusi solleviamo il nostro braccio, abbiamo ad ogni momento una rappresentazione delle posizioni del braccio. In esse senza dubbio cooperano sino ad un certo grado anche le rappresentazioni tattili esterne, che sorgono per stiramenti e increspamenti della pelle; queste però scompaiano relativamente di fronte alle sensazioni tattili interne, date dalle articolazioni, dai tendini e dai muscoli.

Nell'uomo non cieco queste rappresentazioni di posizione, come è facile osservare, si formano, perchè le sensazioni prodotte dallo stato della parte mossa svegliano, anche ad occhio chiuso o distolto, un'oscura imagine visiva di quella parte e dello spazio che la circonda. Questo legame è così intimo, che può stabilirsi anche tra le semplici imagini mnemoniche delle sensazioni tattili interne e la corrispondente rappresentazione visiva, come osservasi nei paralizzati, nei quali la semplice volontà di compiere un certo movimento sveglia la rappresentazione del movimento, come fosse realmente compiuto. Evidentemente le rappresentazioni dei propri movimenti si fondano nell'uomo normale su fusioni imperfette analoghe alle esterne rappresentazioni tattili dello spazio; solo che in questo caso le sensazioni tattili interne hanno lo stesso ufficio che in quelle le esterne. Ciò conduce ad ammettere che anche alle sensazioni tattili interne spettino segni locali, cioè che le sensazioni, che avvengono nelle diverse articolazioni, nei tendini e nei muscoli, presentino certe differenze localmente graduate. Infatti ciò pare sia confermato dalla introspezione. Se noi alternativamente moviamo l'articolazione del ginocchio, della coscia, dell'omero, oppure se anche soltanto moviamo la stessa articolazione della parte destra o della sinistra del corpo, non curando il legame, che non si può mai interamente sopprimere, coll'imagine visiva della parte del corpo, sembra che ad ogni volta varii leggermente la qualità della sensazione. Non si potrebbe neppure comprendere, come senza tali differenze dovrebbe sorgere quell'imagine visiva concomitante, a meno che si attribuisse all'anima non soltanto una rappresentazione innata dello spazio, ma anche una cognizione innata delle posizioni prese in ogni singolo momento e dei movimenti degli organi del corpo nello spazio.

11. In base a questi fatti osservati nell'uomo non cieco è possibile comprendere, come anche nel cieco nato abbia origine la rappresentazione dei suoi movimenti. Qui in luogo della fusione colla imagine visiva della parte del corpo, deve entrare in campo una fusione delle sensazioni di movimento coi segni locali, mentre nel tempo stesso le sensazioni tattili esterne vengono ad aggiungersi come aiuto. Sembra che quest'ultime abbiano nei ciechi un compito di gran lunga maggiore che nei non ciechi per l'orientazione dei movimenti del corpo nello spazio. Il cieco ha rappresentazioni dei propri movimenti affatto incerte, fintanto che non viene loro in soccorso tasteggiando gli oggetti esterni. E a questo scopo tornano a lui opportuni e il maggiore esercizio del senso tattile esterno e l'acuita attenzione diretta su di esso. Una prova di ciò ci è data dal cosidetto "senso della distanza" proprio dei ciechi. Esso consiste nella capacità di percepire ad una certa distanza, senza un contatto diretto, corti ostacoli, ad es., una parete vicina. Si può sperimentalmente dimostrare che questo "senso della distanza" si compone di *due* fattori: in primo luogo di una eccitazione tattile molto debole sulla pelle della fronte, prodotta dalla resistenza dell'aria; e secondariamente di una modificazione nel suono del passo. Quest'ultimo fattore agisce come un segnale, che l'attenzione acuisce sufficientemente, affinchè possano essere percepite quelle deboli eccitazioni tattili. Il "senso della distanza" non funziona più, se si eliminano quelle eccitazioni tattili, avvolgendo un panno

attorno alla fronte, oppure se si soffoca il passo.

12. Oltre le rappresentazioni delle posizioni e dei movimenti delle singole parti del corpo, noi possediamo anche una rappresentazione della *posizione e del movimento dell'intero corpo*, e quelle prime rappresentazioni solo per la loro relazione a quest'ultima passano da un significato semplicemente relativo ad uno assoluto. L'organo d'orientazione per queste rappresentazioni generali è la *testa*, della cui posizione noi abbiamo sempre una rappresentazione determinata o rapporto alla quale nelle nostre rappresentazioni orientiamo, per lo più in modo solo indeterminato, i singoli organi corporei, secondo i singoli complessi di sensazioni tattili esterne ed interne. Nella testa inoltre i tre canali del labirinto uditivo sono l'organo specifico dell'orientazione, al quale vengono ad aggiungersi, come organo secondario, le sensazioni tattili interne ed esterne, legate all'azione dei muscoli della testa. Questa funzione di orientazione dei canali può essere facilmente spiegata, se si ammette che sotto la varia pressione dell'endolinfa sorgano sensazioni tattili interne, con differenze di segni locali specialmente marcate. Il *capogiro*, che nasce in seguito a troppo rapidi movimenti della testa, ha con ogni verosimiglianza la sua origine nelle sensazioni prodotte dai violenti movimenti dell'endolinfa. Con ciò si accordano le osservazioni fatte, che per parziali distruzioni dei canali si hanno costanti illusioni d'orientazione e per la completa distruzione degli stessi un quasi completo annullamento della capacità d'orientarsi.

12*a*. Le teorie che si contrappongono riguardo all'origine psicologica delle rappresentazioni di spazio sogliono essere indicate come quelle del *nativismo* e dell'*empirismo*. La teoria *nativistica* vuol derivare la localizzazione nello spazio da proprietà innate degli organi e dei centri di senso; la teoria *empiristica* invece dall'influenza dell'esperienza. Questa distinzione però non spiega con esattezza le opposizioni realmente esistenti, perchè si può combattere l'opinione di rappresentazioni spaziali innate, senza con questo affermare che esse sorgano dall'esperienza. Infatti è questo appunto il caso, quando si considerino, come sopra si è fatto, le intuizioni spaziali come prodotti di processi psicologici di fusione, che sono fondati tanto sulle proprietà fisiologiche degli organi di senso e di movimento, quanto sulle leggi generali per le quali nascono le formazioni psichiche. Tali processi di fusione e gli ordini delle impressioni sensibili che si fondano su di essi, costituiscono per l'appunto dappertutto le basi della nostra esperienza; e appunto per ciò è inammissibile chiamarli essi stessi esperienze. Più esatto sarebbe indicare le due opposte teorie come *nativistica* e *genetica*. Di più è degno di nota, che le diffuse teorie nativistiche contengono elementi empiristici, così come d'altra parte le teorie empiristiche racchiudono parti nativistiche, in modo che il contrasto appare talvolta più che altro di nomi. Intatti i nativisti presuppongono bensì che l'ordine dell'impressione dello spazio corrisponda immediatamente all'ordine dei punti sensibili nella pelle e nella retina; ma la speciale maniera di proiettare all'esterno, sovratutto la rappresentazione della distanza e della grandezza degli oggetti, inoltre il riferimento di una pluralità d'impressioni spazialmente separate ad un unico oggetto, dipendono secondo essi dall'"attenzione", dalla "volontà" e persino anche dall'"esperienza". Gli empiristi invece sogliono presupporre in qualche modo lo spazio come dato, e interpretare poi ogni singola rappresentazione come un'orientazione in questo spazio, determinata da motivi di esperienza. Nella teoria delle rappresentazioni spaziali della vista si è per solito considerato lo spazio tattile come questo spazio orginariamente dato; nella teoria delle rappresentazioni tattili si è talora dotata la sensazione tattile interna dell'originaria qualità spaziale. Empirismo e nativismo sono quindi nella realtà per lo più concetti fluttuanti e ambedue le teorie si accordano in ciò, che usano concetti complessi della psicologia volgare, come "attenzione", "volontà", "esperienza", senza più intimamente provarli ed analizzarli. In ciò sta veramente il punto in cui loro si oppone la teoria *genetica*, che cerca, mediante l'analisi psicologica delle rappresentazioni, mettere in luce i processi elementari, dai quali le rappresentazioni hanno origine. Malgrado le loro deficienze, tanto la teoria nativistica quanto l'empiristica hanno il merito di aver posto in evidenza il problema psicologico qui esistente, coll'aver portato un gran numero di fatti a spiegazione di esso.

B. - LE RAPPRESENTAZIONI VISIVE DELLO SPAZIO.

13. Le proprietà generali del senso tattile si ripetono nel senso della vista, ma in una conformazione di gran lunga più fine. Alla superficie sensibile della pelle esterna qui corrisponde la superficie retinica coi suoi coni e bastoncini disposti a mo' di palizzate e formanti un mosaico finissimo di punti senzienti. Ai movimenti degli organi tattili corrispondono i movimenti dei due occhi, che o si fissano sugli oggetti o ne percorrono i contorni. Però, mentre il senso tattile sente le impressioni per contatto diretto degli oggetti, i mezzi rifrangenti, che si trovano davanti la retina, proiettano su di essa un'imagine degli oggetti rovesciata e impiccolita. E poichè quest'imagine per la sua piccolezza lascia campo a un gran numero d'impressioni contemporanee e poichè la luce, per la sua energia di penetrazione nello spazio, agisce ora su oggetti lontani ed ora su vicini, il senso della vista acquista, in assai più alto grado che il senso dell'udito, il significato di *senso della distanza*. Infatti la luce può essere percepita ad una distanza incomparabilmente maggiore che il suono; inoltre il soggetto percipiente pone a varia distanza *direttamente* solo le rappresentazioni visive, quelle uditive invece sempre solo indirettamente, giovandosi della rappresentazione visiva dello spazio.

14. Dopo di che ogni rappresentazione visiva può sempre, avuto riguardo alle sue proprietà spaziali, essere scomposta in *due* fattori: 1° nell'orientazione reciproca dei singoli elementi di una rappresentazione; 2° nell'orientazione di essa al soggetto percipiente. La rappresentazione di un unico punto luminoso contiene già questi due fattori, imperocchè noi dobbiamo rappresentarci quel punto in un ambiente spaziale qualsiasi e in un certo rapporto di direzione e di distanza rispetto a noi. Anche questi fattori possono essere separati gli uni dagli altri solo mediante un'astrazione arbitraria, non mai però in realtà, perchè dal rapporto, nel quale un certo punto spaziale sta al suo ambiente, è determinato regolarmente anche il suo rapporto al soggetto percipiente. Da questa dipendenza deriva anche, che l'analisi delle rappresentazioni visive parte opportunamente dal primo dei due summenzionati fattori, e precisamente dall'orientazione reciproca degli

elementi di una formazione rappresentativa, per poi venire a considerare il secondo fattore, l'orientazione della formazione al soggetto percipiente.

a. L'orientazione reciproca degli elementi
di una rappresentazione visiva.

15. Nell'apprendimento del rapporto reciproco degli elementi di una rappresentazione visiva, le proprietà del senso tattile si ripetono interamente, solo in modo più perfetto e con alcune modificazioni importanti per le rappresentazioni visive. Anche qui con una impressione semplice quanto è mai possibile, pressochè puntiforme, noi colleghiamo direttamente la rappresentazione di un *luogo* nello spazio spettante ad essa, *e* però le assegniamo un determinato rapporto di posizione alle parti dello spazio che la circondano; solo che questa localizzazione non avviene, come nel senso tattile, per l'immediato riferimento al punto corrispondente dell'organo stesso, ma noi trasportiamo l'impressione nel *campo visivo*, situato fuori del soggetto percipiente a una qualsiasi distanza. Di più anche qui come nel senso tattile, una misura per l'esattezza della localizzazione è data dalla distanza, alla quale due impressioni quasi puntiformi possono essere ancora spazialmente distinte; solo che anche qui questa distanza non è data direttamente come una grandezza lineare misurabile sulla superficie stessa di senso, ma come l'intervallo più piccolo percettibile tra due punti del campo visivo. Ora, potendo il campo visivo essere pensato a una distanza qualsiasi dell'osservatore, per la misura dell'acutezza di localizzazione non si usa una grandezza lineare, ma una *grandezza d'angolo*, e precisamente di quell'angolo formato dalle linee tirate dai punti del campo visivo ai punti dell'imagine retinica attraverso il punto nodale dell'occhio. Quest'*angolo visivo* rimane costante fintanto che la grandezza dell'imagine retinica rimane inalterata, laddove la distanza corrispettiva dei punti nel campo visivo cresce proporzionalmente alla distanza del campo visivo dal soggetto. Se in luogo dell'angolo visivo si vuole introdurre una distanza lineare equivalente ad esso, può servire a questo scopo soltanto il diametro dell'i-

magine retinica, il quale risulta direttamente dalla grandezza dell'angolo visivo e dalla distanza della superficie retinica dal punto nodale ottico.

16. La misura dell'*acutezza di localizzazione* dell'occhio, ottenuta in base a questo principio, presenta dentro le diverse parti del campo visivo valori assai irregolari, analogamente ai risultati avuti per le diverse parti dell'organo tattile (pag. 85). Solo che qui i valori spaziali, corrispondenti alla più piccola distanza distinguibile, sono di gran lunga più piccoli; di più, mentre sull'organo del tatto sono distribuite molte parti dotate di una fina capacità di distinzione, nel campo visivo è *una sola* regione egualmente dotata di una tale finissima attitudine, il punto centrale visivo, corrispondente al centro della retina; da questo punto andando verso le parti laterali, l'acutezza di localizzazione decresce molto rapidamente. L'intero campo visivo o l'intera superficie retinica si comporta quindi in modo analogo a una singola regione tattile, ad es. quella del dito indice, ma la supera, specialmente nelle parti centrali, in modo veramente straordinario nell'acutezza di localizzazione. Infatti qui due impressioni, che agiscono sotto un angolo visivo di 60-90 secondi, sono ancora sul punto di essere distinte, mentre per 2,5° lateralmente al centro della retina la più piccola differenza distinguibile sale già a 3', 30" e per 8° lateralmente, essa cresce sino circa a 1°.

Poichè noi nella vista normale di quegli oggetti, dei quali vogliamo avere più esatte rappresentazioni spaziali, disponiamo l'occhio in modo che quelli stiano nel mezzo del campo visivo e le imagini loro nel centro della retina; diciamo tali oggetti veduti *direttamente* e diciamo veduti *indirettamente* tutti gli altri che stanno nelle parti eccentriche del campo visivo. Il punto medio della regione della vista diretta si dice *punto di visione* o *punto di fissazione*; la linea congiungente il centro della retina e il centro del campo visivo, *linea di visione*.

Se si calcola la distanza lineare che corrisponde sulla retina al più piccolo angolo visivo, nel quale due punti possono essere percepiti distinti nel centro del campo visivo, si ha una grandezza da 4/1000 a 6/1000 mm. È una grandezza questa che corrisponde presso a poco al diametro di un cono retinico, ed essendo nel centro della retina i coni così fitti da toccarsi fra loro, ne segue che due impressioni luminose debbano sempre cadere su due diversi elementi della retina, perchè possano essere ancora spazialmente distinte. Infatti con ciò s'accorda il fatto, che nelle parti laterali della retina le due forme qui esistenti di elementi sensibili sono separate da maggiori interstizi. Si può quindi ammettere che l'*acutezza visiva* o la capacità della distinzione spaziale nel campo visivo di punti distinti, dipenda direttamente dalla disposizione compatta degli elementi retinici, potendo due impressioni essere sempre spazialmente distinte, se esse colpiscono due elementi diversi.

16*a*. Da questo rapporto reciproco tra l'acutezza visiva e la distribuzione degli elementi della retina si è da molti conchiuso che ad ogni elemento spetta la proprietà originaria di localizzare lo stimolo luminoso dal quale è colpito, nella parte dello spazio corrispondente alla sua proiezione nel campo visivo; e si è in tal modo ricondotta la proprietà, che ha il senso visivo di porre gli oggetti in un campo visivo esterno, situato a una distanza qualsivoglia dal soggetto, ad un'energia innata degli elementi retinici e degli elementi centrali che li rappresentano nel centro visivo del cervello. Vi sono certe alterazioni patologiche della vista che parvero a primo aspetto confermare queste conclusioni. Se in seguito a processi infiammatori sotto la retina, questa viene spostata dalla sua posizione normale, nascono contorsioni delle imagini, le così dette *metamorfopsie*, che si possono perfettamente spiegare nella loro grandezza e direzione, se si ammette che gli elementi retinici continuino a localizzare le impressioni, come se fossero ancora nella primitiva posizione normale. Ma queste imagini contorte, fintanto che, come nella maggior parte dei casi, si tratta di fenomeni che continuamente variano per il lento formarsi o sparire delle secrezioni, non dimostrano affatto una innata energia di localizzazione nella retina, siccome d'altra parte la percezione d'imagini contorte attraverso lenti prismatiche non ci permetterebbe mai di pervenire a una tale conclusione. Se invece a poco a poco si è raggiunto uno stato stazionario, le metamorfopsie spariscono, e questo sembra avvenire non solo in quei casi nei quali è possibile ammettere un per-

127

fetto ritorno degli elementi retinici alla loro posizione primitiva, ma anche in quelli, nei quali ciò è assolutamente inverosimile a causa dell'estensione dei processi. In questi ultimi casi si deve però ammettere il costituirsi di una nuova relazione dei singoli elementi ai punti corrispondenti del campo visivo[0]. Questa conclusione trova una conferma quando si osservi negli occhi normali il graduale addattamento ad imagini contorte prodotte da esterni sussidi ottici. Se si armano gli occhi di una lente prismatica, si producono di solito strane e disturbanti contorsioni d'imagini, sembrando piegati i contorni dritti e quindi contorte le forme degli oggetti. Queste contorsioni scompaiono a poco a poco completamente, quando si continui a portare la lente, ma possono comparire in senso opposto, se la lente è abbandonata. Tutti questi fenomeni si spiegano solo quando si presupponga che la localizzazione spaziale anche pel senso visivo non è affatto originaria, ma *acquisita*.

17. Colle sensazioni retiniche anche altri elementi psichici partecipano dell'ordine reciproco spaziale delle impressioni luminose. Le proprietà fisiologiche dell'organo visivo ci richiamano innanzi tutto alle sensazioni che accompagnano *i movimenti dell'occhio*. Questi movimenti compiono infatti, per la misura delle estensioni nel campo visivo, lo stesso ufficio che i movimenti tattili per la misura delle impressioni tattili, con questa sola differenza, che anche qui i processi alquanto rozzi dell'organo tattile si ripetono in forma più fine e perfetta. L'occhio, potendo da un sistema di sei muscoli opportunamente disposto, essere mosso in tutte le direzioni attorno al suo punto medio, sempre egualmente orientato rispetto alla testa, è al massimo grado addatto a percorrere con continuità i contorni degli oggetti o a passare per la via più breve da un dato punto di fissazione ad un altro. Inoltre a causa delle disposizioni dei muscoli, sono preferiti sugli altri i movimenti in quelle direzioni che corrispondono alle posizioni degli oggetti considerati più spesso e più esattamente, cioè i movimenti in basso e in dentro. Di più, essendo i movimenti dei due occhi, a causa della sinergia della loro innervazione, così accordati fra loro che le linee visive allo stato normale sono sempre fissate sullo stesso punto, è resa in tal modo possibile una cooperazione dei due

occhi, la quale non solo permette di cogliere in modo abbastanza esatto i rapporti di posizione che gli oggetti hanno tra loro, ma anche più specialmente offre il mezzo essenzialissimo per la determinazione dei rapporti spaziali che gli oggetti hanno col soggetto (v. sotto 24 e segg.).

18. Infatti i fenomeni della visione insegnano che, come la distinzione di punti separati nel campo visivo dipende dalla compattezza degli elementi retinici, così la rappresentazione della *distanza reciproca* di due punti dipende dallo sforzo di movimento dell'occhio impiegato nel percorrere questa distanza. Questo sforzo si dà a conoscere come un elemento rappresentativo, perchè è legato a una sensazione di tensione che noi possiamo percepire così in movimenti di larga estensione, come nel paragonare movimenti oculari di diversa direzione. Ad es., a parità di grandezza, i movimenti degli occhi in alto sono accompagnati da sensazioni più intensive che i movimenti in basso, così appunto come i movimenti in fuori di un occhio rispetto ai movimenti in dentro.

L'influenza di queste sensazioni tattili interne appare evidentissima in ciò, che la localizzazione in seguito a paralisi parziali dei singoli muscoli dell'occhio, subisce alterazioni, che corrispondono perfettamente a quelle che avvengono a causa della paralisi nello sforzo di movimento dell'occhio. Il principio generale di queste perturbazioni è il seguente: la distanza di due punti appare ingrandita, tosto che essa sia nella direzione del movimento divenuto difficile. A questo movimento corrisponde una sensazione di tensione più forte, che in condizioni normali accompagnerebbe un movimento più esteso; conseguentemente l'estensione percorsa pare maggiore, e poichè gli apprezzamenti delle estensioni, fatti in base al movimento, reagiscono sugl'impulsi al movimento dell'occhio in riposo, la medesima illusione si produce anche per l'estensione ancora da percorrere nella stessa direzione.

19. Anche un occhio normale può presentare siffatti errori nella misura delle distanze. Quantunque l'apparato muscolare dell'occhio sia così adattato che i movimenti dovrebbero compiersi nelle più diverse direzioni con isforzo pressochè uguale; tuttavia questo non si

129

riscontra in realtà in modo completo, e evidentemente per motivi che si connettono intimamente all'adattamento dell'organo visivo alle sue funzioni. Poichè noi più spesso osserviamo, tra gli oggetti dello spazio circostante, quelli che sono più vicini e sui quali noi dobbiamo, convergendo, fissare le linee visive; i muscoli dell'occhio hanno preso una disposizione, nella quale i movimenti di convergenza delle linee di visione si compiono con una speciale facilità, e nella quale, fra i possibili movimenti di convergenza, sono preferiti quelli in basso ed in alto. La facilità, con cui generalmente facciamo questi movimenti di convergenza, dipende da ciò, che i muscoli volgenti l'occhio in sù ed in giù, il retto superiore ed inferiore, non stanno in un piano verticale inchiudente la linea visiva, condizione che corrisponderebbe al più semplice movimento in sù e in giù, ma così deviano da questo piano, che determinano coi movimenti in alto e in basso anche un movimento in dentro. Perciò ciascuno di questi muscoli è provveduto di un muscolo sussidiario situato obliquamente, il retto superiore dell'obliquo inferiore, il retto inferiore dell'obliquo superiore. Questi coadiuvano i due muscoli retti nei movimenti in sù ed in giù, mentre essi compensano le rotazioni attorno alla linea visiva, che provengono dall'assimetrica posizione di quelli. A causa di questa maggiore complicazione delle azioni muscolari, lo sforzo per i movimenti in sù ed in giù degli occhi è maggiore che per i movimenti in fuori ed in dentro, prodotti semplicemente dai due muscoli posti in piano orizzontale, il retto esterno ed interno. La facilità relativa dei movimenti di convergenza in basso trova la sua ragione in parte nelle suesposte (pag. 98) differenze intensive delle sensazioni accompagnanti i movimenti, in parte nel fatto che nel movimento in basso dei due occhi entra una convergenza involontariamente rinforzata, nei movimenti in alto invece una convergenza diminuita.

A queste aberrazioni del meccanismo di movimento corrispondono certe *illusioni costanti della misura visiva dipendenti dalla direzione nel campo visivo*. Esse consistono parte in *illusioni di direzione* e parte in *illusione di estensione*.

In rapporto alla *direzione delle linee verticali nel campo visivo*, ogni occhio va soggetto all'illusione, che una linea inclinata colla sua estremità superiore sporgente in fuori di circa 1-3°, sembri essere verticale e una linea effettivamente verticale sembri essere nella sua estremità superiore inclinata in dentro. Questa illusione, avendo per ogni occhio un'opposta direzione, scompare nella visione binoculare. Essa deve essere ricondotta al già notato fatto, che i movimenti in basso degli occhi si collegano involontariamente ad un aumento della convergenza, quelli in alto ad una diminuzione di essa. Questa deviazione del movimento dalla direzione verticale, deviazione che da noi non è avvertita, è poi riferita a uno spostamento degli oggetti avente luogo in senso opposto.

Similmente una regolare *illusione di estensione*, che si ha, quando si paragonino linee rette diversamente disposte nel campo visivo, trova la sua ragione in quelle differenze, che esistono nella disposizione dei muscoli moventi l'occhio in alto e in basso e di quelli che lo muovono in fuori e in dentro. Qui l'illusione consiste in ciò, che paragonando linee rette verticali con linee rette orizzontali ugualmente grandi, stimiamo le prime maggiori di circa 1/7 - 1/10; epperò, ad es., un quadrato ci appare come un rettangolo con base più piccola, mentre all'opposto, quando si disegna un quadrato in base alla misura visiva, si dà ad esso un'altezza troppo piccola. Se per occhi affetti da paralisi parziale, le estensioni situate nella direzione dei movimenti divenuti più difficili appaiono ingrandite, certamente ciò vale anche per l'occhio normale. Oltre questa illusione più impressionante tra orizzontale e verticale, ve ne ha ancora una meno notevole tra alto e basso, e una tra fuori e dentro: infatti la metà superiore di una retta verticale e l'esterna di un'orizzontale sono stimate in più, quella all'incirca di 1/16, questa di 1/40. La prima di questa illusione corrisponde alla già ricordata (pag. 98) maggior facilità dei movimenti in basso, la seconda alle più facili posizioni di convergenza.

20. A queste illusioni costanti di direzione e di estensione, che si possono ricondurre a certe disposizioni del meccanismo di movimento fondate sugli speciali scopi della visione, si aggiungono altre *illusioni variabili della misura visiva*. Queste hanno il loro fondamento in proprietà generali dei nostri movimenti, epperò fenomeni analoghi ad esse si possono incontrare anche nei movimenti degli organi di

tatto. Anche queste illusioni si distinguono in *illusioni di direzione* e in *illusioni di estensione*. Le prime obbediscono a questa regola: gli angoli acuti sono stimati in più, gli ottusi in meno, e le linee limitanti gli angoli variano la loro direzione in modo corrispondente. Per le illusioni di estensione vale la regola seguente: i movimenti obbligati e interrotti sono più faticosi dei movimenti liberi e continui, e perciò le linee rette, che costringono a fissare, sono giudicate maggiori delle distanze dei punti, ed ugualmente le linee rette, interrotte da più punti, paiono maggiori delle linee condotte senza interruzione.

Il fatto, che nel campo del senso tattile è analogo alle illusioni degli angoli, consiste in ciò, che si è inclinati a giudicare in più i piccoli movimenti dell'articolazione, in meno i grandi; una regola questa, che può essere ricondotta al seguente principio generale: per un movimento di estensione ristretta è richiesto un impiego di energia relativamente maggiore che per un movimento di più notevole estensione, essendo necessaria più energia per il muoversi che per il mantenersi in moto. L'illusione, che nell'organo tattile è analoga all'apprezzamento in più delle linee interrotte più volte, sta pure in ciò, che un'estensione stimata da un organo tattile mediante il movimento appare più piccola, quando essa è misurata da un singolo movimento continuato, di quando lo è da un movimento più volte interrotto. Anche qui la sensazione corrisponde al consumo di energia, e questo naturalmente è maggiore in un movimento più volte interrotto che in un movimento continuo. E però l'illusione, per cui si giudicano maggiori le estensioni lineari divise, vale anche per l'occhio, s'intende solo, finchè dalla divisione non sorgano motivi d'ostacolo all'occhio nel movimento sull'estensione divisa. E questo è il caso, quando si ha, ad es., un unico punto di divisione; imperocchè esso ci costringe a guardare con occhio fisso. Se si confronta una linea divisa in un solo punto con una linea continua, si è inclinati a percepire la prima con occhio in riposo, fissando il punto di divisione, l'altra invece con occhio in movimento; corrispondentemente l'estensione continua appare in questo caso maggiore che quella divisa.

20*a*. Tutte le illusioni costanti e variabili di direzione e di estensione, per distinguerle da altre illusioni ottiche che provengono da deviazioni diottriche, vengono indicate come "illusioni geometri-co-ottiche", perchè s'incontrano soprattutto nella costruzione di figure geometriche. In questa espressione però oltre alle aberrazioni che si fondano sulla proprietà del meccanismo di movimento, sono comprese anche quelle della misura visiva, che riposano sulle leggi delle associazioni di rappresentazione, delle quali più tardi tratteremo. Queste pertanto possono essere specificamente dette "illusioni di associazione". Qui trova luogo, ad es., il fatto che un'estensione o un angolo di data grandezza visti insieme a una estensione o ad un angolo più piccoli paiono più grandi, e nel caso opposto più piccoli; fatto questo che è evidentemente in tutto analogo al contrasto di luce e di colore (pag. 55). Tali effetti associativi si collegano anche colle suddescritte illusioni variabili di direzione e di estensione nel senso, che le illusioni prodotte dalla influenza delle diverse energie di movimento sono messe in accordo colle proprietà delle imagini retiniche da una percezione prospettiva di profondità delle figure disegnate sul piano. Così, ad es., una linea retta suddivisa non soltanto ci pare maggiore di una linea retta di uguale grandezza ma continua, ma di più noi la collochiamo ad una maggiore distanza, secondo la regola, alla quale ubbidiscono le nostre percezioni a causa di numerose associazioni: oggetti sotto uguale angolo visivo ci paiono tanto maggiori quanto maggiori sono le distanze alle quali le collochiamo. Queste illusioni prospettive di associazione, avendo in esse grande importanza il paragone colle imagini retiniche, nascono più spesse nello sguardo fisso, che nello sguardo in movimento, e costituiscono nel tempo stesso un carattere utile per distinguere le illusioni costanti dalle variabili, imperocchè in queste generalmente non si osservano le rappresentazioni secondarie di prospettiva. Più a lungo sulle illusioni d'associazione v. sotto al § 16, 9; sul contrasto spaziale § 17, 11.

21. Se le illusioni della misura visiva, tanto le costanti quanto le variabili, dimostrano l'immediata dipendenza della percezione di direzioni ed estensioni spaziali dai movimenti dell'occhio; con questa conclusione si accorda anche il risultato negativo, che la disposizione degli elementi retinici, specialmente la compattezza loro, non eserci-ta una notevole influenza, in condizione normale, sulle rappresenta-

zioni della direzione e della grandezza. Questo si dimostra innanzi tutto in ciò, che la distanza di due punti appare egualmente grande, quando noi la osserviamo colla vista diretta o colla indiretta. Due punti, che sono chiaramente distinti, veduti direttamente, possono coincidere in *un solo* punto nelle parti laterali del campo visivo, ma tosto che sono distinti, si presentano ad una distanza uguale tanto in questo caso quanto in quello; oppure, posto che una differenza sia avvertibile, essa è così indeterminata e vacillante, che pienamente scompare di fronte alle enormi anomalie nella disposizione degli elementi senzienti. Questa indipendenza della percezione di grandezza dalla compattezza di disposizione si riferisce persino a una regione della retina, che non racchiude alcuna parte sensibile alla luce: il *punto cieco* corrispondente al punto d'ingresso del nervo visivo. Gli oggetti, le immagini dei quali cadono sul punto cieco, non sono veduti. Avendo questo punto, situato a 15° in dentro dal punto di visione, una grandezza di circa 6°, imagini di considerevole grandezza, ad es., il volto umano posto alla distanza di circa 2 metri, se cadono su quel punto, possono completamente sparire. Ma tosto che punti nel campo visivo cadono a dritta od a sinistra, o al disopra o al disotto del punto cieco, noi attribuiamo ad essi la medesima distanza reciproca che in qualunque altra regione del campo visivo non interrotta dal punto cieco. Lo stesso fatto si osserva, quando anormalmente una parte della retina è divenuta cieca in seguito a malattia. La lacuna che ne deriva nel campo visivo, si dimostra solo in quanto le imagini incidenti su di essa non sono vedute, ma non mai in quanto gli oggetti posti oltre il limite della parte cieca soffrano notevoli modificazioni nella loro localizzazione().

22. *L'acutezza della vista e la percezione di direzioni ed estensioni nel campo visivo* sono, come questi fenomeni insegnano, due funzioni diverse che si fondano su diverse condizioni: *la prima sulla compattezza di giustapposizione degli elementi della retina, la seconda sui movimenti dell'occhio.* Da ciò deriva anche, che le rappresentazioni spaziali del senso visivo, al pari di quelle del tatto, non possono essere considerate originarie, già date, nel loro ordine spaziale, in sè e per sè coll'azione delle impressioni luminose. Ma questo

134

ordine spaziale si sviluppa solo quando si combinino certi componenti delle sensazioni, ai quali, singolarmente presi, non spetta ancora la proprietà spaziale. Nello stesso tempo quelle condizioni dimostrano, che questi componenti sensibili si comportano fra loro come nel senso tattile, e che più specialmente lo sviluppo spaziale del non cieco deve andare perfettamente parallelo allo sviluppo spaziale del cieco nato, nel quale il senso tattile soltanto raggiunge una siffatta indipendenza. Alle impressioni tattili corrispondono le impressioni retiniche, ai movimenti tattili i movimenti degli occhi. Ma, come le impressioni tattili possono avere un significato locale solo quando vengono ad aggiungersi ad esse le colorazioni locali delle sensazioni, i segni locali, è necessario supporre un'eguale condizione per le impressioni della retina.

22a. Non è certamente possibile dimostrare sulla retina una graduazione qualitativa dei segni locali con eguale distinzione come sulla pelle esterna. Si può però affermare in generale nelle impressioni colorate, che, a misura che ci allontaniamo dal centro della retina, a poco a poco la qualità della sensazione muta, essendo i colori nella vista indiretta percepiti in parte meno saturi e in parte anche come aventi un altro tono qualitativo di colore, ad es., il giallo viene percepito come aranciato. Ora in queste proprietà non è certamente alcuna stretta prova della esistenza di differenze puramente locali della sensazione, in nessun modo poi di differenze aventi una così fina graduazione, quale si è potuta supporre per le parti centrali della retina. Tuttavia si ha una conferma, che differenze locali della qualità della sensazione esistono senza dubbio, e l'ammettere tali differenze, anche oltre i limiti nei quali possono essere dimostrate, sarebbe tanto più giustificato, in quanto quell'improvviso cambiamento d'interpretazione delle differenze di sensazioni in differenze locali, come già si è potuto rimarcare nel tatto, qui dove si tratta di graduazioni assai più fine, verrebbe ancor più a pregiudicare la distinzione delle differenze qualitative, come tali. Una conferma di questa opinione si può forse riconoscere nel fatto, che anche quelle differenze di sensazione, che possono essere distintamente dimostrate a distanze abbastanza grandi dal centro della retina, possono essere osservate solo nel caso di una conveniente impressione di oggetti limitati, mentre esse scompaiono perfettamente nel caso di una superficie uniformemente colorata. In questo sparire delle differenze qualitative, che sono in sè e per sè molto importanti, la relazione alle differenze locali dovrà essere considerata almeno come un elemento di cooperazione. Se però in seguito a questa relazione, differenze già relativamente grandi così scompaiono, che occorrono speciali metodi di ricerca per metterne in luce l'esistenza, non si potrà più pensare affatto a una tale dimostrazione nel caso di differenze molto piccole.

23. Se dopo ciò noi ammettiamo segni locali qualitativi, i quali, in conformità dei dati dell'acutezza visiva, si graduano nel centro della retina a gradi minimi, e verso la periferia di essa a gradi sempre maggiori, la formazione dell'ordine spaziale delle impressioni di luce può essere designata, come un disporsi di questo sistema di segni locali ordinato secondo due dimensioni, in un sistema di sensazioni tattili interne graduato intensivamente. Per due segni locali a e b la sensazione di tensione α, ottenuta attraversando l'estensione $a\,b$, sarà una misura della grandezza lineare $a\,b$, in quanto che ad una maggiore estensione $a\,c$ deve corrispondere una sensazione di tensione più intensa γ. Come nel dito tastante il punto della più fina differenziazione diventa punto medio dell'orientazione, così nell'occhio l'ufficio di tale punto medio spetta al centro della retina. Infatti proprio per l'occhio, ancor più distintamente che per l'organo tattile, una tale condizione trova la sua espressione nelle leggi del movimento. Ogni punto luminoso nel campo visivo costituisce uno stimolo per il meccanismo d'innervazione dell'occhio, così che la linea di visione tende a collocarsi su di esso come un raggio riflesso. Questa relazione di riflessione, in cui stimoli di luce eccentricamente posti stanno al centro della retina, costituisce verosimilmente da una parte una condizione essenziale per il perfezionamento della su ricordata sinergia dei movimenti oculari; dall'altra parte spiega la grande difficoltà che è nell'osservazione di oggetti veduti indirettamente. Questa difficoltà risulta manifestamente dal fatto, che la direzione dell'attenzione su un punto situato lateralmente ingrandisce l'energia riflettente di esso, a paragone di altri punti sui quali non si sia egualmente rivolta l'atten-

zione. Per il valore predominante che così ottiene il centro della retina nei movimenti dell'occhio, il punto di visione diventa necessariamente il punto medio dell'orientazione nel campo visivo, e in questo tutte le distanze sono soggette a una misura unica, essendo tutte determinate in rapporto al punto di visione. Poichè ora i segni locali sono sempre determinati solo da impressioni luminose esterne, e ambedue però insieme determinano i movimenti dell'occhio orientato al centro della retina; l'intero processo dell'ordine spaziale si presenta come un processo di fusione di *tre* diversi elementi sensibili: 1) delle qualità sensibili fondate sulla natura degli stimoli esterni; 2) dei segni locali qualitativi dipendenti dal luogo di azione dello stimolo; 3) delle sensazioni di tensione intensivamente graduate e determinate dalla relazione dei punti eccitati al centro della retina. Quest'ultime possono o accompagnare il movimento reale, e questa è la forma originaria, o apparire nell'occhio in riposo in seguito a semplici impulsi al movimento aventi una certa grandezza. I segni locali qualitativi e le sensazioni di tensione accompagnanti il movimento, a causa del regolare modo di ordinarsi dei primi rispetto alle seconde, possono insieme essere considerati anche come un sistema di *segni locali complessi*. La localizzazione spaziale di una qualsiasi impressione di luce appare quindi come il prodotto di una perfetta fusione della sensazione di luce determinata dallo stimolo esterno con due elementi propri di quel sistema complesso di segni locali; e l'ordine spaziale di una pluralità d'impressioni semplici consiste nella combinazione di un gran numero di tali fusioni, che sono graduate le une rispetto alle altre qualitativamente e intensivamente in conformità degli elementi del sistema di segni locali. In questi prodotti di fusione le sensazioni suscitate dagli stimoli esterni sono gli elementi predominanti, di fronte ai quali gli elementi del sistema di segni locali scompaiono persino nella loro originaria natura qualitativa e intensiva, imperocchè essi nell'immediata percezione degli oggetti si presentano del tutto nel loro significato spaziale.

Con questo complicato processo di fusione che determina l'ordine degli elementi nel campo visivo, per ogni singola rappresentazione spaziale si collega ancora un secondo processo, da cui sorge il rapporto degli oggetti veduti al soggetto; e questo passiamo or ora a considerare.

b. L'orientazione delle rappresentazioni
spaziali al soggetto percipiente.

24. Il più semplice caso di un rapporto tra un'impressione e il soggetto che si dimostri in una rappresentazione visiva, manifestamente si presenta, quando l'impressione si limita a un unico punto. Se un solo punto luminoso è dato nel campo visivo, a causa del potere di riflessione, che lo stimolo esercita, già da noi esaminato (pag. 104), ambedue le linee di visione si dirigono su di esso in modo che la sua immagine si trovi per ogni lato nel centro della retina, mentre anche gli apparati di accomodazione si addattano alla distanza del punto. Il punto che in tal guisa si disegna in ambedue gli occhi sul centro della retina, è veduto *semplice* e nel tempo stesso in una determinata direzione e distanza dal soggetto percipiente.

Quest'ultimo è di solito rappresentato da un punto situato nella testa, il quale può essere determinato come il punto medio delle rette congiungenti i punti di rotazione dei due occhi. Si chiami *punto d'orientazione* del campo visivo il punto in questione, e *linea di orientazione* la retta tirata da quel punto, al punto di convergenza delle linee di visione o al punto fissato all'esterno. Quando si fissa un punto nello spazio, si ha sempre una rappresentazione abbastanza esatta della *direzione* delle linee di orientazione. Questa rappresentazione è prodotta dalle sensazioni tattili interne legate alla posizione degli occhi, sensazioni che sono molto notevoli per l'intensità loro in posizioni degli occhi fortemente eccentriche. Essendo queste sensazioni distintamente percettibili già nel singolo occhio, la localizzazione della direzione nella visione monoculare è altrettanto perfetta, quanto nella binoculare, con questa sola differenza, che in quella la linea di orientazione coincide generalmente colla linea di visione[0].

25. Più indeterminata che la rappresentazione della direzione, è la rappresentazione della *distanza* degli oggetti dal soggetto, oppure

della *grandezza assoluta* della linea di orientazione: infatti noi generalmente propendiamo a rappresentarci questa grandezza come più piccola di quello che sia in realtà, come ce ne possiamo convincere, quando la confrontiamo con un regolo di misura, che si trovi nel campo visivo e sia situato perpendicolarmente ad essa. La lunghezza del regolo, che è percepita di eguale grandezza, è sempre notevolmente più piccola che la lunghezza effettiva della linea di orientazione; e questa differenza è tanto più rilevante, quanto più il punto di visione retrocede, e quindi quanto più lunga è la linea d'orientazione. I componenti sensibili, dai quali risulta questa rappresentazione della grandezza della linea di orientazione, possono essere solo quelle parti delle sensazioni di tensione connesse alle posizioni dei due occhi, che sono specialmente legate alla posizione di convergenza delle linee di visione, e perciò contengono anche una certa misura per la grandezza assoluta di questa convergenza. Infatti, quando variano le posizioni di convergenza, si avvertono sensazioni che hanno la loro sede pel passaggio a convergenza maggiore principalmente nell'angolo interno dell'occhio, pel passaggio a convergenza minore nell'angolo esterno. Una data posizione di convergenza è completamente caratterizzata di fronte a tutte le altre posizioni di convergenza, dalla somma delle sensazioni che corrispondono ad essa.

26. La rappresentazione di una determinata grandezza assoluta della linea di orientazione può quindi svolgersi solo in base alle influenze dell'esperienza, nelle quali oltre gli elementi sensibili diretti entrano in azione anche associazioni varie. E con ciò si spiega, come quella rappresentazione rimanga sempre indeterminata e come ora possa essere favorita, ma ora anche pregiudicata dalle altre parti delle percezioni visive, specialmente dalla grandezza delle imagini retiniche di oggetti noti. All'opposto nelle sensazioni di convergenza noi possediamo una misura relativamente fine per le *differenze* di distanza, in cui si trovano gli oggetti veduti, come pure per le variazioni *relative*, che la grandezza della linea di orientazione subisce nel passare da un punto di fissazione più vicino a uno più lontano o da uno più lontano a uno più vicino. In tal guisa per posizioni dell'occhio, che si avvicinano alla posizione parallela delle linee visive, si posso-

no ancora sentire le variazioni di convergenza, che corrispondono a uno spostamento d'angolo di 60-70 secondi. Coll'aumento della convergenza questa minima variazione sensibile di convergenza aumenta considerevolmente, ma in modo che le corrispondenti differenze nella grandezza della linea di orientazione diventano nondimeno sempre più piccole. Le sensazioni, in sè stesse puramente intensive, che accompagnano i movimenti di convergenza, sono quindi immediatamente cambiate in rappresentazioni della distanza tra il punto di fissazione e il punto di orientazione del soggetto percipiente.

Che anche questa trasformazione di un determinato complesso di sensazioni in una rappresentazione spaziale della distanza, non riposi su un'energia innata, ma su un determinato svolgimento psichico, risulta del resto da un gran numero di esperienze, che appunto sono indizi di un tale svolgimento. Qui appunto trova posto il fatto di essere la percezione tanto delle distanze assolute, quanto delle differenze di distanza perfezionata in alto grado dall'esercizio. Infatti i fanciulli inclinano a collocare a vicinanza immediata oggetti molto lontani; essi credono afferrare la luna, e il conciatetti sulla torre. Così pure nei ciechi nati operati si è osservata, subito dopo l'operazione, un'assoluta incapacità di distinguere il vicino e il lontano.

27. Nello sviluppo di questa distinzione di lontano e vicino si deve considerare che a noi, nelle condizioni naturali della visione, non sono mai dati solo punti isolati, ma *oggetti corporei estesi*, o almeno più punti situati a diverse profondità, ai quali noi assegniamo distanze diverse nel rapporto loro reciproco sulle linee di orientazione, che loro appartengono.

Immaginiamoci ora dapprima il più semplice caso: che siano dati due punti a e b, situati a diversa profondità, e siano congiunti tra loro da una linea retta. Uno spostamento della mira tra a e b porta sempre con sè anche una variazione di convergenza; un tale spostamento quindi in primo luogo farà percorrere la serie continua; dei segni locali della retina corrispondente all'estensione a b, e in secondo luogo produrrà una sensazione tattile interna α corrispondente alla convergenza per la distanza a b. Con ciò sono dati anche qui gli elementi di un prodotto spaziale di fusione. Questo prodotto di fusione è però tutt'affatto speciale: esso nelle sue due parti costitutive, nella serie decorrente dei segni locali e nelle sensazioni tattili concomitanti, si distingue assolutamente da quei prodotti di fusione, che nascono dal percorso di un'estensione nel campo visivo (pag. 105). Mentre in quest'ultimo caso le variazioni tanto dei segni locali, quanto delle sensazioni tattili avvengono per ambedue gli occhi in *egual* senso, quando il punto visivo si sposta e si fa da lontano vicino o da vicino lontano, le variazioni in ambedue gli occhi avvengono sempre in senso opposto. Infatti, se modificandosi la convergenza, l'occhio destro si volge a sinistra, il sinistro si volge a destra, e viceversa; il medesimo deve valere per il movimento delle imagini della retina: se l'imagine del punto appena abbandonato dal punto visivo si muove nell'occhio destro verso destra, nel sinistro si muove verso sinistra, e viceversa. Il primo fatto avviene, quando gli occhi vanno da un punto più vicino a uno più lontano, il secondo quando passano da uno più lontano a uno più vicino. I prodotti di fusione, che hanno origine da questi movimenti di convergenza, hanno, rispetto alle loro parti qualitative e intensive, una composizione analoga a quelli, sui quali si fonda l'ordinamento reciproco degli elementi del campo visivo; lo speciale modo, in cui si combinano le parti, è però nei due casi tutt'affatto diverso.

28. In tal guisa le fusioni dei segni locali colle sensazioni tattili interne costituiscono qui un *sistema di segni locali complesso*, analogo a quello già sopra (pag. 105) derivato, ma avente una composizione particolare. Infatti, questo sistema rispetto alla sua composizione ha un significato, per cui da un lato si differenzia da quel sistema di segni locali del campo visivo, dall'altro questo stesso integra, in quanto che al rapporto reciproco degli elementi oggettivi aggiunge il rapporto loro al soggetto percipiente. Questo rapporto alla sua volta si scinde nei due componenti rappresentativi, contrassegnati da speciali elementi sensibili: nella *rappresentazione di direzione* e nella *rappresentazione di distanza*. Ambedue sono dapprima riferite al punto d'orientazione localizzato nella testa del soggetto percipiente, ma poi trasportate ai rapporti reciproci di oggetti esterni; imperocchè dati due punti qualsivogliano, che stiano a distanze diverse sulla li-

nea generale d'orientazione, a ciascuno di essi sono ancora attribuite rispetto all'altro una direzione e una distanza. Il complesso delle rappresentazioni spaziali di distanza, riferite nelle loro varie posizioni alla linea d'orientazione, è detto *rappresentazioni dì profondità*, oppure *rappresentazioni corporee*, se esse sono rappresentazioni di singoli oggetti determinati.

29. La rappresentazione di profondità, che ha avuto origine nella suesposta maniera, varia per condizioni oggettive e soggettive. La determinazione della distanza assoluta di un singolo punto isolato nel campo visivo è sempre assai incerta. Così pure la determinazione della distanza relativa di due punti *a* e *b* situati a diversa profondità è per solito abbastanza sicura, solo quando essi, come sopra fu presupposto, sono congiunti da una linea, sulla quale i punti visivi dei due occhi possono muoversi nel fissare alternativamente *a* e *b*. Se noi indichiamo tali linee, che congiungono tra loro diversi punti nello spazio come *linee di fissazione*, si può esprimere questa condizione mediante la seguente proposizione: Punti dello spazio sono generalmente percepiti nelle loro giuste relazioni reciproche, solo quando sono congiunti da linee di fissazione, sulle quali possano muoversi i punti visivi dei due occhi. Questa proposizione è chiarita dal fatto, che la condizione di una regolare combinazione dei segni locali della retina colle sensazioni di tensione accompagnanti la convergenza, come sopra (pag. 108) abbiamo appreso per l'origine della rappresentazione di profondità, è manifestamente adempiuta, solo allorquando sono date impressioni determinate, che suscitano segni locali ad esse corrispondenti.

30. Se invece la suddetta condizione non è soddisfatta, ma sorge solo un'imperfetta e indeterminata rappresentazione delle diverse distanze relative dei due punti dal soggetto, oppure - il che può sicuramente avvenire, solo quando si fissi intensamente un punto - se i due punti appaiono a eguale profondità, allora entra in campo sempre anche un'altra modificazione della rappresentazione: cioè soltanto il punto fissato è veduto semplice, l'altro punto è veduto *doppio*. Non altrimenti succede, quando si guardino oggetti estesi, i quali non siano congiunti per mezzo delle linee di fissazione col punto fissato bi-

nocularmente. Le immagini doppie così prodotte si trovano dalla *stessa parte* del luogo della loro origine, cioè la destra appartiene all'occhio destro, la sinistra al sinistro, quando il punto fissato è situato più vicino che l'oggetto guardato; sono invece *incrociate*, quando quello è situato di gran lunga più lontano.

La localizzazione binoculare di distanza o le immagini doppie sono quindi fenomeni, che stanno fra loro in immediata correlazione: quando quella è incompleta o indeterminata, sorgono queste; all'opposto quando queste mancano, quella è determinata ed esatta. Ambedue i fenomeni nel tempo stesso sono così strettamente collegati all'esistenza delle linee di fissazione, che queste linee concorrono a produrre la rappresentazione di profondità e con ciò insieme eliminano la possibilità delle immagini doppie. Quest'ultima regola non è però affatto priva d'eccezioni, perchè, quando si guardi binocularmente con rigidità un punto, le immagini doppie possono facilmente sorgere, malgrado la presenza delle linee di fissazione. Anche questo fatto trova la sua spiegazione nelle condizioni già in generale presupposte (pag. 108) per le rappresentazioni di profondità. Come nella mancanza delle linee di fissazione mancano le richieste disposizioni di segni locali, così nello sguardo fisso vengono meno le sensazioni tattili interne collegate al movimento di convergenza.

c. Le relazioni fra l'orientazione reciproca degli elementi e la
loro orientazione al soggetto.

31. Tosto che il campo visivo viene pensato solo come una orientazione *reciproca* delle impressioni luminose, noi ce lo rappresentiamo come una superficie e diciamo i singoli oggetti, situati su questa superficie, *rappresentazioni di superficie*) in contrapposto alle rappresentazioni di profondità. Anche in una rappresentazione di superficie l'orientazione al soggetto percipiente non può mai mancare per doppia ragione: in primo luogo, perchè ogni punto del campo visivo viene veduto in una determinata *direzione* sulla linea soggettiva d'orientazione già sopra ricordata (pag. 106): in secondo luogo, perchè

l'intero campo visivo è posto dal soggetto a una certa *distanza*, benchè ancora molto indeterminata.

La prima di queste orientazioni ha per effetto, che all'immagine retinica rovesciata corrisponda una rappresentazione dell'oggetto *diritta*. Questo rapporto della localizzazione di direzione oggettiva all'imagine retinica è una conseguenza necessaria dei movimenti dell'occhio, così come il rovesciamento dell'immagine retinica è conseguenza delle proprietà ottiche dell'occhio. La nostra linea d'orientazione nello spazio è per l'appunto la linea visiva *esterna* o, per la vista binoculare, la linea d'orientazione media risultante dal concorso dei movimenti visivi. A una direzione della linea d'orientazione, che nello spazio esterno va verso l'alto, corrisponde nello spazio dell'imagine della retina situato dietro il punto di rotazione, una direzione in basso e viceversa. L'imagine retinica deve per l'appunto essere capovolta, perchè noi possiamo vedere gli oggetti diritti.

32. La seconda orientazione che non manca mai, quella della distanza del campo visivo, porta con sè questa conseguenza per la reciproca orientazione delle parti del campo stesso, che tutti i punti del campo visivo sembrano disposti su una *superficie concava*, il cui punto medio sta nel punto d'orientazione, o per la vista binoculare nel punto di rotazione dell'occhio. Ora poichè piccole parti di una superficie sferica abbastanza grande appaiono piane, le rappresentazioni di superfici riferite a singoli oggetti sono per regola rappresentazioni di *superficie piane*; così, ad es., figure disegnate su un piano, come quelle della geometria piana. Ma tosto che singole parti si distaccano da questo campo visivo generale, in modo che esse siano localizzate avanti o dietro di esso, quindi in piani diversi del campo visivo, la rappresentazione di superficie passa in rappresentazione di profondità.

32a. Se noi designiamo quelle fusioni di segni locali qualitativi con sensazioni tattili interne, che hanno luogo nella convergenza da un punto più lontano a uno più vicino, o da uno più vicino a uno più lontano, come *i segni locali complessi della profondità*, questi per ogni sistema di punti situati avanti o dietro il punto fissato costituiscono, o per un corpo esteso, che non è altro che un sistema di tali

punti, un sistema regolarmente ordinato, nel quale una forma stereo-
metrica, che si trovi a una certa distanza, è sempre univocamente
rappresentata da un determinato prodotto di fusione. Quando, dati
due punti a diversa profondità, se ne fissa uno, l'altro è caratterizato
da opposta posizione d'imagine nei due occhi e corrispondentemente
da segni locali complessi di opposta direzione; così lo stesso fenomeno ha luogo per sistemi connessi di punti o per corpi estesi. Se noi
osserviamo un oggetto corporeo, esso disegna nei due occhi imagini
che sono tra loro diverse, a causa della diversa orientazione che il
corpo ha rispetto ad ogni occhio. Se si dice *parallasse binoculare* la
differenza di posizione di un punto dell'imagine in un occhio dalla
posizione dello stesso punto nell'altro occhio, essa è eguale a zero
soltanto per il punto fissato, e per quei punti che al pari di quello
stanno ad eguale distanza sulla linea di orientazione; ma per tutti gli
altri punti essa ha un determinato valore o positivo o negativo, a seconda che essi sono più vicini o più lontani del punto di fissazione.
Se noi fissiamo binocularmente oggetti corporei, soltanto il punto
fissato, insieme ai punti che sono con lui situati ad eguale distanza e
a lui vicini nel campo visivo, proietta sui due occhi imagini aventi
identica posizione. Tutte le altre parti dell'oggetto, non situate ad
eguale distanza, dànno sui due occhi imagini aventi posizione e grandezza diverse. Sono appunto queste differenze delle imagini che producono, quando sono date le corrispondenti linee di fissazione, la
rappresentazione della natura corporea dell'oggetto. Imperocchè, corrispondendo nella suesposta maniera l'angolo dello spostamento di
parallasse all'imagine binoculare di un qualsiasi punto di un oggetto,
situato o avanti o dietro il punto fissato e con questo collegato da una
linea di fissazione, quell'angolo è nella sua direzione e grandezza a
causa dei segni locali complessi, ad esso legati, una misura per la distanza relativa in profondità di quel punto. E poichè l'angolo di spostamento di parallasse per una data distanza oggettiva in profondità
decresce proporzionatamente alla distanza dell'oggetto corporeo, con
questa distanza diminuisce anche l'impressione della natura corporea
dell'oggetto; e quando la distanza è divenuta così grande che tutti gli
angoli di spostamento di parallasse scompaiono, il corpo non è più

veduto che come superficie, a meno che le associazioni, di cui tratteremo più tardi (nel § 16 9), producano tuttavia una rappresentazione di profondità. 33. L'influenza della visione binoculare sulle rappresentazioni di profondità può essere studiata sperimentalmente col sussidio dello *stereoscopio*. Questo strumento mediante due prismi che, l'un verso l'altro rivolti dalla parte degli angoli taglienti, sono portati davanti agli occhi, rende possibile un'unificazione binoculare di due disegni piani, i quali corrispondono alle due imagini retiniche, prodotte da un oggetto corporeo. È così possibile studiare, in modo di gran lunga più completo che mediante l'osservazione di reali oggetti corporei, l'influenza delle diverse condizioni sulla rappresentazione di profondità, potendo esse venir variate arbitrariamente.

Si osserva, ad es., che imagini stereoscopiche complesse per lo più richiedono molti movimenti, prima che sorga una distinta rappresentazione plastica. L'effetto dello spostamento di parallasse appare inoltre, quando si osservino imagini stereoscopiche, le parti delle quali si possano muovere le une contro le altre. Tali movimenti sono accompagnati da variazioni nel rilievo, che corrispondono esattamente alle variazioni della parallasse binoculare. Poichè questa dipende dalla distanza dei due occhi, si può finalmente ottenere la rappresentazione corporea anche per quegli oggetti, che in realtà, a causa della loro grande distanza, non producono alcun effetto plastico: precisamente quando si combinano stereoscopicamente imagini di questi oggetti, che sono prese da due posizioni, la distanza delle quali è notevolmente maggiore che quella dei due occhi. Ciò avviene, ad es., nelle fotografie stereoscopiche di paesaggi, le quali non presentano i paesi nella loro realtà, ma modelli plastici di essi, che noi guardiamo da vicino.

34. Nella visione *monoculare* vengono meno tutte le condizioni, che dipendono dai movimenti di convergenza e dalla diversità binoculare delle imagini retiniche e che possono collo stereoscopio essere ad arte imitate. Tuttavia anche la visione monoculare non va priva di tutte le influenze, che producono una localizzazione in profondità, sia pure incompleta.

Poco notevole, e forse non affatto rilevante in confronto alle altre

condizioni, è qui l'influenza diretta dei *movimenti d'accomodazione.*
È vero che anch'essi, al pari dei movimenti di convergenza, sono accompagnati da sensazioni, che sono avvertite distintamente negli
sforzi d'accomodazione da lontano a vicino; ma queste sensazioni
sono molto incerte per spostamenti in profondità alquanto piccoli. Se
si fissa monocularmente un punto, un movimento di esso nella direzione della linea visiva è per lo più distintamente percepito, solo allora quando sia avvenuta una variazione anche nella grandezza dell'i-
magine retinica.

35. D'importanza predominante nella formazione delle rappresentazioni corporee monoculari sono invece le influenze esercitate
dagli elementi della così detta *prospettiva*, come grandezze relative
dell'angolo visivo, andamento delle linee di contorno, direzione delle
ombre, cambiamento dei colori per assorbimento atmosferico, ecc.
Poichè tutte queste influenze, che si mostrano in modo tutt'affatto
eguali nella vista monoculare e nella binoculare, si fondano su *associazioni di rappresentazioni*, ritorneremo su di esse in un capitolo seguente (§ 16).

35a. Le stesse concezioni teoretiche, che già si sono incontrate
nella teoria delle rappresentazioni tattili (pag. 92), si trovano generalmente anche qui contrapposte per la spiegazione delle rappresentazioni visive. La teoria empiristica, nel circoscriversi al dominio ottico, ha urtato spesso nell'inconseguenza di aver assegnato al senso tattile il vero problema della percezione dello spazio e di essersi poi limitata a cercare come, in base alle rappresentazioni tattili dello spazio già esistenti, si compia una localizzazione delle impressioni visive coll'aiuto dell'esperienza. Una tale interpretazione non solo sta in
un'intima contraddizione con sè stessa, ma contraddice anche all'e-
sperienza, la quale mostra che nell'uomo dotato della vista le percezioni spaziali del senso della vista determinano quelle del senso tattile e non viceversa (pag. 84). Il fatto che si è osservato nella evoluzione delle specie, d'essere il tatto il senso prima conformatosi, non può
qui trasportarsi allo sviluppo dell'individuo. In appoggio della teoria
nativistica si sono messe innanzi come prove capitalissime, in primo
luogo, le metamorfopsie dovute a dislocazioni degli elementi della

147

retina (pag. 96), e in secondo luogo la posizione della linea di orientazione (pag. 106), che è indizio di una funzione originariamente comune ad ambedue gli occhi. Già è stato notato (pag. 96) che le metamorfopsie al pari degli altri fenomeni affini valgono a dimostrare il contrario, tosto che le alterazioni, onde hanno origine, diventano permanenti. Che inoltre la linea di orientazione non è originaria, ma sorta sotto l'influenza delle condizioni della visione, risulta dal fatto che essa in seguito a una visione monoculare di lunga durata (pag. 106), coincide colla linea visiva dell'occhio che guarda. Egualmente a favore della teoria genetica e contro la nativistica sta il fatto, che nel fanciullo la sinergia dei movimenti degli occhi si svolge sotto l'influenza degli stimoli di luce, e che con ciò si vedono a mano a mano formarsi le percezioni di spazio. Per questo, come per altri rapporti, l'evoluzione della maggior parte degli animali avviene in modo diverso, perchè le combinazioni riflesse delle impressioni della retina coi movimenti del capo e degli occhi funzionano in essi già complete subito dopo la nascita (v. sotto § 19, 2).

La teoria *genetica* ha ottenuto il predominio sulle teorie nativistiche ed empiristiche, prevalenti in più antico tempo, in seguito allo studio acuto, cui sottopose i fenomeni della *visione binoculare*. Dal punto di vista del nativismo presenta difficoltà la questione: perchè noi generalmente vediamo gli oggetti come semplici, mentre le loro imagini si disegnano su ciascuno dei due occhi. Si cercò di girare la difficoltà, e si ammise che due punti qualsivogliano della retina, identicamente situati, fossero connessi con una medesima fibra ottica, biforcantesi al ponto d'incrocio dei nervi visivi, e rappresentassero quindi nel sensorio un unico punto dello spazio. Questa dottrina dell'"identità delle due retine" non fu più sostenibile, quando altri cominciò a rendersi conto delle reali condizioni della visione binoculare corporea. La scoperta dello *stereoscopio* è in tal guisa riuscita di massima importanza per la teoria genetica.

§ 11. - Le rappresentazioni di tempo.

1. Tutte le nostre rappresentazioni sono insieme e di spazio e di tempo. Ma come le condizioni dell'ordine spaziale delle impressioni sono originariamente proprie solo a certi domini di senso, al tatto e alla vista, dai quali poi la relazione spaziale viene trasferita alle sensazioni di ogni altro senso; così solo *due* classi di sensazioni, cioè le sensazioni tattili interne, che sorgono nei movimenti tattili, e le sensazioni acustiche sono quelle che prevalentemente determinano il costituirsi delle rappresentazioni di tempo. Ma è d'uopo riconoscere che una differenza caratteristica tra le rappresentazioni di spazio e quelle di tempo già qui si fa manifesta per ciò, che per le prime solo i due sensi nominati possono produrre un ordine spaziale indipendente, mentre per le seconde nei due domini di senso preferiti le condizioni per il sorgere degli ordini temporali sono soltanto più favorevoli, senza che però tali condizioni manchino nelle altre sensazioni. Ciò dimostra che i fondamenti psicologici delle rappresentazioni di tempo sono di natura *più generale* e che non sono determinate solo dalle speciali condizioni d'organizzazione dei singoli apparati di senso. Ed è per ciò che noi, quando in una connessione di processi psichici facciamo intera astrazione dalle rappresentazioni che ne fanno parte, e abbiamo riguardo solo ai fenomeni soggettivi, che le accompagnano, sentimenti, emozioni, ecc., pur attribuiamo a questi stati affettivi, isolati mediante l'astrazione, proprio le stesse proprietà, temporali che alle rappresentazioni. Tuttavia da questa maggiore generalità delle condizioni non si può conchiudere che più generalmente si presentino le intuizioni di tempo. Come noi trasportiamo le proprietà spaziali dai sensi, che direttamente dànno l'intuizione di spazio alle sensazioni degli altri domini di senso, così noi le trasportiamo mediante le sensazioni e le rappresentazioni ai sentimenti ed alle emozioni, che sono a quelle inscindibilmente legate. Non è nemmeno possibile dubitare, se ai moti d'animo in sè e per sè, senza le rappresentazioni ad essi legate, possa mai spettare un ordine temporale: imperocchè alle condizioni di quest'ordine appartengono anche qui certe proprietà del sostrato sensibile delle rappresentazioni. La verità è che tutte le no-

149

stre rappresentazioni anzi, poichè rappresentazioni entrano in ogni contenuto psichico, tutti i contenuti psichici sono insieme spaziali e temporali, ma che l'ordine spaziale proviene da determinati sostrati sensibili, nel non cieco dal senso visivo, nel cieco dal tatto; mentre le rappresentazioni di tempo possono essere riferite a tutti i possibili sostrati di sensazione.

2. Le formazioni di tempo al pari di quelle di spazio rispetto alle rappresentazioni intensive sono caratterizzate per ciò, che gli elementi, nei quali esse possono essere scomposte, presentano un ordine determinato stabile, così che, mutato quest'ordine, anche la formazione data, malgrado le invariate qualità dei suoi componenti, diventa un'altra. Mentre però nelle formazioni di spazio quest'ordine stabilito si riferiva solo al rapporto reciproco degli elementi di spazio e non al rapporto in cui questi stanno al soggetto percipiente, nelle formazioni di tempo ogni elemento col rapporto agli altri elementi della medesima formazione varia anche il rapporto al soggetto percipiente. Pertanto nelle rappresentazioni di tempo non si incontra una variazione analoga ai cambiamenti di posizioni propri delle formazioni di spazio.

2a. Questa proprietà del rapporto assoluto, per nulla mutabile, che ogni formazione di tempo ed ogni elemento temporale, per quanto piccolo possa essere isolatamente pensato, hanno al soggetto percipiente, è ciò che noi designiamo come lo *scorrere del tempo*. Imperocchè a causa di questa proprietà ogni momento del tempo occupato da un qualsiasi contenuto sensibile ha un rapporto al soggetto, che non può essere sostituito da alcun altro momento; mentre nello spazio la possibilità, che qualunque elemento spaziale sia sostituito da qualsiasi altro nel suo rapporto al soggetto, sveglia la rappresentazione della *costanza*, o, come la diciamo, mediante un riferimento dalla rappresentazione di tempo a quella di spazio, della durata assoluta. Nell'intuizione del tempo è impossibile la rappresentazione della durata *assoluta*, cioè di un tempo nel quale nulla muti. Il rapporto al percipiente deve sempre cambiare. Diciamo che dura solo quell'impressione, le cui singole parti di tempo si rassomigliano perfettamente nel loro *contenuto sensibile*, così che esse si distinguono *solo pel loro rapporto al soggetto percipiente*. Perciò la durata applicata al tempo è un concetto puramente relativo; una rappresentazione di tempo può durare più che un'altra, ma nessuna rappresentazione di tempo può avere una durata assoluta, perchè nessuna rappresentazione di tempo potrebbe svolgersi senza quel doppio ordine di diversi contenuti sensibili, cioè l'ordine reciproco e l'ordine al soggetto percipiente. Non è possibile pertanto mantenere una sensazione per una durata insolitamente lunga ed eguale: noi sempre la interrompiamo con altri contenuti sensibili.

Tuttavia anche nel tempo possono essere separate le due condizioni, che in realtà sono sempre connesse, il rapporto degli elementi fra loro e quello al soggetto percipiente, essendo ciascuna di esse congiunta con determinate proprietà delle rappresentazioni di tempo. Infatti questa distinzione delle condizioni, già prima di un'esatta analisi psicologica delle rappresentazioni di tempo, ha trovato la sua espressione in designazioni del linguaggio fissate per certe forme del corso del tempo. Se cioè si considera soltanto il rapporto degli elementi di tempo tra loro senza alcun riguardo pel rapporto loro al soggetto, si giunge a una distinzione di *modi del decorso del tempo*, così, ad es., di breve durata, di lunga durata, che si ripete con regolarità, che varia irregolarmente, ecc. Se invece si considera solo il rapporto al soggetto, astraendo dalle forme oggettive di decorso, si hanno come forme principali di questo rapporto *i gradi del tempo*, il passato, il presente e il futuro.

A) LE RAPPRESENTAZIONI TATTILI DI TEMPO.

3. Lo sviluppo originario delle rappresentazioni di tempo appartiene al *senso tattile*, le cui sensazioni costituiscono pertanto il sostrato generale per il sorgere degli ordini così spaziali, come temporali, nei quali si dispongono gli elementi rappresentativi (pag. 84, 3). Ma mentre le funzioni del senso tattile che dànno origine alle rappresentazioni dello spazio provengono dalle sensazioni tattili esterne, le sensazioni tattili *interne*, che accompagnano i movimenti di tatto,

sono i contenuti primari delle primissime rappresentazioni di tempo.

Un importante fondamento psicologico per l'origine di queste rappresentazioni sta nelle proprietà *meccaniche* degli organi tattili di movimento. Essendo questi, le braccia e le gambe, mossi per opera dei muscoli nelle articolazioni della spalla e della coscia, ed essendo inoltre assoggettati all'azione della gravità, due forme di movimenti delle membra tastanti sono generalmente possibili: in primo luogo quelli, che sempre sono regolati dalle azioni muscolari guidate dalla volontà e che perciò possono avere un decorso variante a piacimento, e in ogni istante adattantesi ai bisogni del momento - noi li diremo i movimenti tattili *aritmici*; in secondo luogo, quelli nei quali le forze muscolari volontarie entrano in azione solo per quel tanto che è necessario a porre le membra moventisi nelle articolazioni in ondulazioni pendolari e a mantenervele - i movimenti tattili *ritmici*. I movimenti aritmici, come quelli che avvengono nell'uso vario a piacimento delle membra di tatto, possono qui essere trascurati. Essi acquistano le loro proprietà temporali assai verosimilmente, solo in base alla seconda forma di movimento; inoltre tali movimenti irregolari si prestano sempre solo a raffronti temporali molto indeterminati.

4. Ma è tutt'altra cosa pei movimenti ritmici. La loro importanza per lo sviluppo psicologico delle rappresentazioni temporali sta in prima linea nello stesso principio, al quale esse riconoscono per una gran parte la loro importanza funzionale dal lato fisiologico, cioè nel principio dell'*isocronismo delle oscillazioni pendolari di eguale ampiezza*. In quanto le nostre gambe nei movimenti del camminare compiono oscillazioni regolari attorno ai loro assi di movimento posti nelle articolazioni della coscia, da una parte è reso più facile il lavoro muscolare, dall'altra la continua esecuzione volontaria dei movimenti è limitata a un minimo. Nel naturale camminare è utile anche il penzolare delle braccia, il quale non è interrotto, come nelle gambe per ogni passo dal posarsi del piede, ma col suo decorso continuo offre un sussidio per regolare uniformemente i movimenti del camminare.

Ora ogni singolo periodo di oscillazione di un tale movimento, per ciò che riguarda il suo contenuto sensibile, consiste in una serie

costante di sensazioni, che si ripete nel periodo seguente proprio collo stesso ordine. Principio e fine di ogni periodo sono caratterizzati
da un complesso di sensazioni tattili *esterne*, le quali al principio del
periodo accompagnano il sollevamento della suola dal terreno e alla
fine di esso sono prodotte dalle impressioni accompagnanti il posarsi
della suola. Tra mezzo sta una serie continua di deboli sensazioni tattili interne nelle articolazioni e nei muscoli; e di queste i punti d'inizio e di fine, coincidendo con quelle sensazioni tattili esterne, consistono in sensazioni più intensive, le quali accompagnano dapprima
l'impulso al movimento nelle articolazioni e nei muscoli, e poi il subitaneo arrestarsi, sensazioni le quali pure contribuiscono a definire i
periodi.

A questa serie regolare di sensazioni è inoltre collegata una serie
di *sentimenti* pur regolare, perfettamente parallela alla prima. Se noi
da un qualsiasi corso di movimenti tattili ritmici prendiamo un'estensione posta fra due punti limiti, al principio e alla fine di tale estensione sta un sentimento di *attesa soddisfatta*. Tra i due limiti si stende un sentimento di *aspettativa tesa*, il quale a poco a poco cresce al-
lontanandosi dal primo punto, e raggiungendo il secondo punto, d'un
tratto dal suo massimo discende a zero, per poi far posto al sentimento rapidamente ascendente e di nuovo declinante della soddisfazione,
dopo di che lo stesso decorso ancora comincia. In tal guisa l'intero
processo di un movimento tattile ritmico consiste, considerato dal
lato sentimentale, in un regolare alternarsi di due sentimenti qualitativamente opposti, i quali per il loro carattere generale si muovono
principalmente nella direzione dei sentimenti di tensione e di sollievo
(pag. 66), e dei quali l'uno è un sentimento momentaneo, che cioè
molto rapidamente cresce al massimo suo grado e poi decresce, l'altro un sentimento di durata, in quanto che lentamente raggiunge il
massimo per poi subitamente declinare. Perciò i più intensivi processi sentimentali si addensano sui punti limitanti i periodi e qui inoltre
sono rinforzati ancora dal contrasto fra il sentimento di soddisfazione
e l'antecedente sentimento d'attesa. Ora come questo limite critico di
ogni singolo periodo, ha la sua base sensibile nelle su ricordate impressioni tattili interne ed esterne, fortemente marcanti il passaggio,

così il graduale corso intermedio del sentimento d'attesa corrisponde d'altra parte in tutto al continuato decorso delle deboli sensazioni tattili interne, accompagnanti il movimento oscillante delle membra di tatto.

5. Le più semplici rappresentazioni tattili di tempo consistono in sensazioni ritmicamente ordinate, le quali si seguono nel modo indicato affatto uniformi nel ripetersi di movimenti oscillanti di eguale natura. Però già nella nostra andatura solita si introduce una leggera tendenza a una complicazione alquanto maggiore, perchè dei *due* periodi che si susseguono, il principio del primo, tanto nella sensazione quanto nel concomitante sentimento, è marcato più fortemente che il principio del secondo. In questo caso il ritmo dei movimenti comincia a farsi *cadenzato*. In realtà una tale successione regolare di rappresentazioni marcate e non marcate corrisponde alla più semplice battuta, a quella di 2/8. Questa si presenta facilmente già nell'andatura solita in causa della preferenza fisiologica per le membra del lato destro, ma sovrattutto molto regolarmente nel passo in comune, cioè nella *marcia*. Nell'ultimo caso a un solo complesso ritmico possono essere collegati più di due periodi di movimenti. Questo avviene pure nei movimenti ritmici più complessi della danza. Però su tali più composte formazioni di ritmi del senso tattile esercitano già una decisiva influenza le rappresentazioni uditorie di tempo.

B) LE RAPPRESENTAZIONI UDITORIE DI TEMPO.

6. Il senso dell'udito è più di ogni altro adatto ad un'esatta percezione dei rapporti temporali di processi esterni, perocchè in esso la sensazione dura solo per un tempo brevissimo dopo lo stimolo esterno, così da essere ogni serie temporale di impressioni sonore riprodotta con quasi perfetta fedeltà da una corrispondente serie di sensazioni. Con questa condizione per l'appunto stanno in istretto legame anche le proprietà delle rappresentazioni temporali dell'udito. Innanzi tutto si distinguono dalle rappresentazioni temporali del tatto per ciò, che in esse sovente soltanto i limiti delle singole estensioni di tempo

componenti un tutto rappresentativo, sono direttamente messe in risalto dalle sensazioni, così che in questo caso i rapporti reciproci di tali estensioni sono essenzialmente apprezzati in base alle estensioni, situate tra le impressioni limitanti, - estensioni, che o ci appaiono vuote o sono colmate da un contenuto diverso.

Questo è specialmente notevole nelle rappresentazioni *ritmiche* dell'udito. Esse generalmente sono possibili sotto *due* forme: come serie o *continue*, o poco interrotte di sensazioni di relativa durata, e come serie di battute *discontinue*, nelle quali soltanto i punti di divisione dei periodi ritmici sono marcati dalle esterne impressioni acustiche. In tali serie di battute, costituite da impressioni sonore affatto omogenee, le proprietà temporali delle rappresentazioni generalmente balzano più distinte che nelle impressioni continue, perchè in quelle è completamente esclusa l'influenza della qualità dei toni. Noi ci possiamo pertanto limitare all'esame di quelle, tanto più che i punti di veduta qui fissati sono valevoli anche per le serie di battute continue, nelle quali, come facilmente si comprende, la partizione ritmica è in realtà stabilita egualmente mediante limiti o dati dall'impressione esterna, o arbitrariamente a questa applicati per singoli punti di battuta.

7. Una serie di regolari battute in tal guisa costituita come la più semplice forma di rappresentazioni uditone di tempo, si differenzia dalla più semplice forma di rappresentazioni tattili di tempo già considerata (pag. 119), ed essenzialmente per ciò, che alle estensioni di tempo manca ogni *oggettivo* contenuto sensibile, essendo le stesse impressioni acustiche che determinano la delimitazione delle stesse estensioni. Nondimeno le estensioni di una tale serie di battute non sono vuote ma riempite da un soggettivo contenuto sentimentale e sensibile, che in tutto corrisponde a quello già osservato nelle rappresentazioni tattili. Ma il *contenuto sentimentale* delle estensioni si presenta distinto prima di ogni altro. Esso nei suoi periodi successivi di attesa gradatamente crescente e poi d'un tratto soddisfatta, corrisponde in tutto al decorso di un movimento tattile ritmico. Ma non manca neppure il fondamento sensibile a questo decorso sentimentale; solo che esso è variabile: ora consiste in una sensazione di tensione nella

membrana del timpano avente un'intensità diversa, talora anche in concomitanti sensazioni di tensione in altre parti del corpo, talora infine in altre sensazioni tattili interne, e queste ultime si hanno, se si accompagna il ritmo udito con un involontario segnar di battute. Ed è in causa della natura invariabile e dell'intensità per lo più abbastanza piccola di tutte queste sensazioni tattili interne, che per l'appunto nelle rappresentazioni uditorie è possibile cogliere molto più distintamente i processi sentimentali.

Per tutto quanto si è detto, in questo caso è facilissimo dimostrare l'influenza degli elementi soggettivi sulla natura delle rappresentazioni di tempo. Essa si manifesta dapprima nell'azione, che la diversa velocità delle cadenze udite esercita sulla formazione delle rappresentazioni di tempo. Si osserva che esiste una determinata velocità media di circa 0,2 sec., la quale è favorevolissima per la combinazione di una pluralità di impressioni sonore, che si susseguano; ed è facile notare che essa è appunto quella, nella quale le summenzionate sensazioni soggettive e i sentimenti si manifestano in modo distintissimo nel loro alternarsi. Se si rallenta la velocità e la si porta notevolmente al di sotto di quel valore, la tensione dell'attesa diventa troppo grande e passa in un sentimento di dispiacere sempre più penoso; se si accelera invece la velocità, l'aumento dei sentimenti d'attesa è così presto interrotto che essi diventano quasi inavvertibili. Ci avviciniamo così d'ambedue i lati a un limite, in cui non è più possibile raccogliere le impressioni in una rappresentazione ritmica di tempo. Questo limite è raggiunto all'insù per una serie di battute di 1 sec. circa; all'in giù per una di circa 0,1 sec.

8. Come questi valori danno un indizio sull'influenza, che esercita il decorso delle sensazioni e dei sentimenti necessari alla percezione dell'estensione di tempo, così la stessa influenza si rivela egualmente nella variazione, cui è soggetta la nostra rappresentazione di una estensione di tempo, quando in una grandezza oggettiva invariata vengono variate le condizioni della sua percezione. Si osserva che un tempo diviso è stimato maggiore che un tempo non diviso, analogamente all'illusione notata nella divisione delle estensioni di spazio (pag. 100). La differenza è però per il tempo di gran lunga maggiore,

il che manifestamente dipende da questo, che qui il più frequente alternarsi di sensazioni e sentimenti in un periodo dì tempo esercita un'influenza più rilevante, che nella analoga illusione spaziale l'interruzione del movimento prodotto dai punti di divisione. Se inoltre in una serie ritmica regolare, singole impressioni sono designate da una maggiore intensità o da una differenza qualitativa qualsiasi, si ha sempre lo stesso risultato: le estensioni di tempo precedenti e seguenti l'impressione designata sono apprezzate in eccedenza al confronto delle altre estensioni di tempo della stessa serie. Se invece si produce una certa serie, ritmica, in cui le battute deboli si alternino con battute forti, la successione delle prime sembra più lenta che quella delle seconde.

Anche la spiegazione di questi fenomeni si trova nell'influenza dell'alternarsi delle sensazioni e dei sentimenti. Un'impressione distinta tra le altre esige una variazione nel decorso delle sensazioni e specialmente dei sentimenti, che ne precedono la percezione, perchè deve entrare in campo una tensione d'attesa più intensiva e a questa corrispondentemente anche un abbastanza forte sentimento del sollievo di questa attesa, o della soddisfazione. Quello prolunga il tratto di tempo precedente l'impressione, questo quello seguente. Altrimenti accade, quando un'intera serie di battute consta una prima volta solo di impressioni sonore deboli, una seconda invece solo di forti. Per percepire un'impressione debole noi dobbiamo dirizzare su di essa più energicamente la nostra attenzione: conseguentemente nella serie debole le sensazioni di tensione e i sentimenti concomitanti sono, come facilmente si può osservare, di un'intensità maggiore che nella serie forte. Anche qui nella diversità delle rappresentazioni di tempo immediatamente si riflette la diversa intensità degli elementi soggettivi, che ne formano la base. Però quest'effetto cessa e agisce anzi in senso opposto, quando non si tratta di confrontare battute deboli e forti, ma forti e fortissime.

9. Come già nelle rappresentazioni ritmiche del tatto propendiamo a combinare almeno due periodi fra loro eguali in una regolare serie di battute, così lo stesso facciamo, e solo in una maniera più decisa, nelle rappresentazioni dell'udito. Ma mentre pei movimenti tat-

tili, nei quali le sensazioni limitanti i singoli periodi stanno sotto l'influenza del volere, questa tendenza a costituire una cadenza ritmica si esplica nel *reale* alternarsi di impressioni deboli e forti; nel senso dell'udito, ove le singole impressioni dipendono soltanto da condizioni esterne e perciò possono essere oggettivamente in tutto eguali, può condurre a una particolare illusione. E questa consiste in ciò, che di una serie di battute divise da eguali estensioni di tempo e pienamente eguali d'intensità, alcune che si trovano fra loro a intervalli regolari, sempre si odono più forti delle altre. Il ritmo, che in tal guisa nasce più di frequente alla semplice audizione, è il tempo di 2/8, cioè l'avvicendarsi regolare di arsi e tesi, al quale si collega, come una modificazione di poco rilievo, il tempo di 3/8, nel quale ad ogni arsi seguono due tesi. Tutt'al più per speciale sforzo di volere si può sopprimere questa tendenza a cadenzare, e questo si ottiene solo in serie di battute molto lente o molto veloci, che in sè e per sè si avvicinano ai limiti della percezione ritmica; a stento invece per lungo tempo nelle velocità medie, specialmente favorevoli alla formazione di rappresentazioni ritmiche. Se ci sforziamo invece d'abbracciare il maggior numero possibile d'impressioni in un'unica rappresentazione di tempo, il fatto si complica. Sorgono elevazioni di diverso grado, le quali si avvicendano in regolari serie cogli elementi ritmici non accentuati, e per la partizione che esse determinano nel tutto, aumentano notevolmente il numero delle impressioni, che possono essere racchiuse in un'unica rappresentazione. Così dalla distinzione di due gradi di elevazione si hanno i tempi di 3/4 e di 5/8; serie di battute con tre gradi di elevazione sono i tempi di 4/4 e 6/4, e così pure, come forme di tre parti, sono i tempi di 9/8 e 13/8. Più che tre gradi d'elevazione, o tenendo conto degli elementi non accentuati, più che quattro gradi d'intensità, non si presentano nei ritmi della musica e della poesia, e non possono ad arbitrio essere prodotti nella partizione della rappresentazione ritmica. Manifestamente questa *triplicità dei gradi di elevazione* rappresenta un valore limite della *composizione* di rappresentazioni di tempo, come uno simile ci è dato per la *grandezza* loro nell'estensione massima della serie ritmica (§ 15, 6).

Il fenomeno dell'accentuazione soggettiva colla sua influenza

158

sulla sensazione della cadenza mostra chiaramente, che una rappresentazione di tempo come una di spazio, non consiste affatto, semplicemente di impressioni oggettive, ma che con queste si connettono elementi soggettivi, la natura dei quali determina anche la percezione delle impressioni oggettive. La causa prima dell'elevazione di una battuta sta sempre nell'accrescimento delle sensazioni tattili interne e dei sentimenti che la precedono e la seguono: l'accrescimento di questi elementi soggetti viene poi riferito all'impressione oggettiva, la quale sembra rinforzata nella sua intensità. Ora può l'accrescimento degli elementi soggettivi o avvenire *per opera della volontà*, se le tensioni muscolari, producenti le sensazioni tattili interne, sono volontariamente rinforzate - processo che determina un corrispondente aumento dei sentimenti di attesa; oppure quell'accrescimento può avvenire *indipendentemente dalla volontà*, in quanto che l'aspirazione a una rappresentazione comprensiva porta con sè l'immediata partizione delle rappresentazioni di tempo per mezzo delle corrispondenti fluttuazioni soggettive di sensazione e sentimento.

C) LE CONDIZIONI GENERALI DELLE RAPPRESENTAZIONI DI TEMPO.

10. Se in base a tutti questi fenomeni e alle intime connessioni, che in essi regolarmente si stabiliscono tra i soggettivi elementi sensibili e sentimentali e le impressioni oggettive, si vuol render conto del modo in cui nascono le rappresentazioni di tempo, si deve innanzi tutto partire dal fatto che una singola sensazione isolatamente pensata, come non ha proprietà spaziali, così non può neppure avere proprietà temporali. Anche la disposizione in una serie temporale può sempre sorgere solo dal fatto, che ogni singolo elemento psichico entra in certe speciali relazioni con altri elementi psichici. Se questa condizione della combinazione di una moltiplicità di elementi psichici vale esattamente per le rappresentazioni temporali, come già per le spaziali, qui però la natura di questa combinazione è particolare, essenzialmente diversa da quella che valeva per lo spazio.

159

I membri a, b, c, d, f di una serie temporale ci possono, se la serie è pervenuta in f, essere dati tutti immediatamente quali una formazione unica, proprio allo stesso modo che una serie di punti spaziali. Ma mentre questi, a causa degli originari movimenti riflessi dell'occhio, sono sempre ordinati nel loro rapporto al punto centrale della visione, il quale variando può incontrarsi con una qualsiasi delle impressioni da a a f; nella rappresentazione di tempo *l'impressione momentaneamente presente* è quella, sulla quale tutte le altre sono orientate. Perciò una nuova impressione in tal guisa presente, anche se è nel suo oggettivo contenuto sensibile pienamente eguale a una passata, è percepita come *soggettivamente* diversa da questa, perchè lo stato sentimentale, accompagnante la sensazione può essere affine al contenuto sentimentale di qualsiasi altro momento, ma non è mai ad esso identico. Posto che, ad es., alla serie delle impressioni a, b, c, d, e, f segua un'altra serie a', b', c', d', e', f', nella quale pel contenuto sensibile sia $a' = a$, $b' = b$, $c' = c$, ecc., se noi vogliamo indicare i sentimenti concomitanti con α, β, γ, δ, ε, φ, e α', β', γ', δ', ε', φ', senza dubbio α' e α, β' e β, γ' e γ, ecc., a causa dell'eguale contenuto sensibile, saranno sentimenti simili. Ma in generale essi non saranno identici, perchè ogni elemento sentimentale, oltre che dalla sensazione, colla quale è immediatamente legato, dipende sempre anche dallo stato del soggetto determinato dall'insieme dei fatti antecedentemente svoltisi nella psiche del soggetto stesso. Ora questo stato per ogni membro delta serie a' b' c' d'... è già un altro che per il corrispettivo membro della serie a b c d..., perchè nell'impressione a', l'impressione a era già stata data, così che a' può essere riferita ad a, mentre questa condizione non esiste per a. Analoghe differenze dello stato sentimentale esistono per serie periodiche più complesse. Se in esse le condizioni soggettive dei sentimenti momentanei possono pur concordare, non mai possono coincidere, perchè ogni stato momentaneo ha sempre una sua speciale orientazione al complesso dei processi psichici. Se poniamo ad es., che si seguano un maggior numero di serie concordanti a, b, c, d, a' b' c' d', a'', b'', c'', d'', ecc., nelle quali siano i contenuti sensibili $a'' = a' = a$, $b'' = b' = b$, ecc., rimane pur sempre a'' nelle sue condizioni sentimentali diverse da a', perchè a' può essere riferito soltanto ad a, mentre a'' così ad a' come ad a, pur non considerando che ancora altre differenze fra tali impressioni in sè eguali, sono sempre date in sensazioni per caso concomitanti, le quali influiscono sullo stato sentimentale.

11. Poichè, come sopra si è notato, ogni elemento di una rappresentazione di tempo è ordinato secondo un'impressione immediatamente presente, questa è preferita a tutte le altre parti della rappresentazione per una proprietà, che è simile a quella appartenente al *punto visivo* nella percezione delle formazioni spaziali, cioè perchè essa viene percepita *al massimo grado chiara e distinta*. Ma v'è qui la grande differenza, che la percezione più distinta non è, come nelle rappresentazioni di spazio, connessa coll'organizzazione fisiologica degli apparati di senso, ma ha le sue ragioni esclusivamente nelle proprietà generali del soggetto percipiente, quali esse si esplicano nei processi sentimentali. Il sentimento momentaneo, accompagnante l'impressione immediatamente presente, è quello che fa di questa impressione presente quella più distintamente percepita. Noi possiamo dire pertanto quella parte di una rappresentazione di tempo corrispondente all'impressione immediata il *punto visivo di questa rappresentazione*, oppure anche, poichè esso non dipende, come il punto visivo delle rappresentazioni di spazio, da condizioni organiche esterne, dirlo con espressione metaforica il *punto visivo interno*. Così il punto visivo interno designa quella parte di una rappresentazione di tempo, che corrisponde all'impressione immediatamente presente, rappresentata *col massimo grado di chiarezza*. Le impressioni situate all'infuori di questo punto visivo, cioè quelle precedenti all'impressione immediata, sono quelle percepite poi *indirettamente*. Esse sono rispetto al punto visivo ordinate in una serie di gradi di chiarezza decrescente. Un'organica rappresentazione di tempo è solo possibile, finchè il grado di chiarezza di alcuni dei suoi elementi non sia divenuto zero. Quando questo avviene, la rappresentazione si scinde tosto nelle sue parti.

12. Dai punti visivi esterni dei sensi dello spazio il punto visivo interno dei sensi del tempo si differenzia per essere in prima linea caratterizzato non dagli elementi sensibili, ma dai *sentimentali*. Poichè

ogni elemento sentimentale varia continuamente in causa delle mutevoli condizioni della vita psichica, il punto visivo interno acquista quella proprietà di mutabilità continua, che noi indichiamo come il *continuo scorrere del tempo*. Con questo scorrere si intende appunto la proprietà, per cui nessun istante è eguale all'altro e così pure nessuno può ritornare il medesimo (Cfr. sopra pag. 116, 2*a*). A questo fatto si connette pure la natura unidimensionale del tempo, la quale consiste in ciò, che nelle rappresentazioni di tempo il punto visivo interno si trova in un flusso continuo, nel quale non può mai ritornare un punto identico. Infine il fatto che l'ordine, in questa unica dimensione, proviene sempre da quel variabile punto visivo, nel quale il soggetto rappresenta sè a sè stesso, dà ragione della proprietà delle rappresentazioni di tempo, per la quale i suoi elementi, oltre al loro ordine reciproco, possiedono un rapporto fisso al soggetto percipiente (pag. 116, 2).

13. Se noi cerchiamo di renderci conto dei sussidi di questa reciproca disposizione, che immediatamente collega tra loro le parti di una rappresentazione e della loro orientazione al soggetto, questi sussidi, che noi, ad analogia dei segni locali, vogliamo chiamare i *segni temporali*, manifestamente debbono anche qui consistere solo in alcuni elementi collegati alla rappresentazione, i quali isolatamente considerati non posseggono proprietà temporali, ma le acquistano dalla loro combinazione. Dalle particolari condizioni dello sviluppo delle rappresentazioni temporali sin dal principio siamo indotti a ritenere, che i segni temporali siano per una parte essenziale *elementi sentimentali*. Infatti, nel decorso di una qualsiasi serie ritmica ogni impressione è immediatamente caratterizzata dal concomitante sentimento d'attesa, mentre la sensazione agisce solo in quanto suscita quel sentimento; come distintamente si riconosce, quando avviene una improvvisa interruzione di una serie ritmica. Fra le sensazioni del resto, solo *le sensazioni tattili interne* sono le parti, che non mancano mai in ogni rappresentazione di tempo: nelle rappresentazioni tattili esse costituiscono i sostrati immediati; nelle rappresentazioni dell'udito e in quelle pure rivestite della forma temporale sono sempre date come fenomeni soggettivi concomitanti. Quindi noi possia-

mo considerare i sentimenti d'attesa come i *segni temporali qualitativi*, e quelle sensazioni tattili come i *segni temporali intensivi* di una rappresentazione di tempo. Questa si dovrà pertanto ritenere come un prodotto di fusione dei due segni temporali fra loro stessi e colle sensazioni oggettive, ordinate nella forma temporale. Così anche qui le sensazioni tattili interne, graduate secondo intensità, costituiscono una misura omogenea per la disposizione delle impressioni oggettive, qualitativamente caratterizzate dai sentimenti concomitanti.

13*a*. Dacchè alle sensazioni tattili interne spettano funzioni analoghe nell'ordine delle rappresentazioni così di tempo come di spazio, quella relazione reciproca delle due forme d'intuizione, che trova la sua espressione nella rappresentazione *geometrica* del tempo per mezzo della retta, è resa più accettabile da questa concordanza di sostrati sensibili. Pure tra il complesso sistema dei segni temporali e i sistemi di segni locali rimane sempre l'essenziale differenza, che quello ha il suo fondamento principale non in proprietà qualitative della sensazione, che siano legate a determinati organi esterni di senso, ma in *sentimenti* che possono presentarsi per le più diverse sensazioni in modo pienamente conforme, perchè essi per sè non dipendono dal contenuto oggettivo delle sensazioni, ma dal loro soggettivo modo di collegarsi. Per altra parte le assai variabili condizioni di svolgimento di questi sentimenti spiegano l'incertezza assai maggiore delle nostre rappresentazioni di tempo di fronte a quelle di spazio. Di più l'influenza del decorso sentimentale diventa qui specialmente notevole, perchè l'esattezza della stima soggettiva del tempo dipende in prima linea dalla durata delle estensioni di tempo. Il confronto che noi facciamo di estensioni di tempo, ad es., di intervalli di battute che si seguono, è in eguali condizioni favorevole al massimo grado per quelle grandezze, che più si prestano anche alla partizione ritmica e che pel senso dell'udito si aggirano intorno al valore di 0,2" (7). Si osserva facilmente che qui l'esattezza della percezione è determinata dall'opportuno alternarsi dei sentimenti di attesa e soddisfazione; fatto, che permette di riconoscere con grande sicurezza, se una nuova impressione interrompa il sentimento d'attesa in un'intensità minore che prima, o se essa s'imbatta in una maggiore tensione del sentimen-

163

to stesso. In un troppo lento succedersi delle impressioni i sentimenti d'attesa predominano oltre misura; in un succedersi molto affrettato si notano all'opposto quasi soltanto i sentimenti di sorpresa, i quali accompagnano ogni impressione, ma raggiungono sempre solo un'intensità mediocre a causa dell'intensità poco rilevante dei sentimenti di tensione che li precedono. Da ciò si spiega che le impressioni rapidamente svolgentisi sono assolutamente le meno favorevoli per l'osservazione degli elementi soggettivi delle rappresentazioni di tempo.

13*b*. Naturalmente dinanzi al problema della origine psicologica delle rappresentazioni di tempo è sorta la stessa contrapposizione di teorie *nativistiche* e *genetiche*, che noi abbiamo incontrato nello studio delle rappresentazioni di spazio (pag. 92, 12*a*). Ma in questo caso il nativismo non ha portato ad una teoria propriamente detta, esso suole limitarsi alla generale opinione, che il tempo sia una "forma d'intuizione innata" senza tentare di render conto dell'influenza degli elementi realmente dimostrabili e delle condizioni necessarie delle rappresentazioni di tempo. Le teorie genetiche della vecchia psicologia, ad es., quella di Herbart, cercano derivare l'intuizione di tempo esclusivamente dagli elementi della rappresentazione. Ma in tal modo si va soltanto in costruzioni speculative, nelle quali non si tien conto delle condizioni date dall'esperienza.

§ 12. - I sentimenti composti.

1. Nello svolgimento delle rappresentazioni di tempo viene chiaramente alla luce, che la separazione delle parti rappresentative e sentimentali nell'esperienza immediata è solo un prodotto della nostra astrazione. Nelle rappresentazioni di tempo questa astrazione si dimostra inattuabile, perchè in esse certi sentimenti prendono una parte essenziale al sorgere delle rappresentazioni. Così anche le rappresentazioni di tempo, solo se si tien presente il prodotto finale del processo, cioè l'ordine di certe sensazioni nel rapporto loro e nel rapporto al soggetto, possono essere dette *rappresentazioni*; ma conside-

rate nella loro propria composizione, esse sono prodotti complessi di sensazioni e sentimenti. Per questa ragione esse prendono una opportuna posizione di transizione tra le rappresentazioni e quelle formazioni psichiche che si compongono di elementi sentimentali e che noi indicheremo col nome specifico di *moti d'animo*. Questi sono specialmente simili alle rappresentazioni di tempo per ciò, che nell'esame del loro svolgimento non è affatto possibile l'astratta separazione degli elementi sentimentali dai sensibili; infatti nello sviluppo di tutte le specie di moti d'animo le sensazioni e le rappresentazioni entrano come fattori determinanti, così come i sentimenti hanno parte essenziale al componimento delle rappresentazioni di tempo.

2. Fra tutti i moti d'animo *le combinazioni intensive di sentimenti* o i *sentimenti composti* prendono un posto di precedenza, perchè in essi le proprietà caratteristiche di una singola formazione sono prodotti di uno stato momentaneo; così che la descrizione del sentimento presuppone soltanto l'esatto apprendimento di questo stato momentaneo, ma non una comprensione di più processi decorrenti nel tempo, e gli uni provenienti dagli altri. Sotto questo aspetto i sentimenti composti stanno alle emozioni, che consistono in un decorso di sentimenti e ai processi di volere, così come le rappresentazioni intensive alle estensive. Le varietà psichiche intensive in largo senso inchiudono pertanto, oltre alle composizioni di rappresentazioni intensive, anche i sentimenti composti, e le varietà estensive abbracciano come speciali forme di ordini *temporali*, oltre alle rappresentazioni di tempo, anche le emozioni e i processi di volere.

3. I sentimenti composti sono quindi stati intensivi di carattere unitario, nei quali si possono percepire nello stesso tempo singole parti sentimentali più semplici. In un qualsiasi sentimento di tal natura noi possiamo distinguere *componenti sentimentali* e una *risultante sentimentale*. Come componenti sentimentali ultimi si hanno sempre sentimenti sensoriali semplici; però alcuni di questi possono formare una risultante parziale, la quale poi entra come un componente composto nell'intero sentimento.

Ogni sentimento composto si può così scomporre: 1) in un *sentimento totale*, risultante dalla connessione di tutte le sue parti; 2) nei

165

singoli *sentimenti parziali*, che costituiscono i componenti di questo sentimento totale e che di nuovo si possono scindere in sentimenti parziali di diverso ordine, a seconda che essi constano di semplici sentimenti sensoriali (sentimenti parziali di primo ordine), o sono già essi stessi sentimenti totali (sentimenti parziali di secondo e superiore ordine). Dove sono sentimenti parziali di ordine superiore possono aver luogo combinazioni plurilaterali o *intrecci* degli elementi, imperocchè il sentimento parziale di ordine inferiore può contemporaneamente entrare in sentimenti parziali di ordine superiore. Per tali intrecci la contestura del sentimento totale può farsi oltremodo complessa; e nel medesimo tempo il sentimento stesso, malgrado l'invariata natura dei suoi elementi, può acquistare un carattere variabile, a seconda che prevale l'uno o l'altro dei possibili intrecci dei sentimenti parziali.

3*a*. Così, per es., all'accordo musicale di tre note *do mi sol* corrisponde un sentimento totale dell'armonia, di cui elementi ultimi, come sentimenti parziali di primo ordine, sono i sentimenti sonori corrispondenti ai singoli suoni *do mi sol*. Fra questi e il risultante sentimento totale stanno come sentimenti parziali di secondo ordine, i tre sentimenti armonici corrispondenti agli accordi di due suoni *do mi, mi sol, do sol*, e a seconda che uno di essi prevalga o tutti insieme si presentino con quasi eguale intensità, anche il carattere del sentimento totale ha in questo caso una quadruplice colorazione diversa. La prevalenza di qualche complesso sentimento parziale può avere la sua ragione ora nella maggiore intensità delle sue parti, ora in sentimenti anteriori; se si va, ad es., da *do mi bemolle sol* a *do mi sol*, è reso più forte il fattore parziale *do mi*; se invece si va da *do mi la* a *do mi sol*, è reso più intenso il fattore *do sol*. Similmente anche una pluralità d'impressioni cromatiche, a seconda che prevale questa o quella composizione parziale, può avere effetti diversi: qui però a causa dell'ordine estensivo delle impressioni, l'affinità spaziale esercita un'azione in senso opposto alla variazione della composizione, mentre l'influenza della forma spaziale con tutte le condizioni che l'accompagnano, si aggiunge ancora come fattore essenziale di complicazione.

4. Se la struttura dei sentimenti composti è in tal guisa generalmente complessa al massimo grado, pur essa offre una serie di gradi di sviluppo, perchè i sentimenti complessi provenienti dai sensi del tatto, dell'olfatto e del gusto sono di una natura assai più semplice che quelli collegati colle rappresentazioni dell'udito e della vista.

Quel sentimento totale che è connesso alle sensazioni tattili esterne e interne, suole specificamente essere designato come *sentimento generale*, perchè lo si considera come quel sentimento totale nel quale trova la sua espressione lo stato complesso del nostro benessere o malessere fisico. Da questo punto di veduta i due sensi chimici inferiori, l'*olfatto* e il *gusto*, devono, egualmente, essere assegnati al sostrato sensibile del sentimento generale. Infatti i sentimenti parziali, che da essi hanno origine, si collegano in composti sentimentali indissolubili, con quelli provenienti dal tatto. Possono, è ben vero, nel singolo caso i sentimenti legati ora all'uno ora all'altro dominio di senso avere parte così predominante da far scomparire affatto gli altri sentimenti. Ma pur sempre, in tutto questo variare della base sensibile, permane la proprietà del sentimento generale di essere l'immediata espressione del nostro benessere o malessere fisico, e però fra tutti i sentimenti composti esso è il più affine ai sentimenti sensoriali semplici. I sensi della vista e dell'udito invece partecipano solo eccezionalmente, specialmente per insolita intensità di impressioni, al sostrato sensibile del sentimento generale.

4a. Il sentimento generale è quella forma sentimentale composta, nella quale si è prima notata la composizione di sentimenti parziali, ma nello stesso tempo si è totalmente disconosciuta la psicologica regolarità di questa composizione e inoltre, nella maniera che è in uso in fisiologia, non si è distinto il sentimento dal suo fondamento sensibile. E però il sentimento generale è definito ora come la "coscienza del nostro stato sensibile" ora come "la somma o il *caos* indistinto delle sensazioni" che ci è portato da tutte le parti del nostro corpo. Infatti il sentimento generale risulta da una moltitudine di sentimenti parziali; esso però non è la semplice somma di questi sentimenti, ma un sentimento totale organico risultante da quelli. Esso è pure certamente un sentimento totale dalla struttura più semplice possibile, essendo composto di sentimenti parziali di primo ordine, cioè di singoli sentimenti sensoriali, senza che questi di solito entrino in speciali combinazioni di sentimenti parziali di secondo e di più alto ordine. Però per lo più nel prodotto risultante predomina un solo sentimento parziale, e questo avviene specialmente quando una sensazione locale molto forte è accompagnata da un sentimento di dolore. Però anche sensazioni più deboli possono colla loro preponderanza relativa determinare il tono sentimentale prevalente: e questo avviene con speciale frequenza per le sensazioni di olfatto e di gusto o per certe altre legate alla funzione regolare degli organi, ad es., per le sensazioni tattili interne accompagnanti i movimenti del camminare. Del resto spesso questa preponderanza relativa di una singola sensazione può essere così debole che il sentimento dominante non può essere scoperto che dall'attenzione sul proprio stato soggettivo. In questo caso la direzione dell'attenzione ha la facoltà di far prevalere un qualsiasi sentimento parziale.

5. Dal sentimento generale ha origine quella distinzione di sentimenti contrari di *piacere* e *dispiacere*, la quale da esso fu trasportata non solo ai singoli sentimenti semplici di cui si compone, ma a tutti i sentimenti. In quanto il sentimento generale è un sentimento totale, al quale corrisponde il benessere o malessere fisico del soggetto, le espressioni piacere e dispiacere sono infatti pienamente adatte a indicarci i contrari, tra i quali esso, indugiando non di rado per un tempo più o meno lungo in una zona di indifferenza, può oscillare. Così pure queste espressioni possono essere riferite ai singoli componenti in misura della loro partecipazione a quell'effetto complessivo. Ma non si è affatto autorizzati a usare queste designazioni per tutti gli altri sentimenti od a fare della loro applicabilità un criterio per il concetto del sentimento. Anche pel sentimento generale la contrapposizione di piacere e dispiacere può essere mantenuta solo nel senso, che queste parole rappresentino due classi, le quali racchiudano una quantità di sentimenti qualitativamente vari. Questa varietà già risulta dalla grandissima variazione nella composizione dei singoli sentimenti totali indicati col nome complessivo di sentimento generale (v. sopra pag. 67 e segg.).

6. E appunto a causa di questa composizione si danno sentimenti generali, i quali non possono assolutamente essere designati come sentimenti di piacere, oppure di dispiacere, perchè essi constano di una serie di sentimenti di piacere e di dispiacere, nella quale, a seconda dei casi, può predominare ora l'uno ora l'altro. E poichè la particolarità di sentimenti di tal natura riposa sulla connessione di opposti sentimenti parziali, essi possono venir chiamati *sentimenti di contrasto*. Una forma semplice di un tal sentimento di contrasto fra i sentimenti generali è il *sentimento del solletico* il quale si compone di un sentimento di piacere, accompagnante deboli sensazioni tattili esterne e da sentimenti legati alle sensazioni muscolari, che sorgono dai moti convulsi riflessi, suscitati dagli stimoli tattili. In quanto questi moti convulsi riflessi si diffondono più o meno largamente, e spesso anche, irradiandosi nel diaframma, portano arresti di respiro, il sentimento risultante può straordinariamente variare nei singoli casi per intensità, ampiezza e composizione.

7. I sentimenti composti che appartengono al dominio dei sensi dell'udito e della vista, solitamente sono indicati anche come *sentimenti estetici elementari*, espressione questa che in sè e per sè abbraccia tutti i sentimenti che sono legati a rappresentazioni composte, e però essi stessi sono composti. Alla classe di questi sentimenti, così chiamati in base al concetto di ὰ ῦσθησις nel più largo senso, appartengono più specialmente quelli che si presentano come elementi di azioni estetiche nello stretto senso della parola. Il concetto di elementare in questi sentimenti non si riferisce ai sentimenti stessi, i quali non sono assolutamente semplici, ma esso deve solo esprimere un contrapposto relativo ai sentimenti estetici di gran lunga più composti e di grado superiore.

I sentimenti percettivi o sentimenti estetici elementari dei sensi dell'udito e della vista ci possono servire come modelli di tutti gli ulteriori sentimenti composti che sorgono nel corso dei processi intellettuali, cioè dei sentimenti logici, dei morali e degli estetici di più alta natura. Infatti nella loro generale struttura psicologica tali forme sentimentali più complesse corrispondono perfettamente ai più semplici sentimenti percettivi: solo che quelli si collegano ancora con sentimenti ed emozioni che sorgono dalla complessiva connessione dei processi psichici.

Mentre i contrari, entro i quali si muovono i sentimenti generali, appartengono prevalentemente a quelle qualità dei sentimenti che noi indichiamo colle espressioni di piacere e dispiacere, pei sentimenti estetici elementari si possono usare i termini contrari di *gradevole* e *disgradevole*, i quali vanno nelle stesse direzioni sentimentali, ma più oggettivi nel loro significato, esprimono non il benessere o il malessere del soggetto, bensì il rapporto degli oggetti al soggetto percipiente. Qui, ancora più che per il piacere ed il dispiacere, è manifesto che questi contrari designano non singoli sentimenti, ma indicano solo le direzioni generali, secondo le quali si possono ordinare i sentimenti infinitamente vari per ogni singolo caso e particolari per ogni rappresentazione individuale. Inoltre nei singoli sentimenti sussistono ma in più mutevole maniera anche le altre direzioni del sentimento (pag. 66), i sentimenti di eccitamento e di calma, di tensione e di sollievo.

8. Non tenendo conto delle direzioni principali or ricordate e che si adattano a tutte le singole forme, noi possiamo ordinare tutti i sentimenti percettivi secondo i rapporti degli elementi di rappresentazione, rapporti di massima importanza per le loro qualità, in due classi, che diremo dei sentimenti *intensivi* e degli *estensivi*. Fra i sentimenti *intensivi* comprendiamo quelli che nascono dai rapporti in cui stanno le proprietà qualitative degli elementi sensibili di una rappresentazione; fra gli *estensivi*, quelli che hanno origine dall'ordine spaziale e temporale degli elementi. Le espressioni "intensivo" e "estensivo" devono pertanto qui essere riferite non alla natura del sentimento stesso, la quale in realtà è sempre intensiva, ma alle sue *condizioni di origine*.

Quindi i sentimenti intensivi ed estensivi non sono solamente i fenomeni soggettivi che accompagnano le corrispondenti rappresentazioni, ma poichè ogni rappresentazione da un lato suole constare di elementi qualitativamente diversi, dall'altro viene a disporsi in un ordine estensivo qualsiasi d'impressioni, una medesima rappresentazione può essere contemporaneamente il sostrato di sentimenti intensivi

170

ed estensivi. Così un oggetto che sia costituito di parti diversamente colorate, percepito colla vista, può suscitare un sentimento intensivo per il rapporto reciproco dei colori e uno estensivo per la sua forma. Una successione di suoni è legata a un sentimento intensivo che corrisponde al rapporto qualitativo dei suoni e ad uno estensivo che proviene dalla successione nel tempo ritmica o aritmica. Perciò sentimenti intensivi ed estensivi sono generalmente legati al tempo stesso tanto alle rappresentazioni dell'udito quanto a quelle della vista; naturalmente in certe condizioni una di queste forme può scomparire di fronte all'altra. Così, udendo per un momento un accordo, si percepisce solo un sentimento intensivo; all'opposto, udendo una serie ritmica di impressioni sonore indifferenti, appare in notevole grado solo un sentimento estensivo. Per l'analisi psicologica è senza dubbio opportuno il fissare le condizioni nelle quali una certa forma sentimentale può sorgere, essendo esclusa al massimo grado ogni altra.

9. Fra i sentimenti intensivi che in tal guisa si possono osservare, quelli che sono collegati a *combinazioni di colori*, seguono questa regola: una combinazione di *due* colori col massimo della differenza qualitativa riesce anche gradevole al massimo grado. Ma ogni singola combinazione di colori ha insieme uno specifico carattere sentimentale, il quale si compone dei sentimenti parziali dei singoli colori e del sentimento totale, che sorge, come risultante da quelli. Inoltre anche qui, come già pei sentimenti semplici di colore, l'effetto è complicato da associazioni accidentali e dai sentimenti complessi che da queste provengono (v. pag. 61). Per le combinazioni di più di due colori non si sono fatte ancora sufficienti ricerche.

I sentimenti delle *combinazioni di suoni* costituiscono una varietà straordinariamente ricca e precisamente quel dominio sentimentale, nel quale preferibilmente si esplica quella formazione, già sopra (pag. 130) esposta nelle linee generali, di sentimenti parziali di diverso ordine coi loro intrecci varianti a seconda di condizioni speciali. L'esame dei singoli sentimenti, nascenti in tal guisa, è compito dell'estetica psicologica della musica.

10. I sentimenti *estensivi* possono essere ancora distinti in spaziali e temporali, dei quali i primi, *i sentimenti di forma*, spettano preva-

lentemente alla vista; i secondi, *i sentimenti ritmici*, specialmente all'udito, ed ambedue poi, nell'inizio dello sviluppo, al tatto.

Il *sentimento ottico di forma* si manifesta innanzi tutto nel preferire forme regolari alle irregolari, e poi, quando sia dato di scegliere tra diverse forme regolari, nel preferire quelle organate secondo leggi *semplici*. Tra queste sono fra tutte preferite le due seguenti, quella della simmetria col rapporto 1:1 e quella, della sezione aurea col rapporto $x + 1: x = x: 1$ (il tutto sta alla parte maggiore, come questa alla minore). Il fatto, che nella scelta tra queste due leggi la simmetria ha generalmente la preferenza nella divisione orizzontale delle forme, la sezione aurea nella verticale, è verosimilmente un portato delle associazioni, specialmente delle associazioni colle forme organiche, ad es., colle umane. La preferenza, che si dà alla regolarità e a certe leggi più semplici, non può essere interpretata altrimenti ohe ammettendo essere la misura di ogni singola dimensione collegata a una sensazione tattile interna dell'occhio e a un concomitante sentimento sensoriale, il quale come sentimento parziale entri nel tutto di un sentimento ottico di forma; in questo caso il sentimento totale dell'ordine regolare, il quale sorge alla visione dell'intera forma, è poi modificato dal rapporto reciproco, tanto delle diverse sensazioni, quanto dei sentimenti parziali. Associazioni e sentimenti a queste connessi possono anche qui aggiungersi come parti secondarie, ma pur sempre fondentisi col sentimento totale.

Il *sentimento ritmico* è affatto dipendente dallo condizioni formulate nello studio delle rappresentazioni di tempo. I sentimenti parziali sono qui rappresentati da quei sentimenti di attesa o in tensione o soddisfatta, che nel loro regolare avvicendarsi costituiscono la rappresentazione ritmica di tempo. Il modo della connessione dei sentimenti parziali e specialmente la preponderanza di alcuni di essi nel sentimento totale formantesi, ancora in più alto grado che il momentaneo carattere di un sentimento intensivo, son dipendenti dal rapporto, nel quale i sentimenti immediatamente presenti si trovano di fronte ai precedenti. Questo si manifesta specialmente nella grande influenza, che ogni mutamento del ritmo esercita sul sentimento ritmico. E per essere così generalmente collegati a un certo periodo di tempo, i sentimenti ritmici rappresentano il punto di passaggio più prossimo alle emozioni. Se un'emozione può anche svilupparsi da ogni sentimento composto, la condizione però per il sorger di un sentimento non è per nessun altro sentimento così come per questo, anche una condizione necessaria per il sorgere di un certo grado di emozione, che in questo caso suole essere moderato solo dalla regolare serie dei sentimenti (v. § 13; 1, 7).

11. A causa dell'immensa varietà dei sentimenti composti, che è collegata a una varietà egualmente grande di loro condizioni, non si può naturalmente pensare a una teoria psicologica, che tutti li abbracci, a una teoria di natura unitaria, quale ci fu possibile, ad es., per le rappresentazioni di spazio e di tempo. Pure in essi si manifestano alcune proprietà comuni, per le quali essi si ordinano sotto certi generali punti di veduta psicologici. Sono precisamente *due* questi fattori, dei quali si compone ogni effetto sentimentale di tal natura: primo il rapporto dei sentimenti parziali fra loro e secondo la loro riunione in un unico sentimento totale. Il primo di questi fattori si esplica più fortemente nei sentimenti intensivi, il secondo nei sentimenti estensivi; di fatto però ambedue non solo sono sempre collegati, ma anche si determinano reciprocamente. Così una figura, la quale ci riesce ancora gradevole, può essere tanto più complessa, quanto più i rapporti delle sue parti si ordinano secondo certe regole; e questo vale anche per il ritmo. D'altro lato anche la riunione delle parti in un tutto favorisce la manifestazione delle singole parti costituenti il sentimento. In tutte queste relazioni le composizioni sentimentali mostrano la massima somiglianza colle composizioni intensive di rappresentazioni, mentre l'ordine esteso delle impressioni, specialmente quello spaziale, rende possibile molto prima una coesistenza relativamente indipendente di più rappresentazioni.

12. Questa proprietà, della connessione stretta e intensiva di tutte le parti di un sentimento, anche per quei sentimenti, i cui fondamenti rappresentativi sono ordinati estensivamente, nello spazio o nel tempo, si connette con un principio, che è valido per tutti i sentimenti e anche per i moti d'animo, di cui abbiamo a parlare in seguito, e che noi vogliamo designare come *il principio dell'unità dello stato senti-*

mentale. Questo principio sta in ciò, che in un dato momento è possibile sempre *un solo* sentimento totale, oppure, con altra espressione, che tutti i sentimenti parziali presenti in un dato momento si riuniscono finalmente sempre in un unico sentimento totale. Questo principio dell'unità dello stato sentimentale sta però evidentemente in connessione col rapporto generale tra rappresentazione e sentimento, per il quale nella rappresentazione trova la sua espressione un contenuto immediato della esperienza, secondo le qualità ad esso attribuite senza riguardo al soggetto, nel sentimento invece si esplica il rapporto che sempre un tale contenuto dell'esperienza ha nel tempo stesso col soggetto.

§ 13. - Le emozioni.

1. Il sentimento è, in conformità al carattere generale del processo psichico, uno stato non durevole. Nell'analisi psicologica di un sentimento composto noi dobbiamo sempre pensare fissato un momentaneo stato d'animo. E poichè questo tanto più facilmente si raggiunge, quanto più decorrono graduali e continui i processi psichici, si è accolta la denominazione di *sentimenti* principalmente per processi svolgentisi con relativa lentezza, come pure per quelli che, quali ad es., i sentimenti ritmici, nel loro regolare decorso nel tempo, non sorpassano mai una certa misura media dell'intensità. Quando invece una serie di sentimenti svolgentesi nel tempo si riunisce in un decorso connesso, il quale di fronte ai processi antecedenti e seguenti si specifica come un tutto unito, avente in generale sul soggetto un'azione più intensa che un sentimento singolo, allora noi chiamiamo tale decorso di sentimenti un'*emozione*.

Questa espressione già di per sè indica che non si è in presenza di specifici contenuti soggettivi dell'esperienza, i quali distinguono l'emozione dal sentimento, ma piuttosto di nuovi effetti prodotti dall'emozione in seguito alla speciale composizione di certi contenuti sentimentali. Quindi anche tra sentimento ed emozione non si deve trac-

174

ciare alcun deciso confine. Ogni sentimento più intensivo passa in un'emozione e può da questa sciogliersi solo mediante un'astrazione più o meno volontaria. Ma in quei sentimenti, che sin dall'inizio sono legati a un determinato decorso nel tempo, nei sentimenti *ritmici*, una siffatta astrazione è propriamente impossibile. Il sentimento ritmico per vero si distingue ancora tutt'al più per la minore intensità di quell'effetto complessivo sul soggetto, al quale l'"emozione" deve il suo nome[0]. Però anche questa differenza è fluttuante, e tosto che i sentimenti prodotti da impressioni ritmiche si sono fatti più vivaci, come suole specialmente avvenire, quando il ritmo si collega con un contenuto sensibile, suscitante fortemente il sentimento, i sentimenti ritmici diventano realmente emozioni. Perciò i sentimenti ritmici, così nella musica come nella poesia, costituiscono un importante sussidio per rappresentare emozioni e per suscitarle nello ascoltatore.

2. La lingua ha indicato le diverse emozioni con nomi, che proprio come le designazioni dei sentimenti, non indicano processi individuali, ma classi, in ciascuna delle quali si può comprendere una quantità di singole emozioni secondo certi caratteri comuni. Emozioni, come la gioia, la speranza, la cura, il cordoglio, l'ira, ecc., non soltanto sono in ogni singolo caso, nel quale si presentino, accompagnate da speciali contenuti rappresentativi, ma anche i loro contenuti sentimentali e persino il loro modo di decorso possono volta a volta variamente mutare. Quanto più un processo psichico è composto, si presenta di natura tanto più particolare nel singolo caso, e però un'emozione individuale si ripete in forma identica ancor più difficilmente che un sentimento individuale. Le designazioni generali delle emozioni hanno quindi tutt'al più questo significato: di abbracciare certe *forme tipiche di decorso aventi affini contenuti sentimentali*.

3. Non ogni connesso decorso di sentimenti è detto emozione e può, come tale, essere assunto sotto una di quelle forme tipiche, fissate dalla lingua. Anche l'emozione possiede piuttosto il carattere di un tutto unico, che si differenzia dal sentimento composto per due particolarità: presenta un determinato decorso nel tempo ed ha un più intenso e successivo effetto sulla connessione dei processi psichici. La prima di queste particolarità ha la sua ragione in ciò, che l'emo-

zione di fronte al singolo sentimento è un processo di un grado più elevato, perchè sempre in sè racchiude una successione di più sentimenti; la seconda è strettamente collegata alla prima, e si fonda sull'aumento di effetto, che un sommarsi dei sentimenti porta sempre con sè.

Per questi caratteri l'emozione presenta, malgrado la varietà delle sue forme, una certa regolarità di decorso. Essa comincia sempre con un *sentimento iniziale* più o meno intenso, il quale colla sua qualità e direzione dinota anche la natura dell'emozione e ha la sua origine o in una rappresentazione suscitata da uno stimolo esterno (eccitamento emotivo esterno), o in un processo psichico, proveniente da condizioni associative o appercettive (eccitamento emotivo interno). Poi segue un *decorso rappresentativo*, accompagnato da sentimenti corrispondenti, il quale e per la qualità dei sentimenti e per la rapidità del processo offre nelle singole emozioni differenze caratteristiche. Infine l'emozione si chiude con un *sentimento finale*, che rimane dopo il passaggio di quel decorso in uno stato d'animo più calmo, e in questo sentimento finale l'emozione declina, a meno che essa passi nel sentimento iniziale di un nuovo stato emotivo. E questo avviene specialmente nelle emozioni, che presentano un tipo di decorso intermittente (v. sotto 13).

4. L'accrescimento degli effetti, che si osserva nel decorso dell'emozione, si riferisce non solo al contenuto psichico dei sentimenti, che la compongono, ma anche ai fenomeni *fisici*, che l'accompagnano. Nei sentimenti isolati questi fenomeni si limitano alle assai piccole alterazioni dell'innervazione del cuore e del respiro, le quali si possono dimostrare solo mediante esatti metodi grafici (pag. 70). Ma nell'emozione ciò avviene in modo essenzialmente diverso. Qui non solo pel sommarsi e l'avvicendarsi dei successivi stimoli sentimentali aumentano gli effetti sul cuore, sui vasi sanguigni e sulla respirazione, ma all'influenza emotiva sono tratti a partecipare in modo visibile *gli organi esterni di movimento*, poichè entrano in campo dapprima i movimenti dei muscoli della bocca (movimenti mimici), poi quelli delle braccia e di tutto il corpo (movimenti pantomimici), e a questi nelle emozioni più forti possono anche aggiungersi diffuse alterazio-

ni d'innervazione, come tremito muscolare, convulsivi scuotimenti del diaframma, e dei muscoli del viso, abbassamento della tonicità muscolare, quasi fosse prodotto da paralisi.

A causa del loro valore sintomatico per le emozioni, tutti questi movimenti sono designati come *movimenti espressivi*. Di solito essi sorgono affatto involontariamente, o come effetti di natura riflessa delle eccitazioni emotive, o nella forma di azioni impulsive balzanti dalle parti sentimentali dell'emozione. Ma essi poi anche per volontario aumento o diminuzione o anche per intenzionata produzione dei movimenti possono venir variati nelle più diverse maniere, così che nei movimenti espressivi può entrare in azione tutta la scala delle reazioni esterne di moto, della quale parleremo trattando delle azioni esterne del volere (§ 14). Ma poichè queste diverse forme di movimento possono nel carattere esteriore perfettamente eguagliarsi e inoltre secondo la loro natura psichica possono spesso senza decisi limiti passare le une nelle altre, all'osservatore oggettivo è di solito impossibile il distinguerle.

5. Rispetto al loro carattere sintomatico i movimenti espressivi delle emozioni possono essere distinti in *tre* classi: 1) *Sintomi puramente intensivi*: essi sono le forme espressive di emozioni piuttosto forti, e consistono pei gradi mediocri in movimenti esagerati, per emozioni molto violente in subitaneo arresto o paralizzazione del movimento; 2) *Qualitative estrinsecazioni sentimentali*: esse consistono in movimenti mimici, fra i quali occupano il primo posto i movimenti dei muscoli della bocca, simili ai riflessi, che tengono dietro ad impressioni saporifiche di dolce, acido e amaro. L'espressione del sapore dolce corrisponde alle emozioni di piacere, quella dell'amaro e dell'acido alle emozioni di dispiacere, mentre le particolari modificazioni del sentimento, come la eccitazione e la depressione, la tensione e il sollievo sono espresse dalla tensione dei muscoli della bocca. 3) *Estrinsecazioni rappresentative*: generalmente consistono in movimenti *pantomimici*, coi quali o si indicano gli oggetti dell'emozione (gesti indicanti), o si designano gli oggetti ed i processi ad essi legati, dalla forma del movimento (gesti descriventi). Manifestamente queste tre forme d'espressione corrispondono esattamente agli ele-

177

menti psichici dell'emozione e alle loro proprietà fondamentali: la prima all'intensità, la seconda alla qualità dei sentimenti, e la terza al contenuto rappresentativo. Conseguentemente anche un solo concreto movimento espressivo può in sè riunire tutte tre le forme espressive. La terza forma, quella delle estrinsecazioni rappresentative, a causa delle sue relazioni genetiche col *linguaggio*, è di una speciale importanza psicologica (vedi § 21, 3).

6. I fenomeni concomitanti alle emozioni nel dominio dei movimenti di *polso* e di *respirazione* possono essere di triplice natura. Essi possono consistere: 1) nell'immediato effetto dei sentimenti, dei quali si compongono le emozioni, così, ad es., in un allungamento delle onde del polso e del respiro, se i sentimenti sono di piacere; in un raccorciamento, se sono sentimenti spiacevoli (cfr. pag. 70). Però questo si nota solo nelle emozioni relativamente calme, nelle quali i singoli sentimenti hanno tempo sufficiente a svolgersi. Ma quando vien meno questa condizione, allora appaiono fenomeni, che dipendono non solo dalla qualità dei sentimenti, ma insieme e il più delle volte prevalentemente dall'intensità degli effetti di innervazione prodotti dal sommarsi dei sentimenti. Tali effetti possono poi consistere: 2) in *rinforzata* innervazione, la quale sorge, per una non troppo rapida successione di sentimenti, in seguito ad un *aumento* dell'eccitazione prodotto in questo caso dal sommarsi dei sentimenti; poichè nel cuore l'aumento d'eccitazione colpisce soprattutto i nervi d'arresto, essa si manifesta in pulsazioni fatte più lente e più forti, alle quali per lo più si accompagna un aumento d'innervazione nei muscoli mimici e pantomimici: *emozioni steniche*. Se il decorso dei sentimenti o è molto tumultuario, o dura un tempo insolitamente lungo in eguale direzione l'effetto dell'emozione è: 3) una *paralizzazione* più o meno diffusa dell'innervazione del cuore e del tono dei muscoli esterni, collegata in certi casi con speciali perturbazioni d'innervazione di singoli gruppi muscolari, principalmente del diaframma e dei muscoli del viso che con quello sono sinergici. Il primo sintomo della paralizzazione dei nervi regolatori del cuore è una grande accelerazione di pulsazioni con accelerazione corrispondente di respiro, mentre contemporaneamente i movimenti del polso e del respiro diventano

178

più deboli e il tono dei muscoli esterni decresce sino a un rilassamento quasi paralitico: *emozioni asteniche*. Un'ultima differenza, che però non può dare luogo a una specie indipendente di effetti fisici delle emozioni, perchè si tratta solo di modificazioni dei fenomeni caratterizzanti le emozioni steniche e asteniche, si fonda finalmente: 4) sulla maggiore o minore *rapidità* colla quale avviene l'aumento o l'inibizione dell'innervazione: *emozioni rapide e lente*.

6*a*. La vecchia psicologia, conseguente alla sua tendenza generale di dare un'interpretazione intellettualistica ai processi psichici, era solita presentare delle riflessioni logiche sulle emozioni come una teoria o quanto meno come una esposizione delle emozioni. Il più bell'esempio di questa maniera è la dottrina che dell'emozioni ci dà lo Spinoza. In questa dottrina le trattazioni psicologiche subivano per lo più l'influenza dei punti di veduta *etici* più di quello che fosse desiderabile nel puro interesse della psicologia. Su ciò si fondava specialmente anche quella distinzione fra emozione e *passione* che nella vecchia psicologia aveva una parte essenziale, intendendosi per la seconda il predominio sul volere di determinati impulsi avente la sua origine in durevoli sentimenti ed in emozioni. Kant mutò il valore di questo concetto ponendo la proprietà dell'emozione nel subitaneo sorgere e quella della passione nella direzione del sentimento fatta abitudine. Tutte queste distinzioni sono in parte di un'importanza puramente pratica e rientrano senz'altro nel dominio dello studio del carattere e dell'etica, e in parte si riferiscono a proprietà che spettano agl'indizi dell'intensità e del decorso dell'emozioni (12 segg). Psicologicamente considerate, le passioni non costituiscono affatto un dominio di processi psichici, che in qualche modo si debba separare dalle emozioni. Di fronte a questa trattazione della vecchia psicologia basantesi soprattutto su motivi di psicologia pratica, nei tempi recenti i movimenti espressivi hanno specialmente richiamato l'attenzione, cioè gli speciali fenomeni concomitanti alle emozioni che avvengono nel polso, nella respirazione e nella innervazione dei vasi sanguigni. Ma a questi fenomeni che presi nel loro esatto significato sono certamente importanti, si assegnò un valore completamente falso, perchè furono considerati come sussidi coi quali si possa ricercare la natura psicologica delle emozioni. In base a questa opinione sorse una classificazione delle emozioni fondata esclusivamente sugli indizi fisici, classificazione che doveva convalidare la teoria che le emozioni siano semplici effetti dei moti espressivi e però, ad es., la tristezza consti solo delle sensazioni che accompagnano i movimenti mimici del pianto, e così via. In maniera alquanto più temperata si è cercato di dare ai movimenti espressivi il loro vero valore per le emozioni, considerando la loro presenza come l'indizio generale per la distinzione delle emozioni dai sentimenti. Ma anche questo è tanto meno giustificato, in quanto che simili fenomeni fisici d'espressione già appaiono nei sentimenti, e il fatto, che questi sintomi siano più o meno chiaramente visibili, non può certo costituire un contrassegno. L'essenziale differenza dell'emozione dal sentimento è piuttosto *psicologica* in quanto quello rappresenta un decorso di sentimenti costituenti un tutto unito. I movimenti espressivi sono solo le conseguenze dell'accrescimento che le parti antecedenti di un tale decorso esercitano dal lato fisico sulle seguenti. Da ciò deriva che anche gli indizi sui quali si deve esclusivamente basare la classificazione delle emozioni devono essere *psicologici* (v. sotto 9).

7. Per quanto i concomitanti fenomeni fisici siano parte importante delle emozioni, pur essi non stanno in relazione costante colla *qualità psicologica* di quelle. Questo vale specialmente pel polso e pel respiro, ma anche per le espressioni pantomimiche di forti emozioni. Emozioni che hanno un contenuto sentimentale molto diverso, anzi opposto, possono talvolta appartenere alla medesima classe per ciò che riguarda questi concomitanti fenomeni fisici. Così possono, ad es., gioia ed ira essere egualmente emozioni steniche. Una gioia accompagnata da sorpresa può però anche dare l'imagine fisica di un'emozione astenica. Infatti, negli effetti generali d'innervazione che dànno luogo a quella distinzione di emozioni steniche e asteniche, rapide e lente, si specchiano non i contenuti sentimentali, ma solo le proprietà formali dell'intensità e della velocità nel decorso dei sentimenti. Questo appare chiaramente anche da ciò, che differenze dell'innervazione involontaria analoghe a quelle che accompagnano emozioni diverse, possono essere suscitate da una semplice succes-

sione di impressioni indifferenti, ad es., dalle battute di un metrono-mo. Specialmente si osserva che la *respirazione* ha la tendenza di adattarsi alla maggiore o minore rapidità delle battute del metrono-mo; coll'aumento di questa rapidità i movimenti della respirazione diventano più frequenti e per solito anche certe fasi di respiro coinci-dono con certe battute. Donde appare chiaramente che anche all'udire un tale ritmo indifferente non restiamo del tutto liberi d'emozioni; colla crescente rapidità delle battute abbiamo dapprima l'impressione di un'emozione calma, poi di una stenica, e infine per una successio-ne rapidissima, di una astenica. Però le emozioni in questa ricerca hanno certamente un puro carattere formale: esse dal lato del conte-nuto mostrano una grande indeterminatezza, che scompare solo quando ci pensiamo investiti di un'emozione concreta avente eguali proprietà formali. Questo avviene in realtà molto facilmente e su ciò si fonda la grande attitudine delle impressioni ritmiche, così a descri-vere come a produrre emozioni. Per produrre un'emozione completa in tutte le sue parti, v'è bisogno ancora solo di un accenno al qualita-tivo contenuto sentimentale, quale è possibile alla musica mediante il contenuto sonoro delle imagini musicali.

7a. Da questo rapporto degli effetti fisici delle emozioni al conte-nuto psichico delle emozioni stesse deriva anche che i primi non mai possono sostituire l'immediata osservazione psicologica delle emo-zioni. Essi sono in generale sussidi sintomatici che si prestano a più interpretazioni; se legati all'autoosservazione condotta sperimental-mente essi hanno un grande valore ma per sè soli nessuno. Una volta che sono state compiute le osservazioni sperimentali essi giovano specialmente come mezzi di controllo. Per le emozioni infatti vale in modo del tutto particolare, la circostanza che quell'osservazione dei processi psichici, i quali si presentano per sè stessi nel naturale de-corso della vita, rimane assolutamente insufficiente. In primo luogo il caso non offre al psicologo le emozioni in quel momento, nel quale egli le potrebbe scientificamente analizzare; in secondo luogo, spe-cialmente quando si tratta di emozioni più forti fondate su cause rea-li, noi ci troviamo nelle condizioni meno opportune per poterci esat-tamente osservare. Molto meglio si raggiunge lo scopo, se *volonta-*

riamente ci poniamo in un certo stato emotivo. Ma non essendo possibile valutare fin dove l'emozione, in tal guisa soggettivamente prodotta, concordi per intensità e maniera di decorso con altra emozione di eguale specie prodotta da cause oggettive, allora la contemporanea mancanza degli effetti fisici, specialmente di quelli ohe più sfuggono all'influsso della volontà, il polso e il respiro, serve come controllo, imperocchè per eguale qualità psicologica delle emozioni noi possiamo a diritto concludere da corrispondenti effetti fisici a una concordanza delle loro proprietà formali.

8. Così nel sorgere naturale come nella produzione artificiale delle emozioni, i concomitanti fenomeni fisici indipendentemente dal loro valore sintomatico, possiedono ancora l'importante proprietà psicologica di *fare più intensa l'emozione*. Essa si fonda su ciò, che l'innervazione eccitante o inibente di determinati domini muscolari è accompagnata da sensazioni tattili interne, alle quali sono associati *sentimenti sensoriali*, e questi si collegano al rimanente contenuto sentimentale delle emozioni, e però queste aumentano d'intensità. Tali sentimenti provengono dal movimento del cuore, dalla respirazione e dall'innervazione dei vasi sanguigni soltanto nel caso di forti emozioni, dove essi possono diventare sempre più intensi; invece nelle emozioni moderate gli stati dell'accresciuta o diminuita tensione muscolare influiscono già sullo stato sentimentale, quindi anche sull'emozione.

9. Per il grande numero dei fattori che si devono prendere in esame nello studio delle emozioni, un'analisi psicologica delle singole forme di esse è impossibile, tanto più che ciascuno dei molti nomi di distinzione indica anche qui solo una *classe*, nella quale è una quantità di forme speciali e in queste ancora innumerevoli casi individuali di una varietà infinita. E però qui è solo possibile dare uno sguardo alle principali *forme fondamentali delle emozioni*. I punti di vista dai quali si deve dare questo sguardo generale devono manifestamente essere *psicologici*, cioè tali che siano desunti dall'immediata proprietà delle emozioni stesse, perchè i fenomeni *fisici* concomitanti hanno dappertutto solo un valore di sintomi e inoltre, come già si è notato, si prestano spesso a più di un'interpretazione.

Di tali punti di vista psicologici *tre* possono, in generale, essere posti a base della distinzione delle emozioni: 1° la *qualità* dei sentimenti che entrano a costituire le emozioni; 2° l'*intensità* di questi sentimenti; 3° la *forma del decorso*, che è determinata dalla maniera e dalla rapidità della variazione dei sentimenti.

10. In base alla *qualità dei sentimenti* si possono stabilire tosto alcune forme fondamentali di emozioni che corrispondono alle direzioni fondamentali dei sentimenti già antecedentemente distinte (pag. 66). Quindi sarebbero a distinguersi emozioni piacevoli e spiacevoli, eccitanti e deprimenti, di tensione e di sollievo. Ma conviene notare che le emozioni, a causa della loro costituzione più complessa, ancora più che i sentimenti sono generalmente di forma *mista*. Pertanto, in generale, solo *una* di quelle direzioni del sentimento può indicarsi come *primaria* per una certa emozione; tutti gli altri elementi sentimentali, che appartengono alle altre direzioni, si annettono poi a questa come parti *secondarie*. E questo carattere secondario si dimostra di solito anche in ciò che, a seconda di condizioni diverse, possono sorgere divergenti forme subordinate dell'emozione primaria. Ad es., la gioia pel suo carattere fondamentale è un'emozione di piacere; essa poi nel suo decorso, per l'aumento dei sentimenti, diventa per lo più anche un'emozione eccitante, ma quando l'intensità dei sentimenti sorpassa la misura, essa diventa deprimente. La pena è un'emozione spiacevole, di natura per lo più deprimente; con una maggiore intensità dei sentimenti può anche essere eccitante, per poi ad un'intensità massima passar di nuovo in una pronunciata depressione. Ancor più decisamente l'ira nel suo carattere predominante è un'emozione spiacevole d'eccitamento, ma ad una maggiore intensità dei sentimenti, passando nella furia, può essa pure diventare deprimente. Mentre la natura eccitante o deprimente ci appare solo come forma secondaria delle emozioni di piacere e dispiacere, vediamo talvolta i sentimenti di tensione o di sollievo essere parte fondamentale o almeno primaria delle emozioni. Così nell'emozione dell'attesa il sentimento di tensione speciale di questo stato è il primario; trasformandosi in emozione si aggiungono facilmente sentimenti spiacevoli di natura, a seconda delle circostanze, deprimente od eccitante. Nelle

impressioni o nei movimenti ritmici dall'avvicendarsi dei sentimenti di tensione o di sollievo nascono infine emozioni di piacere, le quali poi, a seconda della natura del ritmo, sono eccitanti o deprimenti, e in questo ultimo caso però si mescolano con sentimenti spiacevoli, oppure, specialmente per la cooperazione di altri elementi sentimentali (ad es., di sentimenti di suono e di armonia), possono del tutto trasformarsi in sentimenti di dispiacere.

11. Nelle designazioni create dal linguaggio per le emozioni è stato sopratutto considerato questo lato *qualitativo* dei sentimenti e in questo ancora il carattere di piacere e dispiacere dei sentimenti, onde le emozioni sono composte. E però i concetti fissati dal linguaggio possono essere ordinati in *tre* classi: 1° designazioni di emozioni *soggettive*, distinguibili principalmente in base allo stato d'animo, come gioia e pena, e come sottospecie della pena, sulle quali pur esercitano un'influenza, come concomitanti, le altre direzioni dei sentimenti, ora la deprimente, ora quella di tensione o di sollievo: mestizia, cordoglio, affanno e terrore; 2° designazioni di emozioni *oggettive* riferentisi a un oggetto esterno, come contentezza e scontentezza, e come sottospecie di quest'ultima, che riuniscono in sè, come sopra, diverse direzioni: fastidio, svogliatezza, ira, furia; 3° designazioni di emozioni *oggettive*, che si riferiscono ad avvenimenti esterni, i quali si aspettano nel *futuro*, come speranza e timore, e come modificazioni di quest'ultima, angoscia e cura. Esse sono composizioni di emozioni di tensione con sentimenti di piacere e dispiacere, e in mutabile guisa anche con una direzione sentimentale eccitante o deprimente.

Come si vede il linguaggio ha foggiato per le emozioni di dispiacere una varietà di nomi di gran lunga maggiore che per quelle di piacere. Infatti l'osservazione rende probabile, che le emozioni di dispiacere presentino una maggiore differenza nelle forme tipiche di decorso e che però la loro varietà sia veramente maggiore.

12. In base all'*intensità* dei sentimenti, noi possiamo distinguere le emozioni in *forti* e *deboli*. Questi concetti, desunti dalle proprietà psichiche dei sentimenti, non si identificano con quelli delle emozioni steniche ed asteniche fondate sui concomitanti fenomeni fisici, ma

il rapporto di quelle categorie psicologiche a queste psicofisiche è da un lato dipendente dalla qualità, dall'altro dal grado d'intensità dei sentimenti. Quindi le emozioni di piaceri deboli o mediocremente forti sono steniche, quelle invece di dispiacere diventano, se durano abbastanza a lungo, asteniche, anche quando sono di debole intensità, come cordoglio e cura. Infine le più forti emozioni, come terrore, angoscia, furia e anche una smodata allegrezza, sono sempre asteniche. E perciò la distinzione dell'intensità psichica delle emozioni è d'importanza secondaria, tanto più che emozioni per altra parte affini non solo possono presentarsi con diversa intensità, ma possono anche variare d'intensità in un medesimo decorso. Ma essendo questo variare delle emozioni, a causa del suesposto principio (pag. 143) del rinforzamento dell'emozione, determinato per una parte essenziale dai sentimenti sensoriali che sorgono in seguito ai concomitanti fenomeni fisici, si fa manifesto che in questo caso la contrapposizione, in origine fisiologica, di stenico e astenico esercita spesso anche sulla natura psicologica dell'emozione una più decisiva influenza che la primaria intensità psichica dell'emozione stessa.

13. Più importante è il *terzo* carattere per cui si differenziano le emozioni, la *forma del decorso*: secondo questa noi possiamo distinguere: 1) emozioni *irrompenti, improvvise*, come sorpresa, sbalordimento, delusione, terrore, furia; esse molto rapidamente s'innalzano a un massimo, poi a poco a poco decrescono e ripassano nello stato di calma; 2) emozioni *gradatamente crescenti*, come cura, dubbio, cordoglio, tristezza, attesa, e in molti casi anche gioia, ira, angoscia; esse aumentano a poco a poco al loro massimo e di nuovo egualmente a poco a poco declinano. Una modificazione delle emozioni gradatamente crescenti costituisce infine: 3) le emozioni *intermittenti*, nelle quali più fasi crescenti e decrescenti si seguono le une alle altre. A queste appartengono le emozioni di maggiore durata. Così sorgono specialmente, a guisa di parossismi, gioia, ira, tristezza, ma anche le altre diversissime emozioni crescenti gradatamente, e in tali casi è spesso possibile distinguere anche uno stadio d'intensità crescente e uno d'intensità decrescente degli accessi emotivi. Invece le emozioni irrompenti d'un tratto presentano raramente il decorso intermittente.

Questo avviene forse solo quando l'emozione può svolgersi anche come una di quelle crescenti a poco a poco. Tali emozioni di una forma di decorso molto vario sono, ad es., gioia ed ira. Esse possono talora d'un tratto irrompere, e allora per lo più l'ira diventa tosto furore; ma esse possono anche crescere o decrescere a poco a poco, e allora per lo più seguono anche il tipo intermittente. Riguardo ai concomitanti fenomeni psicofisici l'emozioni irrompenti d'un tratto sono di solito asteniche, quelle sorgenti a poco a poco possono essere ora steniche ed ora asteniche.

13a. La forma di decorso, per quanto possa essere nei singoli casi caratteristica, non è un criterio fisso per la classificazione psicologica delle emozioni, come non lo è neppure l'intensità dei sentimenti. Piuttosto questa classificazione può evidentemente soltanto essere fondata sulla *qualità* del contenuto sentimentale, mentre intensità e forma di decorso possono servir di norme per le suddivisioni. Dato il modo in cui queste condizioni si connettono in parte fra loro, in parte coi concomitanti fenomeni fisici, e mediante questi di nuovo anche con secondari sentimenti sensoriali, le emozioni si mostrano come processi psichici al massimo grado composti, i quali perciò variano straordinariamente nel caso singolo. Una classificazione in qualche modo esauriente, dovrebbe suddividere emozioni così multiformi come gioia, ira, timore e cura, nelle loro forme secondarie, in parte secondo i loro diversi tipi di decorso, in parte secondo l'intensità dei sentimenti che le compongono, in parte finalmente secondo la forma, dipendente da questi due fattori, dei loro concomitanti fenomeni fisici. Si potrebbe in tal modo distinguere, ad es., per l'ira una forma sentimentale debole, una forte e una alternantesi; una forma di decorso subitanea, una a poco a poco sorgente, e una intermittente; infine una forma di estrinsecazione stenica, una astenica e una mista. Ma per la spiegazione psicologica di tali fatti, più che di queste divisioni, importa il rendersi conto in ciascun caso della connessione causale delle singole forme di fenomeni. Per questo riguardo si deve per ogni emozione partire da *due* fattori: 1) dalla qualità e intensità dei sentimenti che la compongono e 2) dalla rapidità del succedersi di questi sentimenti. Dal primo di questi fattori risulta il carattere generale dell'emozione, dal secondo in parte la sua intensità, ma specialmente la forma del decorso; da ambedue poi dipendono i concomitanti fenomeni fisici e, a causa dei sentimenti sensoriali a quelli connessi, anche i rinforzamenti psicofisici dell'emozione (pag. 143). Appunto a causa di questi ultimi, i fenomeni fisici concomitanti si possono per solito designare come *psicofisici*. Ma le espressioni "psicologico" e "psicofisico" qui, riferendosi solo alla sintomatologia delle emozioni, non rappresentano alcuna contrapposizione assoluta. Piuttosto noi intendiamo per fenomeni psicologici dell'emozione quelli che non si spiegano mediante sintomi fisici immediatamente percettibili, siano pure tali che si possano dimostrare col mezzo di esatti strumenti (ad es. nella forma delle alterazioni di polso e di respiro); fenomeni psicofisici diciamo invece quelli che senz'altro si dànno a riconoscere come bilaterali.

§ 14. - I processi di volere.

1. Poichè ogni emozione presenta una forma di decorso sentimentale in sè connessa di natura unitaria, l'*esito* dell'emozione può essere doppio: o esso dà luogo al solito decorso sentimentale, variante e relativamente libero da emozioni; tali moti d'animo, che si svolgono senza un risultato finale, costituiscono le emozioni propriamente dette, come esse sono state fissate in base alle indagini del § 13; o il processo passa in un'*improvvisa* mutazione del contenuto rappresentativo e sentimentale, la quale istantaneamente pone fine all'emozione. Diciamo *atti di volere* queste mutazioni dello stato rappresentativo e sentimentale, che, pur preparate da un'emozione, a questa improvvisamente dànno fine. L'emozione stessa unitamente a questo effetto ultimo da essa proveniente, è un *processo di volere*.

Il processo volitivo si riattacca, come processo di più alto grado, all'emozione, alla stessa guisa che questa al sentimento; ma di questo processo l'atto volitivo designa solo una determinata parte, che è senza dubbio caratteristica per la distinzione dalla emozione. Lo svolgimento dei processi volitivi dalle emozioni è preparato da quelle emozioni, nelle quali sorgono esteriori movimenti pantomimici (pag. 140); questi generalmente appartengono allo stadio finale del processo e per lo più affrettano lo scioglimento della emozione; così in modo speciale nell'ira, ma anche nella gioia e nel cordoglio, ecc. Mancano però ancora le variazioni nel decorso rappresentativo, le quali nel volere costituiscono le cause immediate dell'istantaneo cessare dello stato affettivo e sono corrispondentemente accompagnate da sentimenti caratteristici.

Per questa stretta connessione fra gli atti di volere e gli effetti pantomimici dell'emozione noi dobbiamo nello sviluppo dei processi volitivi considerare come originari, quelli che si risolvono in certi movimenti corporei, che hanno la loro origine nell'antecedente corso di rappresentazioni o sentimenti, e in atti di volere *esterni*. Invece i processi di volere, che si risolvono solo in pure manifestazioni rappresentative e sentimentali, o in così detti atti volitivi *interni*, generalmente sembrano solo essere i prodotti di un più completo sviluppo intellettuale.

2. Un processo di volere, che si esplica in un atto volitivo *esterno*, si può quindi definire come un'emozione risolventesi in un movimento pantomimico, il quale non solo, come tutti i movimenti pantomimici, caratterizza la qualità e l'intensità dell'emozione, ma di più *produce* - e in ciò sta il suo valore speciale - *effetti esterni, che pongono fine all'emozione stessa*. Ma un tale effetto non è possibile per tutte le emozioni, bensì solo per quelle, nelle quali il corso dei sentimenti onde sono composte, produce per sè stesso sentimenti e rappresentazioni, che sono adatte per rimuovere il precedente eccitamento emotivo. E questo fatto si esplica specialmente, quando il risultato finale dell'emozione è direttamente opposto ai sentimenti, che lo precedettero. Quindi la condizione psicologica, primitiva e fondamentale, degli atti volitivi sta nel *contrasto dei sentimenti*; e probabilmente l'origine di primitivi processi di volere si ritrova sempre in sentimenti di dispiacere, che determinano reazioni esterne di movimento, come effetti delle quali sorgono sentimenti contrastanti di piacere. Elementari processi volitivi di una tale natura sono per l'ap-

punto il prendere cibo per acquetare la fame, il lottare contro nemici per soddisfare il sentimento della vendetta e altre simili azioni. Le emozioni, che sorgono da sentimenti sensoriali, non meno delle diffusissime emozioni sociali, quali amore, odio, ira, vendetta, sono per tal guisa le primitive sorgenti del volere, comuni così agli uomini come agli animali. Il processo volitivo si distingue quindi dall'emozione, solo perchè ad essa è immediatamente annessa un'azione esterna, che nel suo esplicarsi sveglia sentimenti, i quali per il contrasto con quelli contenuti nell'emozione, dànno fine all'emozione stessa. L'apparire di un atto volitivo può o direttamente, o - e questo è forse sempre il modo primitivo - indirettamente attraverso un'emozione di contenuto sentimentale contrastante ricondurre al corso dei sentimenti normale e tranquillo.

3. Quanto più ricchi vengono costituendosi i contenuti rappresentativi e sentimentali, e quanto più con quelli si fa numerosa la varietà delle emozioni, tanto più si estende il campo dei processi di volere. Non si dà infatti nè sentimento nè emozione, che in qualche modo non potrebbe preparare un atto volitivo o almeno contribuire a prepararlo. Tutti i sentimenti, anco quelli relativamente indifferenti, contengono in un certo grado una tendenza od un'avversione, sia pur solo indirizzata a mantenere o a rimuovere lo stato d'animo esistente. Quantunque il processo di volere si presenti come la più complessa forma dei moti d'animo, la quale come suoi elementi presuppone sentimenti ed emozioni, non si deve però d'altro lato dimenticare, che si dànno continuamente sentimenti, i quali non si collegano ad emozioni ed emozioni, le quali non si risolvono in atti di volere, ma che nell'intera connessione dei processi psichici quei tre gradi sono condizioni gli uni degli altri; perocchè essi costituiscono le parti insieme spettanti a un unico processo, il quale solo come processo di volere raggiunge la sua completa esplicazione. In questo senso si può considerare il sentimento come il principio di un processo volitivo, il volere all'opposto come un processo sentimentale composto, e l'emozione come un passaggio fra i due.

4. Nell'emozione che si risolve in un atto di volere, i singoli sentimenti di solito non hanno mai un valore concorde ed eguale, ma al-

cuni di essi insieme alle rappresentazioni, che a loro sono legate, si levano sugli altri, come *preponderanti* nella preparazione dell'atto volitivo. E queste combinazioni di rappresentazioni e sentimenti, che nel nostro apprendimento soggettivo del processo volitivo preparano immediatamente l'azione, siamo soliti chiamare i *motivi* del volere. Noi possiamo ancora distinguere ogni motivo in una parte rappresentativa e in una sentimentale, delle quali diciamo la prima *ragione determinante* e la seconda *forza impellente*. Se un animale di rapina afferra la sua preda, la ragione dell'atto è l'averla veduta, la forza impellente può essere il sentimento spiacevole della fame, oppure l'odio di specie suscitato da quella vista. Le ragioni determinanti di un assassinio possono essere state l'appropriazione dei beni altrui, la soppressione di un nemico, e simili; le forze impellenti, sentimento d'indigenza, odio, vendetta, invidia, ecc.

Quando le emozioni sono di natura complessa, anche le ragioni determinanti e le forze impellenti sogliono essere di specie mista e spesso tanto, che per l'agente diventa difficile il decidere quale sia il motivo prevalente. Questo si connette al fatto, che le forze impellenti dell'atto di volere, alla stessa guisa degli elementi di un sentimento composto, sono collegate in un tutto organico e si subordinano ad una impressione come ad elemento predominante; nel qual caso i sentimenti di direzione affine rinforzano e affrettano l'effetto, i sentimenti di direzione opposta invece lo indeboliscono. Nelle composizioni di rappresentazioni e sentimenti, che noi diciamo motivi, spetta non alle prime, ma ai secondi, come forze impellenti, quell'importanza decisiva nella preparazione degli atti volitivi. E questo proviene dal fatto, che i sentimenti sono per sè stessi parti integranti dei processi di volere, mentre le rappresentazioni possono influire solo indirettamente, cioè per essere unite ai sentimenti. L'ipotesi di un atto di volere sorgente da considerazioni puramente intellettuali, di una decisione volitiva contraria alle tendenze che si esplicano nei sentimenti, ecc., racchiude in sè una contraddizione psicologica. Essa si fonda sul concetto astratto di un volere trascendente, assolutamente diverso dai reali processi psichici di volere.

5. Nella combinazione di una varietà di motivi, cioè di rappresen-

tazioni e sentimenti, i quali in un composto decorso di emozioni si presentano come quelli che sono decisivi per il compimento di un'azione, sta la condizione essenziale da un lato per lo *sviluppo del volere*, dall'altro per la distinzione delle *singole forme di atti volitivi*.

Il caso più semplice di un processo di volere ci si offre, quando entro un'emozione di opportuna natura, un unico sentimento con rappresentazione concomitante si fa motivo e pone fine al processo con un atto esterno ad esso corrispondente. Possiamo dire *processi di volere semplici* tali processi di volere determinati da un *unico* motivo. I movimenti, che chiudono questi processi, sono spesso indicati anche col nome di *azioni impulsive*, senza che però nel concetto popolare dell'impulso sia stata sufficientemente tradotta questa distinzione posta in base alla semplicità del motivo del volere, perchè per lo più vi si mescola anche un altro punto di vista, la natura dei sentimenti agenti come forze impellenti. In base a questo concetto, tutte le azioni, che sono determinate solo da sentimenti *sensoriali* e specialmente da sentimenti generali, sono state dette azioni impulsive, indipendentemente dal fatto che uno solo o più motivi ne fossero causa. Però questo secondo criterio della distinzione non è psicologicamente esatto, così come non è giustificata la conseguente completa separazione delle azioni impulsive dalle azioni volitive, considerate quali specie diverse di processi psichici.

Per un'azione impulsiva noi intenderemo quindi un'azione di volere *semplice*, cioè che è determinata da un solo motivo, indipendentemente dal grado, che spetta al motivo nella serie dei processi sentimentali e rappresentativi. L'azione impulsiva, presa in questo senso - astraendo dalla circostanza che essa può presentarsi anche insieme a processi di volere più complessi - è necessariamente il punto di partenza per lo sviluppo di tutti gli atti di volere. Di più, generalmente sono appunto gli originari atti impulsivi quelli che nascono da semplici sentimenti sensoriali. In questo senso la maggior parte delle azioni degli animali sono atti impulsivi, ma anche nell'uomo continuano a sussistere tali azioni e in seguito a semplici emozioni sensoriali e come prodotti delle abitudini, con cui si compiono azioni di volere originariamente determinate da motivi complessi (10).

6. Tosto che in un'emozione una pluralità di sentimenti e di rappresentazioni cerca trasformarsi in atti esterni e queste parti del decorso emozionale, fatte motivi, tendono ad effetti ultimi diversi, siano essi affini, siano opposti, allora dall'atto di volere semplice si passa all'*atto di volere composto* e questo noi diremo anche *atto volontario* per distinguerlo dall'atto *impulsivo*, che lo precede in ordine di sviluppo.

Gli atti volontarii hanno in comune cogl'impulsivi la proprietà di sorgere decisamente da *un* motivo o da un complesso di motivi agenti in *in un solo senso*, e fusi in una forza totale; ma se ne distinguono per ciò che in essi il motivo determinante si è elevato come predominante su di una quantità di motivi, che sussistono gli uni accanto agli altri, diversi e fra loro in antagonismo. Quando una lotta tra questi motivi antagonistici precede l'azione in modo distintamente percettibile, noi diciamo l'atto volontario con un termine speciale, *atto di scelta*, e il processo che a lui va prima un *processo di scelta*. Il fatto che un motivo si fa predominante su gli altri, che sono dati contemporaneamente con quello, può solo spiegarsi mediante la presupposizione di una lotta fra i motivi. Ma noi percepiamo questa lotta ora distintamente, ora indistintamente, ora per nulla affatto. Solo nel primo di questi casi noi parliamo di un vero atto di scelta; quindi la distinzione tra atti volontarii e atti di scelta sfugge affatto. Lo stato psichico dei soliti atti volontarii si avvicina però ancor più a quello degli atti impulsivi, mentre per gli atti di scelta se ne può riconoscere distintamente la differenza.

7. Quel processo psichico, per cui, più o meno improvvisamente, si fa prevalente il motivo determinante, processo che immediatamente precede l'atto, noi diciamo negli atti liberi in generale la *decisione* (*Entscheidung*), negli atti di scelta specificamente la *risoluzione* (*Entschliessung*). La prima parola qui si riferisce solo alla distinzione del motivo predominante dagli altri, mentre la seconda parola per la connessione al verbo "chiudere" (*Schliessen*, indica che il processo viene considerato come un prodotto ultimo di più premesse.[0 0]

Se gli *stadi iniziali* di un processo di volere non si distinguono in modo sicuro da un decorso emotivo normale, i loro *stadi finali* sono di una natura tutt'affatto caratteristica. Essi sono specialmente marcati da sentimenti concomitanti, che non si incontrano fuori del dominio dei processi volitivi e che per ciò si devono considerare come gli elementi specificamente propri del volere. Questi sentimenti sono quelli della *decisione* e della *risoluzione*, dei quali l'ultimo si distingue dal primo solo per un'intensità maggiore. Essi sono di eccitazione o di sollievo, e a seconda delle circostanze legati a un fattore di piacere o di dispiacere. La intensità relativamente maggiore del sentimento di risoluzione ha probabilmente la sua ragione nel contrasto del sentimento stesso a quello che lo precede, sentimento del *dubbio*, il quale accompagna l'ondeggiare fra due motivi diversi. In contrapposizione a questo sentimento, quello del sollievo acquista una più alta intensità. All'apparire dell'atto volitivo, i sentimenti della decisione e della risoluzione sono sostituiti da quello specifico di *attività*, il quale per gli atti volitivi esterni ha il suo sostrato sensibile nelle sensazioni di tensione accompagnanti il movimento. Questo sentimento dell'attività è di natura spiccatamente eccitante e a seconda degli speciali motivi di volere è a vicenda accompagnato da elementi di piacere o di dispiacere, i quali alla loro volta nel corso dell'atto possono mutare e gli uni prendere il posto degli altri. Come sentimento totale, il sentimento di attività è un processo crescente e decrescente nel tempo, il quale si stende su tutto il corso dell'azione e col finire di questa passa nei sentimenti, molto vari, di soddisfazione, contentezza, delusione, ecc., come pure in sentimenti ed emozioni diversi, che sono legati alla speciale riuscita dell'azione. Se noi consideriamo questo decorso, che ci si presenta negli atti volontarii e di scelta, come quello di un atto di volere *completo*, noi distingueremo gli *atti impulsivi* essenzialmente dal mancare in essi i sentimenti preparatorii della decisione e risoluzione, perchè il sentimento, che è legato al motivo, passa direttamente in quello dell'attività e poi nei sentimenti, che corrispondono all'effetto dell'azione.

8. Al passaggio degli atti di volere da semplici in complessi si collega una serie di ulteriori mutazioni, che sono di una grande importanza per lo sviluppo del volere. La prima di queste mutazioni consiste in ciò, che le emozioni, dalle quali sono introdotti i processi

di volere, sempre più decrescono in intensità a causa dell'azione contraria di sentimenti diversi e inibentisi a vicenda, così che alla fine i processi di volere possono nascere da un decorso sentimentale apparentemente tutt'affatto libero di emozioni. Di fatto però non si ha mai una mancanza assoluta d'emozione. Un motivo sorgente in un normale decorso di sentimenti, affinchè porti a una decisione o risoluzione, deve sino ad un certo grado unirsi ad un'eccitazione emotiva. Ma questa può essere così debole e passeggera, che noi tanto più facilmente la trascuriamo, quanto più incliniamo a comprendere senz'altro, nell'unico concetto dell'atto volitivo, colla risoluzione e coll'azione una tale breve emozione, che accompagna solo il sorgere e l'agire dei motivi. Questo indebolimento delle emozioni è principalmente prodotto da quelle combinazioni di processi psichici, che noi assegniamo allo sviluppo *intellettuale*, e sulle quali si dovrà ritornare per lo studio della connessione delle formazioni psichiche (§ 17). I processi intellettuali non possono mai distruggere le emozioni; essi sono invece spesso sorgenti di nuovi, e diversi eccitamenti emotivi. Un atto di volere tutt'affatto libero d'emozione, determinato da motivi puramente intellettuali, è, come già si è notato (pag. 151), un concetto psicologicamente impossibile. Senza dubbio lo sviluppo intellettuale ha un'azione moderatrice sulle emozioni e specialmente su quelle che preparano gli atti di volere, in tutti quei casi, nei quali entrano motivi intellettuali. Può darsi che questa azione moderatrice dipenda in parte dalla reciproca compensazione dei sentimenti, che avviene nel maggior numero delle emozioni, e in parte dal lento sviluppo dei motivi intellettuali, perocchè generalmente le emozioni sono tanto più forti, quanto più rapidamente crescono i sentimenti onde sono composte.

9. Con questo affievolimento delle parti emotive nel processo di volere sotto il predominio di motivi intellettuali si connette anche una seconda variazione, ed è la seguente: l'atto volitivo, che chiude il processo di volere, non è un movimento esterno, ma l'effetto, che annulla l'emozione eccitante, è esso stesso un processo psichico, il quale non si rivela immediatamente per mezzo di sintomi esterni. Tali effetti, che non possono essere esteriormente avvertiti, diciamo *atti di*

volere interni. La trasformazione degli atti di volere da esterni in interni è così legata allo sviluppo intellettuale, che per una gran parte la natura dei processi intellettuali trova la sua spiegazione nella partecipazione di processi di volere al decorso delle rappresentazioni (§ 15, 9). L'atto, che chiude il processo di volere, consiste quindi in una modificazione di quel decorso rappresentativo, la quale si annette ai motivi passati in seguito ad una avvenuta decisione o risoluzione. I sentimenti che accompagnano questi atti di preparazione immediata, non meno che il sentimento di attività collegato coll'apparire della modificazione, concordano in tutto coi sentimenti che si osservano negli atti di volere esterni. E a un tale effetto si accompagnano in modo più o meno pronunciato sentimenti di soddisfazione, corrispondenti al cessare delle precedenti tensioni emotive e sentimentali, così che il carattere, per cui questi processi di volere legati allo sviluppo intellettuale differiscono dagli atti di volere primitivi, è questo solo, che l'effetto ultimo del volere non si estrinseca in un movimento corporeo esteriore.

Nondimeno anche da un atto di volere interno può sempre sorgere in linea secondaria un movimento corporeo: e precisamente, quando la risoluzione presa ha di mira un atto esterno, che si deve compiere in un tempo posteriore. Ma allora questo atto nasce da un secondo processo di volere posteriore al primo, e questo se è determinato da motivi, che derivano bensì dall'antecedente atto di volere interno, deve però essere appreso come un processo nuovo, diverso dal primo. In questo senso, ad es., il prendere una decisione per un'azione futura, che si deve compiere sotto certe condizioni non ancora avveratesi, è un atto di volere interno; il posteriore compimento dell'azione è un atto esterno diverso dal primo, ma che presuppone il primo come condizione del suo avverarsi. Donde deriva che nei casi, nei quali l'atto di volere esterno nasce da una decisione, che tien dietro a una lotta di motivi, quasi si confondono le possibilità di un processo di volere unico, formante un tutto in sè connesso, e di *due* processi di volere, dei quali sia anteriore l'uno, posteriore l'altro, perchè la risoluzione, tosto che è notevolmente separata nel tempo dall'azione, può essere appresa come un atto di volere interno, che prepari l'azione.

10. Alle due suesposte modificazioni, collegate collo sviluppo del volere, l'affievolimento delle emozioni e l'affermazione indipendente degli atti di volere interni, le quali sono di natura progressiva, si contrappone un terzo processo, come forma di evoluzione *regressiva*. Tosto che processi di volere composti, aventi un medesimo contenuto di motivi, si ripetono più spesso, la lotta dei motivi si attenua; i motivi rimasti soccombenti nei processi anteriori si presentano al ripetersi dell'atto sempre più deboli e da ultimo spariscono affatto. E allora l'azione composta si trasforma in un'azione semplice o *impulsiva*. È specialmente questa trasformazione regressiva di processi volitivi complessi in processi impulsivi, che dimostra inopportuna la surricordata limitazione del concetto di "impulso" agli atti di volere nascenti da sentimenti sensoriali. Per quella continua graduale eliminazione dei motivi soccombenti si hanno azioni impulsive non solo nel campo della semplice sensazione, ma allo stesso modo anche in quelli dei fenomeni intellettuali morali ed estetici, ecc.

Questa trasformazione regressiva costituisce nello stesso tempo una parte di un processo, che riunisce tutti gli atti esteriori di un essere vivente, così gli atti di volere come i movimenti automatici riflessi. Imperocchè anche nell'azione impulsiva, se ancora continua il ripetersi abituale degli atti, il motivo determinante diventa sempre più debole e passeggiero. Lo stimolo esterno, che in origine suscitava una rappresentazione ricca di sentimento avente forza di motivo, determina l'azione prima ancora che esso possa essere appreso come rappresentazione. In tal guisa il movimento impulsivo è finalmente passato in un movimento *automatico*. Ma quanto più di frequente si ripete questo processo, tanto più facilmente può avvenire il movimento automatico, senza che sia neppur sentito lo stimolo, ad es., nel sonno profondo, o quando sia completamente distolta l'attenzione. Allora il movimento appare come un puro riflesso fisiologico dello stimolo e il processo di volere è divenuto un *processo riflesso*.

Questa graduale *trasformazione dei processi in atti meccanici* (*meccanizzazione*), che essenzialmente consiste nell'eliminazione di tutte le parti psichiche, poste tra il punto iniziale e il finale, può avvenire tanto nei movimenti impulsivi originari, quanto in molti dei secondari sorti dal condensamento di atti volontarii. Non è inverosimile che i movimenti riflessi degli animali e degli uomini abbiano per l'appunto questa origine. Indipendentemente dalla meccanizzazione degli atti di volere dovuta all'esercizio, in favore della nostra supposizione sta da un lato il *carattere dì finalità dei riflessi*, il quale ci dà una prova della presenza in origine di rappresentazioni degli scopi, le quali agivano come motivi; dall'altro lato sta il fatto, che i movimenti degli animali inferiori sono manifestamente atti di volere semplici e non riflessi; e però anche sotto questo rispetto non è verosimile l'ipotesi più volte fatta di una evoluzione in senso opposto dai riflessi alle azioni di volere. Infine da questo stesso punto di vista si spiega anche nel modo più semplice il fatto presentatosi nel §13 (pag. 139), che i *movimenti espressivi dell'emozioni* possano appartenere a ciascuna di queste forme possibili nella scala degli atti esterni. Evidentemente qui i movimenti più semplici sono in origine atti impulsivi, mentre parecchi movimenti pantomimici più complessi si devono probabilmente ricondurre ad atti un tempo liberi, che si trasformarono dapprima in movimenti impulsivi e poi persino in movimenti riflessi. Inoltre qui i fenomeni costringono all'ipotesi, che la trasformazione regressiva, avente principio durante la vita individuale, è a poco a poco accresciuta dalla trasmissione ereditaria dei caratteri acquisiti, così che certi atti in origine volontarii, per i discendenti tardi sono sin dal principio movimenti impulsivi e riflessi (V. § 19 e 20).

10*a*. Anche nel volere, per le stesse ragioni che nell'emozione, l'osservazione dei processi che ci si offrono casualmente nella vita, è un procedimento insufficiente e fallace per la determinazione della vera natura del fatto. Da per tutto dove si eseguiscono atti di voleri interni od esterni a vantaggio di teoretiche o pratiche questioni della vita, il nostro interesse è così richiamato da quelle questioni, che noi non siamo in grado di osservare con esattezza i processi psichici contemporaneamente presenti. Nelle teorie dei vecchi psicologi intorno al volere, teorie le quali spesso gettano le loro ombre ancora sulla scienza moderna, si rispecchia manifesto questo stato incompleto del metodo di osservazione psicologica. Poichè l'atto esterno di volere era l'unico che in tutto il dominio dei processi volitivi cadesse distintamente sotto l'osservazione, si tendeva a limitare il concetto del volere senz'altro agli atti volitivi esterni, e non solo si lasciava poi affatto inosservato l'intero campo degli atti di volere interni così importante per lo sviluppo superiore del volere, ma di più si consideravano le parti del processo di volere che preparano l'azione esterna, in modo affatto incompleto, per lo più solo in rapporto alle parti rappresentative dei motivi più appariscenti. Ne proveniva che non si avvertiva la stretta connessione genetica tra gli atti impulsivi e volontarii; i primi, come fenomeni affini ai moti riflessi, erano ritenuti tutt'affatto indipendenti dal volere e questo era limitato ai soli atti volontarii e di scelta. Siccome poi oltre a ciò, questa unilaterale considerazione delle parti rappresentative dei motivi faceva interamente trascurare la derivazione dell'atto di volere dall'emozione, si venne alla strana opinione che l'atto di volere non sia il prodotto dei motivi che lo precedono e delle condizioni psichiche che agendo su di essi danno predominio al motivo determinante, ma che il volere sta un processo il quale si presenta *insieme* ai motivi ma è da questi in sè indipendente; il prodotto di una facoltà di volere metafisica; e questa, siccome solo gli atti volontarii erano ritenuti veri atti di volere, era definita come la "facoltà di scelta" dell'anima, ossia quella facoltà che dava la preferenza a *uno* fra i diversi motivi che agiscono sull'anima. In tal guisa in luogo di derivare il risultato finale del processo di volere, l'atto volitivo, dalle precedenti condizioni psichiche, la vecchia psicologia usava di questo atto finale per foggiarsi un concetto generale chiamato *volontà*, concetto che era considerato, nel senso della teoria delle facoltà, come una causa prima dalla quale dovevano sorgere tutti i singoli atti di volere.

Schopenhauer e dopo di lui alcuni moderni psicologi e filosofi portavano una semplice modificazione a queste teorie astratte della volontà, quando spiegavano il processo di volere come un processo "incosciente" di cui il risultato soltanto, l'atto di volere, sarebbe un processo psichico cosciente. Qui evidentemente l'insufficiente osservazione del processo di volere che precede l'atto, aveva condotto ad affermare la non esistenza assoluta di un tale processo di volere.

Inoltre siccome l'intera varietà dei processi di volere concreti era distrutta, dal concetto di *una sola* volontà incosciente, si giungeva allo stesso risultato psicologico che nelle vecchie teorie; in luogo della spiegazione dei reali processi di volere e delle loro connessioni, era posto un concetto generico, cui falsamente era dato il significato di una causa generale.

Anche la nuova psicologia e persino la sperimentale è spesso ancora in balìa di questa dottrina astratta della volontà così profondamente radicata. Dacchè sin dal principio si dichiara impossibile la spiegazione di un'azione mediante la concreta causalità psichica degli anteriori processi di volere, si dà come unica particolarità dell'atto di volere la somma delle sensazioni che accompagnano l'azione esterna, e che a questa, quando essa si ripeta sovente, devono immediatamente precedere come pallide immagini della memoria. Cause poi dell'atto sono ritenuti i processi fisici di eccitazione che avvengono entro il sistema nervoso. In tal guisa la questione della causalità della volontà come dalla teoria precedente è relegata fuor dalla psicologia nella metafisica, così da queste teorie è riposta fuori dalla psicologia nella fisiologia; nel fatto però essa anche qui, mentre tenta passare dalla psicologia alla fisiologia, cade nei lacci della metafisica. Dovendo la fisiologia come scienza empirica non solo ora ma in ogni tempo, perchè la questione in parola conduce a un problema senza fine, rifiutarsi di completamente derivare dalle sue premesse i processi fisici che accompagnano un atto di volere complesso, rimane come unica giustificazione a questa teoria la dottrina della metafisica materialistica: essere i così detti processi materiali l'unica realtà delle cose, e però i processi psichici doversi spiegare dai materiali. Ma è principio normativo della psicologia come scienza *empirica*, che essa indaghi i fatti costitutivi dei processi psichici così come essi si offrono all'esperienza immediata e che non consideri la connessione di questi processi mediante punti di veduta che siano ad essa stessa estranei (v. §l e pag. 13 e segg.). Noi non possiamo in alcun altro modo conoscere come decorra un processo di volere che seguendolo esattamente, così come esso ci è dato nella esperienza immediata. Ma in questa esso non ci è dato come un concetto astratto ma come un atto di volere concreto, del quale noi sappiamo soltanto qualche cosa, in quanto esso è un processo che si fa conoscere immediatamente, e non un processo inconscio, oppure, il che per la psicologia fa lo stesso, un processo materiale che non è avvertito direttamente, ma è solo ipoteticamente ammesso in base a presupposizioni metafisiche. Tali teorie metafisiche non sono dovute che ad una deficiente o tutt'affatto mancante osservazione psicologica. Chi di tutto il processo di volere osserva solo la fine, l'atto esterno, può facilmente venire alla conclusione, che la causa prossima dell'atto di volere sia un agente incosciente, materiale o immateriale.

11. Essendo impossibile per le ragioni suesposte, un'esatta osservazione del processo di volere negli atti volitivi che da sè soli si presentano nel corso della vita, anche qui l'unico mezzo per una fondamentale indagine psicologica sta nell'osservazione *sperimentale*. Ora noi non possiamo davvero ad arbitrio produrre atti volitivi di qualsiasi specie, ma dobbiamo limitarci all'osservazione di certi processi di volere facilmente accessibili all'influenza di sussidi esterni e risolventisi in atti esterni. Le ricerche che servono a questo scopo sono le così dette *ricerche di reazione*; nella parte essenziale, esse consistono in ciò: un processo di volere semplice o composto, suscitato da uno stimolo sensibile esterno e dopo il decorso di determinati processi psichici che servono in parte come motivi, si risolve in una reazione di movimento.

Ma le ricerche di reazione hanno ancora una seconda e più generale importanza. Esse offrono il modo di misurare la *rapidità* di certi processi psichici e psicofisici. Infatti in ognuno di tali esperimenti si fanno sempre queste misure; ma il valore più intimo di essi sta in ciò, che ogni esperimento inchiude un processo di volere, e quindi è possibile in tal modo, mediante l'osservazione soggettiva, segnare esattamente la successione dei processi psichici di un tale processo di volere, e insieme, variando volontariamente le condizioni, su di essi influire in modo conforme allo scopo.

Il più semplice esperimento di reazione che si possa fare è il seguente: dopo che per un tempo opportuno (2-3"), mediante un segnale, si è determinato nel soggetto uno stato di tensione dell'attenzione, si fa agire su un organo di senso uno stimolo esterno e nel momento in cui è avvertito lo stimolo, il soggetto deve compiere un movimento già prima stabilito, ad. es., un movimento della mano. Per le sue condizioni psicologiche questo esperimento corrisponde nella parte essenziale a un processo di volere *semplice*: l'impressione di senso ha il compito di motivo semplice, al quale è univocamente coordinato un atto determinato: Se ora mediante il metodo grafico o qualche altra misura di tempo si fa in modo che sia oggettivamente misurato il tempo decorrente dall'azione dello stimolo al compimento del movimento di reazione, è possibile, ripetendo molte volte allo stesso modo l'esperimento, far presenti esattamente tutti i processi soggettivi dei quali si compone l'intero processo di reazione; nei risultati oggettivi della misura del tempo sta poi a disposizione un mezzo per controllare così la costanza come le accidentali deviazioni di quei processi soggettivi. Si fa specialmente uso di questo controllo nei casi, nei quali si è intenzionatamente variata una condizione qualsiasi dell'esperimento, e quindi anche il decorso soggettivo del processo di volere.

Infatti si può introdurre una tale variazione già nel semplice esperimento di reazione sopra descritto, quando in vario modo si modifichi la *preparazione* all'atto che precede l'azione dello stimolo.

Se questa preparazione è tale che l'attesa è tutta rivolta allo stimolo agente come motivo e l'atto esterno segue solo quando lo stimolo è stato distintamente appreso, si ha la reazione *completa* o *sensoriale*, come anche vien detta. Se invece l'attesa di preparazione si dirige all'atto determinato dal motivo, così che l'atto segue al più presto possibile l'apprendimento[0] dello stimolo, si ha la reazione *abbreviata* o, come anche si dice, *muscolare*. Nel primo caso l'attesa come fattore rappresentativo, contiene una pallida imagine mnemonica, dell'impressione di senso già conosciuta; e questa imagine, se il tempo di preparazione dura a lungo, si presenta oscillante a volta distinta e a volta indistinta. Come fattore sentimentale è poi sempre presente un sentimento d'attesa che oscilla in simile modo, ma che di più è legato con sensazioni di tensione, appartenenti al corrispondente dominio di senso, ad es., con tensioni della membrana del timpano, dei muscoli di accomodamento ed esterni degli occhi, ecc., A questi sentimenti preparatori nel momento dell'impressione tien dietro un sentimento relativamente debole di sollievo, cioè un sentimento di sorpresa, e da questo distintamente si differenzia, come consecutivo, il sentimento eccitante che accompagna il movimento di reazione, il sentimento dell'attività colle sensazioni tattili contemporaneamente sorgenti. Nel secondo caso invece il soggetto, durante il tempo dell'attesa preparatoria, ha un' imagine mnemonica pallida ed oscillante dell'*organo che deve reagire*, ad es. della mano, e insieme forti sensazioni di tensione dell'organo stesso, alle quali è collegato un sentimento di attesa abbastanza continuo. Nel momento della stimolazione questo stato è sostituito da un forte sentimento di sorpresa e con questo il sentimento di attività accompagnante la reazione e le sensazioni corrispondenti a questo sentimento si collegano così rapidamente, che non si può affatto, o almeno molto indistintamente percepire un intervallo di tempo fra i due momenti. Il tempo della reazione completa o sensoriale cade circa fra 0,210 e 0,290 secondi (i tempi più piccoli valgono per le impressioni di suono, i più grandi per quelle di luce) con una variazione media per le singole osservazioni di 0,020 secondi. Il tempo della reazione abbreviata o muscolare va da 0,120-0,190 secondi, con una variazione media di 0,010 secondi. I valori diversi della variazione media nei due casi, sono di grande importanza come mezzo oggettivo di controllo per la distinzione di questa specie di reazione[)].

12. Le forme di reazione sensoriale e muscolare costituiscono, quando si introducano condizioni speciali, i punti di partenza per lo studio dello *sviluppo dei processi di volere* in diverse direzioni. La reazione sensoriale o completa, potendosi in essa inserire fra l'apprendimento dello stimolo e il compimento della reazione diversi processi psichici, fornisce il mezzo per passare dai processi di volere semplici ai composti. Abbiamo un atto volontario di natura relativamente semplice, quando all'apprendimento dell'impressione facciamo seguire un atto di riconoscimento o distinzione, che deve poi dar luogo al movimento di reazione. In questo caso motivo dell'azione da compiersi non è l'impressione immediata, ma la rappresentazione che

risulta dall'atto di riconoscimento o di distinzione. Essendo questo motivo uno soltanto fra il maggior o il minor numero di quelli egualmente possibili che in vece sua avrebbe potuto agire, il movimento di reazione ha il carattere di un movimento volontario; infatti in esso si può osservare distintamente il sentimento della *decisione*, che precede l'atto di volere; nè sono meno decisamente pronunciati i sentimenti anteriori legati all'appercezione dell'impressione. Quando poi viene introdotto ancora un altro processo psichico, ad es., un'associazione che deve agire come motivo determinante all'esecuzione del movimento, ancor più spiccati appaiono quei sentimenti e nel tempo stesso diventa ancor più complicata la successione dei processi rappresentativi e sentimentali. Infine, in questi esperimenti il processo volontario diventa processo di scelta non solo quando l'azione è in tal modo soggetta a una molteplicità di motivi, che parecchi debbono succedersi prima che uno determini l'azione, ma quando inoltre fra diverse azioni possibili *una* diventa decisiva in conformità dei motivi presenti. Questo avviene se il soggetto è preparato a diversi movimenti di reazione, ad es., a un movimento colla mano destra o sinistra, oppure con una qualsiasi delle dieci dita, ma deve compiere ogni singolo movimento solo quando agisca un'impressione di una certa qualità, che per quel singolo movimento è stabilito valga di motivo; ad es., l'impressione bleu per il movimento a destra, rossa per quello a sinistra.

13. All'opposto la reazione muscolare od abbreviata serve per osservare la *trasformazione regressiva degli atti di volere* in movimenti riflessi. Essendo in questa specie di reazione l'attesa tutta rivolta all'azione esterna, la quale deve essere compiuta nel più breve tempo possibile, è impossibile un'arbitraria inibizione o determinazione dell'atto a seconda della natura delle impressioni, e quindi anche un passaggio da atti di volere semplici a composti. Invece facilmente si giunge mediante l'esercizio a stabilire in tale modo la connessione fra l'impressione e il movimento ad essa corrispondente in un sol senso, che il processo di apprendimento sempre più scompare, o si presenta solo dopo che l'impulso al movimento è compiuto e in tal caso il movimento si svolge a guisa di riflesso. Questa meccanizzazione del

processo si dimostra oggettivamente, sopratutto nel fatto, che il tempo di reazione si abbassa sino a quello dei puri movimenti riflessi; soggettivamente per ciò, che impressione e reazione appaiono all'osservazione psicologica un processo unico nel tempo, mentre il caratteristico sentimento della decisione gradatamente scompare affatto.

13*a*. Gli esperimenti cronometrici assai in uso nella psicologia sperimentale sotto il nome di "esperimenti di reazione" devono la loro importanza al doppio loro valore, in primo luogo come sussidi all'analisi dei processi di volere, in secondo luogo come mezzi per studiare il decorso nel tempo dei processi psichici. E in questo bilaterale significato degli sperimenti di reazione si riflette il valore dei processi di volere come occupanti il punto centrale nell'ordine dei processi psichici. Infatti da un lato i processi più semplici, i sentimenti, le emozioni e le rappresentazioni a queste legate, costituiscono nello stesso tempo le parti di un completo processo di volere; dall'altro lato tutti gli aspetti possibili nella connessione delle formazioni psichiche possono presentarsi come parti di un processo di volere. Quindi i processi di volere costituiscono l'opportuno passaggio alla connessione delle formazioni psichiche, di cui si tratta nel capitolo seguente.

Un "esperimento di reazione" rivolto all'analisi di un processo di volere o di un qualsiasi processo psichico che entra in quello, richiede innanzi tutto l'impiego di strumenti cronometrici esatti e abbastanza fini (che segnino persino 1/1000 di sec.). Si usi l'orologio elettrico o il metodo di registrazione grafica, sì nell'un caso che nell'altro importa che siano fissati nel tempo tanto l'istante dell'applicazione dello stimolo quanto quello del movimento di reazione del soggetto. Questo si può ottenere, ad es., in tal modo: una corrente galvanica, la quale pone in movimento un orologio elettrico segnante sino a 1/1000 di secondi, è chiusa dallo stimolo stesso (stimolo sonoro, luminoso, tattile) e poi all'atto in cui si avverte lo stimolo è di nuovo aperta dal soggetto stesso mediante un semplice movimento della mano che sollevi un tasto telegrafico. Possiamo variare in diversa maniera la reazione semplice così misurata (reazione sensoriale e musculare, reazione con o senza segnale d'avviso). Ma possiamo anche nel processo di reazione introdurre diversi atti psichici (distinzioni, riconoscimenti, associazioni, processi di scelta) i quali possono essere considerati da un lato come motivi di un processo di volere, dall'altro come parti della generale connessione delle formazioni psichiche. Il processo di reazione semplice è un decorso che insieme al processo di volere racchiude anche puri elementi fisiologici (trasmissione dell'eccitazione sensibile sino al cervello, della motrice al muscolo). Se ora si inseriscono come può accadere nell'uso della reazione sensoriale, altri processi psichici (distinzioni, riconoscimenti, associazioni, atti di scelta) si ottengono i valori temporali di processi psichici definibili in modo determinato, sottraendo dalla durata della reazione composta il tempo di una reazione semplice. Così si trovano i tempi del riconoscimento e della distinzione per impressioni relativamente semplici (colori, segni dell'alfabeto, brevi parole) = 0,03-0,05"; i tempi dell'associazione = 0,3-0,8"; quelli della scelta: fra due movimenti (mano destra e sinistra) = 0,06", fra 10 movimenti (le 10 dita) = 0,4" ecc. Del resto il valore di questi numeri consiste, come sopra si è detto, non tanto nella loro grandezza assoluta ma piuttosto nel fatto, che essi sono mezzi di controllo all'osservazione psicologica, mentre questa è anche applicata a processi che vengono sottoposti col sussidio del metodo sperimentale, a condizioni esattamente determinate e che però possono essere ripetute a volontà.

III. - LA CONNESSIONE DELLE FORMAZIONI PSICHICHE

§ 15. - Coscienza e attenzione.

1. Poichè ogni formazione psichica si compone di una moltiplicità di processi elementari, i quali non sono soliti nè incominciare, nè cessare tutti proprio allo stesso momento, la connessione che riunisce in un tutto gli elementi, si estende sempre oltre questo tutto in modo, che formazioni diverse, contemporane e successive, si trovano alla lor volta collegate tra loro, benchè meno strettamente. Noi diciamo *coscienza* questa connessione delle formazioni psichiche.

Il concetto di coscienza non designa quindi affatto cosa che esista oltre e fuori dei processi psichici; nè si riferisce solo alla somma di questi processi senza alcun riguardo ai rapporti loro; ma veramente esprime quella generale combinazione dei processi psichici, nella quale spiccano le singole formazioni psichiche come composizioni più intime. Noi diciamo "senza coscienza" lo stato psichico in cui questa connessione è interrotta, come nel sonno profondo, nel deliquio; e parliamo di "perturbamenti della coscienza" quando avvengono anormali variazioni nella connessione delle formazioni psichiche, senza che queste per sè stesse abbiano a presentare alterazioni di sorta.

La coscienza così intesa, come una connessione che abbraccia processi psichici contemporanei e consecutivi, si presenta all'esperienza dapprima nelle manifestazioni psichiche dell'*individuo* come *coscienza individuale*. Ma, poichè può sorgere una analoga connessione anche per unioni di individui, benchè limitata a certi lati della vita psichica, nel concetto generale di coscienza si possono distinguere i concetti subordinati di *coscienza collettiva*, di *coscienza nazionale* e altri simili. Ma la coscienza individuale, alla cui trattazione qui ci limiteremo, è pur sempre la base di tutte queste ulteriori forme

206

di coscienza (Sul concetto di coscienza collettiva v. sotto § 21, 14).

2. La coscienza individuale soggiace alle stesse condizioni esterne che tutto l'insieme dei fatti psichici, del quale essa è soltanto un'espressione diversa, che serve specialmente a mettere in luce le relazioni reciproche delle parti onde esso è costituito. Come sostrato delle manifestazioni di una coscienza individuale ci si offre dappertutto un individuale organismo animale; nell'uomo e negli animali a lui somiglianti l'organo principale della coscienza è la corteccia del cervello, nei cui tessuti cellulari e fibrosi sono rappresentati tutti gli organi che stanno in relazione coi processi psichici. Noi possiamo considerare la connessione generale degli elementi corticali del cervello come l'espressione fisiologica della connessione dei processi psichici data nella coscienza; e la divisione di funzioni nelle diverse regioni corticali, come il correlativo fisiologico delle varietà numerose dei singoli processi di coscienza. Ma certamente in quel centralissimo organo del nostro corpo la divisione di funzioni è pur sempre soltanto relativa; ogni formazione psichica composta presuppone sempre la cooperazione di numerosi elementi e di molte regioni centrali. Quando l'asportazione di certe parti della corteccia produce alterazione nei movimenti volontari, nelle sensazioni o fa impossibile il formarsi di certe classi di rappresentazioni, possiamo naturalmente conchiudere che quelle parti racchiudono anelli indispensabili nella catena dei processi fisici che corrono paralleli ai processi psichici in esame. Ma l'ipotesi più volte fatta in base a questi fenomeni, che esista nel cervello un organo delimitato per la facoltà della parola, dello scrivere, o che le rappresentazioni visive, sonore, verbali siano poste in speciali cellule della corteccia, questa e simili ipotesi non solo presuppongono rozze idee fisiologiche, ma non si possono nemmeno accordare coll'analisi psicologica delle funzioni. Infatti, psicologicamente considerate, non fanno che dare veste moderna alla più infelice forma della teoria delle facoltà, alla frenologia.

2a. Intorno alla localizzazione di certe funzioni psicofisiche nella corteccia cerebrale, mediante osservazioni anatomopatologiche sull'uomo ed esperimenti sugli animali, si potè dimostrare: 1) la coordinazione di certe regioni corticali a determinati domini periferici sensitivi e muscolari; così la corteccia del lobo occipitale corrisponde alla retina; una parte del parietale alla superficie tattile, il lobo temporale al senso dell'udito; i centri dei singoli domini muscolari stanno in generale immediamente a lato o fra i centri di senso, che sono con quelli in relazione funzionale; 2) il nascere di complesse alterazioni, quando cessino di funzionare certe altre regioni corticali, le quali, sembra, non siano direttamente collegate alle parti periferiche del corpo, ma siano inserite fra mezzo ad altre regioni centrali. Sotto quest'ultimo riguardo si è potuto con sicurezza determinare solo la coordinazione di certe parti del lobo temporale alle funzioni della *favella*, di quelle anteriori per l'articolazione della parola (la loro distruzione rende impossibile la coordinazione motoria, donde la così detta "afasia atactica") di quelle posteriori per la formazione della rappresentazione verbale (la loro distruzione annulla la coordinazione sensoria e produce la così detta "afasia amnestica"). Si è ancora osservato questo fatto particolare: essere queste funzioni localizzate esclusivamente nel lobo temporale *sinistro*, non nel destro, così che soltanto se quello, non se questo, è distrutto per apoplessia, viene meno la funzione della favella. Del resto in tutti questi casi, così per le alterazioni più semplici come per le più complesse, coll'andare del tempo si ha una graduale restituzione delle funzioni, probabilmente perchè altre regioni prendono la vece delle regioni corticali distrutte, e per solito le più vicine (nelle perturbazioni della favella forse anche le regioni della parte opposta del corpo, non mai prima esercitate a questo ufficio). Fino ad ora non sono state con sicurezza dimostrate le localizzazioni di altre funzioni psichiche più complesse, come quelle dei processi di memoria e di associazione, e quando alcuni anatomi designano certe regioni corticali, come "centri psichici", questa denominazione si appoggia provvisoriamente solo, in parte su ricerche di interpretazione molto dubbia fatte sugli animali, in parte sul semplice fatto anatomico, che non si possono trovare fibre motorie o sensorie, che direttamente vanno ai centri, e che gl'intrecci fibrosi dei centri si sviluppano relativamente tardi. A questa specie di centri appartiene specialmente la corteccia del *lobo frontale*, il quale nel cervello umano presenta uno sviluppo particolarmente grande.

Sull'osservazione più volte ripetuta, che la distruzione di questa regione cerebrale produce tosto l'incapacità di tenere fissata l'attenzione, e alcuni altri difetti intellettuali che probabilmente hanno la stessa causa, si fonda l'ipotesi che quella regione si debba considerare come il centro delle funzioni dell'*appercezione* che sotto esporremo (4) o di tutte quelle parti della esperienza psichica, nelle quali, come nei sentimenti, si esplica la connessione unitaria della vita psichica (v. sopra pag. 72). Ma questa ipotesi richiede ancora una più sicura conferma dall'esperienza. In quelle osservazioni, secondo le quali, in contraddizione a quanto si è detto, parziali lesioni del lobo frontale potrebbero aver luogo senza perturbazioni notevoli dell'intelligenza, non è possibile in alcun modo vedere una prova certa contro la funzione per pura ipotesi attribuita a quella regione centrale. Infatti l'esperienza di molti casi ci insegna che proprio nelle parti centrali superiori, forse a causa dell'intrecciarsi in più sensi delle fibre nervose e a causa delle varie forme, nelle quali elementi diversi vengono a sostituirsi a vicenda, possono prodursi lesioni localmente limitate, senza che vi siano affatto sintomi esterni. Del resto l'espressione "centro" in tutti questi casi si deve naturalmente intendere nel senso dato dal generale rapporto delle funzioni psichiche alle fisiche, cioè nel senso di un parallelismo di elementari processi psichici e fisici corrispondente ai diversi punti di vista della trattazione delle scienze naturali e della psicologia (v. § 1, 2 e § 22, 9).

3. Quella connessione dei processi psichici, in cui per noi consiste il concetto di coscienza, è in parte simultanea e in parte successiva. *Simultaneamente* la somma dei processi momentanei ci è data in ogni momento come un tutto, le cui parti sono riunite da un legame più o meno stretto. Ma *successivamente* o lo stato psichico dato in un certo momento direttamente deriva da quello presente nel momento immediatamente anteriore, in quanto che certi processi scompaiono, altri durano nel loro corso e altri ancora incominciano; oppure, quando si sono frapposti stati d'incoscienza, i processi di nuova formazione entrano in relazione con quelli che prima erano stati presenti. In tutti questi casi egualmente l'estensione delle singole connessioni che si stabiliscono fra i processi passati e i seguenti, determina lo stato

della coscienza. Come lo stato di coscienza passa in quello d'incoscienza quando quella connessione è spezzata, così si ha uno stato di coscienza incompleta quando esistono solo deboli nessi fra un dato momento e i processi precedenti a questo. Dopo lo stato d'incoscienza di solito la coscienza, solo lentamente, riprende la sua altezza normale, perchè soltanto a poco a poco si ristabiliscono i nessi cogli anteriori prodotti della vita psichica.

E però possiamo distinguere dei *gradi* nella coscienza. Il limite inferiore, il punto zero di questi gradi, è l'incoscienza completa. Da questa, che come l'assenza assoluta di ogni connessione psichica trova il suo contrario nella coscienza, si deve distinguere *il divenire incoscienti di singoli contenuti psichici*. Questo sempre ha luogo nel continuo flusso dei processi psichici, perchè non solo possono sparire rappresentazioni e sentimenti complessi, ma anche elementi singoli di queste formazioni, mentre ne subentrano di nuovi. E nel continuo divenir coscienti e incoscienti di singoli processi elementari o composti sta appunto quella connessione *successiva* della coscienza, la quale in sè e per sè presuppone a sua condizione quell'avvicendarsi. Qualunque elemento psichico sparito dalla coscienza diciamo che è divenuto *incosciente*, presupponendo con ciò la possibilità, che esso abbia a rinnovarsi, cioè che esso abbia a rientrare nell'attuale connessione dei processi psichici. La nostra conoscenza degli elementi divenuti incoscienti non può riferirsi più in là di questa possibilità del rinnovamento. Pertanto nel senso psicologico questi elementi divenuti incoscienti costituiscono solo *disposizioni* per le formazioni di futuri componenti dei processi psichici, le quali vanno ad unirsi a quelle anteriormente presenti. Per la psicologia sono assolutamente infruttuose le ipotesi sullo stato dell'"incosciente" e sui "processi incoscienti", che si suppone esistano insieme ai processi di coscienza dati a noi nell'esperienza; ci sono però fenomeni *fisici* che accompagnano quelle disposizioni psichiche e che si possono direttamente dimostrare o arguire da alcune esperienze. Questi fenomeni fisici concomitanti consistono negli effetti che *l'esercizio* produce su tutti gli organi o specialmente sugli organi nervosi. Per l'esercizio noi vediamo in generale *resa più facile una funzione* e in tal modo favorito il riprodursi della stessa funzione. Ma anche qui noi non conosciamo addentro le modificazioni che sono prodotte dall'esercizio nella struttura degli elementi nervosi; pur ce ne possiamo sempre fare un'idea mediante analogie meccaniche: ricordandoci, ad es., che la resistenza di sfregamento diminuisce quando due superfici fra loro stesse si limano.

4. Già per la formazione delle rappresentazioni di tempo (pag. 124) si disse che in una serie di rappresentazioni successive, per ogni istante prevale nella nostra coscienza quella immediatamente *presente*. In modo analogo *singoli* contenuti predominano anche nella connessione simultanea della coscienza, ad es., in un'accordo di suoni, in una giustaposizione di oggetti estesi. Nei due casi noi diciamo queste differenze di conoscenza *chiarezza* e *distintezza*[0], e indichiamo colla prima l'apprendimento del contenuto stesso relativamente più favorevole, colla seconda intendiamo quella delimitazione meglio determinata di un contenuto rispetto ad altri contenuti psichici, proprietà questa che di solito va unita a quella prima. Noi diciamo *attenzione* quello stato caratterizzato da speciali sentimenti, che accompagna l'apprendimento più chiaro di un contenuto psichico; *appercezione*, quel singolo processo per cui un contenuto psichico qualsiasi è portato a chiara cognizione. All'*appercezione* si contrappone la *percezione*,[0] quello speciale apprendimento di contenuti non accompagnato dallo stato psichico dell'attenzione. Sull'analogia del punto visivo esterno dell'occhio diciamo i contenuti sui quali è concentrata l'attenzione: *punto visivo della coscienza*, oppure *punto visivo interno*, e il complesso dei contenuti presenti in un dato momento: *campo visivo della coscienza* o *campo visivo interno*. Il passaggio di un processo psichico nello stato di incosciente è detto: *cadere sotto la soglia della coscienza*; il sorgere di un processo: *levarsi sopra la soglia della coscienza*. Naturalmente tutte queste sono espressioni simboliche, che non devono essere prese alla lettera, ma il loro uso si raccomanda a causa della brevità intuitiva che esse permettono nella descrizione dei processi di coscienza.

5. Se ci studiamo ora di rappresentare efficacemente, mediante le suddette espressioni simboliche, l'avvicendarsi delle formazioni psi-

211

chiche nella loro connessione, possiamo immaginarlo come un continuo andirivieni: formazioni psichiche entrano dapprima nel campo visivo interno, poi da questo passano nel punto visivo interno, per poi ritornare in quello prima di sparire interamente. Allato a questa vicenda delle formazioni giungenti all'appercezione, è pure un'andirivieni di quelle che sono solamente percepite; queste entrano nel campo visivo e poi ne escono senza pervenir mai al punto visivo. Tanto le formazioni appercepite quanto le percepite possono avere diversi gradi di chiarezza. Nel caso delle formazioni appercepite questo fatto si dimostra in ciò, che la chiarezza e la distintezza dell'appercezione variano a seconda dello stato della coscienza. E ciò si può facilmente provare, se si appercepisce più volte successivamente una stessa impressione; le appercezioni successive, posto che rimangano immutate le altre condizioni, diventano per solito più chiare e distinte. Per le formazioni semplicemente percepite possiamo assai facilmente osservare le differenze nei gradi di chiarezza, quando agiscono impressioni composte. Troviamo allora, specialmente se le impressioni hanno agito solo per un istante, che anche per i componenti rimasti in sè e per sè oscuri sono possibili diverse gradazioni, sembrando essersi levati alcuni più, altri meno sopra la soglia della coscienza.

6. Naturalmente tutti questi fatti possono essere stabiliti non da casuali autosservazioni, ma da osservazioni sperimentali a tal fine condotte. Tra i contenuti di coscienza i più opportuni per l'osservazione sono le formazioni di rappresentazione, perchè possono essere facilmente prodotte in ogni tempo da impressioni esterne. Ora in una rappresentazione di tempo, come già si è notato al § 11 (pag. 125), la parte appartenente al momento *presente* è quella che regolarmente si trova nel punto visivo della coscienza. Dei componenti le rappresentazioni già passate, le impressioni passate da poco appartengono ancora al campo visivo, mentre quelle passate da lungo tempo sono sparite dalla coscienza. Una rappresentazione di spazio invece, se costituisce soltanto un tutto estensivo limitato, può essere appercepita nella sua completa estensione in un unico momento. Se essa è più complessa, le sue parti devono passare pel punto visivo interno successivamente, affinchè essa possa pienamente giungere ad una chiara

212

percezione. Da quanto si è detto risulta che *rappresentazioni composte di spazio* (specialmente impressioni visive momentanee), sono le più opportune per ottenere una misura del numero dei contenuti che possono essere *appercepiti* in un singolo atto, ossia della *capacità dell'attenzione*; invece *rappresentazioni composte di tempo*, (ad esempio, impressioni ritmiche, battute) servono a misurare il numero dei contenuti che possono essere riuniti in un dato momento nella coscienza, ossia a misurare *la capacità della coscienza*. Gli esperimenti fatti a tale scopo danno, a seconda delle condizioni speciali, per la capacità dell'attenzione una sfera d'azione da 6-12 impressioni semplici, per quella della coscienza da 16-40. Qui i numeri minori valgono per quelle impressioni che o non formano connessioni di rappresentazioni, o ne formano solo di relativamente molto piccole; i numeri maggiori per quelle, nelle quali gli elementi sono riuniti in rappresentazioni per quanto è possibile complesse.

6a. La prima di queste determinazioni, quella della *capacità dell'attenzione*, si può compiere nel modo più esatto usando delle impressioni visive di spazio. Infatti, se rischiarando momentaneamente mediante una scintilla elettrica, o facendo cadere davanti agli oggetti uno schermo munito da un'apertura, si può facilmente ottenere che gli oggetti agiscano quasi *istantaneamente*, e che tutti insieme cadano sul punto di più chiara visione, le condizioni fisiologiche non dovrebbero essere d'ostacolo all'appercezione di un numero d'impressioni maggiore di quello, che è possibile appercepire a causa della limitata capacità dell'attenzione. A questo scopo prima del rischiaramento momentaneo si deve assegnare all'occhio un punto da fissare sulla parte di mezzo della superficie racchiudente le impressioni. Compito l'esperimento, si può immediatamente constatare che, se tutto fu disposto in opportuna maniera, il numero degli oggetti veduti distintamente nel senso fisiologico, è stato maggiore del numero di quelli colti dalla capacità dell'attenzione. Se l'impressione momentanea era costituita di lettere dell'alfabeto, ci avviene di leggere solo più tardi alcune lettere, nel momento del rischiaramento vedute solo indistinte, cioè quando ci siamo richiamata un'imagine mnemonica dell'impressione. Ed essendo questa imagine mnemonica ben separa-

213

ta nel tempo dall'impressione corrispondente, la determinazione della capacità dell'attenzione non resta per nulla turbata da questo fatto; che anzi con un'osservazione soggettiva molto accurata è facile fissare lo stato dell'attenzione nel momento dell'impressione e distinguerlo dai successivi atti di memoria, che sempre sono da quello separati da notevoli intervalli di tempo. Gli esperimenti fatti in tal modo insegnano che la capacità dell'attenzione non è affatto una grandezza costante, ma che essa, anche quando la tensione dell'attenzione ha presso a poco la medesima grandezza massima, dipende in parte dalla natura semplice o composta delle impressioni, in parte dall'essere queste più o meno famigliari. Le più semplici impressioni di spazio sono punti in una disposizione qualsiasi: di essi sei al massimo possono essere appercepiti in una sola volta. Le impressioni di una natura un po' più complessa ma nota, come linee, cifre, lettere, sono appercepite simultaneamente di regola nel numero di tre, quattro e, nelle condizioni più favorevoli, di cinque. Sembra che questi limiti valgano anche pel senso tattile, colla differenza che in esso soltanto le più semplici di queste impressioni, i punti, possono in caso favorevole essere colti insieme nel numero di sei. Per impressioni note di natura complessa, il numero delle rappresentazioni si abbassa anche pel senso della vista, mentre cresce notevolmente quello dei singoli elementi. Possiamo appercepire due e persino tre parole conosciute di una sola sillaba, il che corrisponde a un numero di dieci sino a dodici singole lettere. In tutti i casi è falsa l'affermazione da molti fatta, che l'attenzione in un dato momento non può essere riferita che ad *una* sola rappresentazione.

Queste osservazioni non contrastano meno a quell'opinione qualche volta messa innanzi, che l'attenzione possa scorrere di continuo e con grande rapidità una quantità di singole rappresentazioni. Se nell'esperimento suesposto si cerca di completare col ricordo l'imagine appercepita distintamente proprio nell'istante successivo all'impressione, appare che occorre un tempo assai notevole per rendersi presente un'impressione non appercepita nel primo istante e che in questo processo l'imagine prima appercepita sfugge sempre all'attenzione. Quindi il muoversi successivo dell'attenzione su una moltitudine

214

di dati psichici è un processo *discontinuo*, il quale consta di una pluralità di singoli atti appercettivi, che si seguono. Questa discontinuità è spiegata dal fatto, che ogni singola appercezione si compone di un periodo di tensione crescente e di uno secondo di tensione decrescente. La tensione massima, che sta fra i due, può notevolmente variare nella sua durata: essa o è molto breve, come per le impressioni momentanee e rapidamente varianti, oppure dura più a lungo nel caso di una unilaterale direzione dell'attenzione su determinati oggetti. Persino quando si concentra l'attenzione su oggetti di natura costante è pur sempre inevitabile un'interruzione di un intervallo qualsiasi fra l'avvicendarsi dei periodi di tensione e rilassamento. E questo si può facilmente osservare nelle funzioni solite dell'attenzione. Ma anche qui l'osservazione sperimentale porta a più precise conclusioni. Se, mentre tutti gli altri stimoli di senso sono, quant'è possibile, esclusi, lasciamo agire su un organo di senso un'impressione debole, continua, duratura, sulla quale è diretta l'attenzione, si osserva che l'impressione in certi intervalli, per lo più irregolari, i quali si producono per impressioni molto deboli già dopo 3-6" e per quelle alquanto più forti solo dopo 18-24", diventa per un breve tempo indistinta, oppure sembra sparire del tutto, per poi ripresentarsi. Queste oscillazioni si devono senz'altro distinguere da quelle dell'intensità dell'impressione, e di ciò ce ne convinciamo facilmente, se di proposito in una serie d'esperimenti, o facciamo oggettivamente più debole l'impressione, o ne interrompiamo l'azione. E possiamo allora insieme osservare che *due* proprietà caratteristiche essenzialmente differenziano quelle variazioni soggettive da quelle *prodotte oggettivamente*: in primo luogo abbiamo sempre la rappresentazione della persistenza dell'impressione, sin tanto che questa con semplice vicenda passa nel campo più oscuro della coscienza e poi di nuovo da questo entra nel punto visivo dell'attenzione; allo stesso modo che anche nell'esperimento con impressioni momentanee abbiamo una rappresentazione indeterminata e oscura delle parti dell'impressioni non appercepite. In secondo luogo quelle oscillazioni dell'attenzione, oltre che dall'aumento o diminuzione di chiarezza nelle impressioni, sono sempre accompagnate da caratteristici sentimenti e sensazioni, i quali mancano affatto

215

nelle variazioni oggettive. I sentimenti consistono in quelli, dei quali diremo, dell'attesa e dell'attività, che regolarmente crescono colla tensione dell'attenzione, decrescono col rilassamento di essa; le sensazioni appartengono all'organo di senso, su cui ha agito l'impressione o almeno si irradiano da esso; consistono quindi in sensazioni di tensione della membrana del timpano, dell'accomodazione e della convergenza, ecc. È proprio questa doppia serie di proprietà, che separa i concetti della chiarezza e della distintezza dei contenuti psichici dall'intensità sensibile dei medesimi. Nella coscienza un'impressione forte può essere oscura, e una debole invece chiara. Fra questi due concetti in sè e per sè diversi esiste una relazione solo per ciò, che fra impressioni di diversa intensità generalmente la più forte tende ad impadronirsi del centro appercettivo. Ma che poi essa sia appercepita più distintamente, dipende sempre ancora da altre condizioni. Abbiamo un fatto simile nella condizione privilegiata, che nell'azione di più impressioni visive tocca a quelle che cadono sul punto di visione più distinta. Per solito gli oggetti fissati sono anche gli appercepiti. Ma i su descritti esperimenti, con impressioni momentanee possono dimostrare che anche questa connessione può venire a mancare. E questo avviene, se volontariamente dirigiamo l'attenzione su un punto situato nella parte laterale del campo visivo: allora l'oggetto *veduto indistintamente* diventa un oggetto *distintamente rappresentato*.

6*b*. Come le impressioni momentanee di spazio servono a determinare la capacità dell'attenzione, quelle che si seguono nel tempo, possono essere usate per ottenere una misura della *capacità della coscienza*. Qui prendiamo le mosse dalla premessa, che una successione di impressioni può essere riunita in un tutto rappresentativo, soltanto se quelle impressioni si trovano, almeno per un momento, contemporaneamente unite nella coscienza. Se, ad es., si fa agire una serie di battute, evidentemente, mentre il suono presente è appercepito, i suoni immediatamente passati si trovano ancora nel campo visivo della coscienza; la loro chiarezza però decresce tanto più, quanto più sono lontani nel tempo dall'impressione momentaneamente appercepita, e a un certo limite le impressioni, che sono andate di gran lunga

216

più addietro, saranno del tutto sparite dalla coscienza. Se si riesce a determinare questo limite, si ha anche una misura diretta per la capacità della coscienza, almeno nelle condizioni in cui si compie la ricerca. E come mezzo per la determinazione di questo limite ci serve appunto la facoltà di paragonare direttamente le rappresentazioni, che si seguono nel tempo. Tosto che una di tali rappresentazioni è presente nella coscienza come un tutto unitario, noi possiamo anche con essa paragonare una rappresentazione successiva, e decidere se questa sia o non sia eguale a quella. Un tale raffronto non è più assolutamente possibile, quando la serie temporale trascorsa costituisce un contenuto di coscienza non affatto connesso, essendo una parte dei suoi componenti già passata nello stato incosciente, prima che il decorso della serie abbia toccata la fine. Pertanto non si ha bisogno che di delimitare due serie successive di battute, ad es., quali possono essere fissate dalle battute di un metronomo, indicando il principio di ogni serie con un segnale, ad es., con un suono di campanello. Fintanto che ogni serie costituisce nella coscienza un tutto connesso, è possibile, in base all'impressione immediata e naturalmente evitando di contare le battute, decidere se la seconda serie è o non è eguale alla prima. E qui si nota anche che si giunge ad ottenere l'impressione dell'eguaglianza mediante quegli elementi sentimentali delle rappresentazioni di tempo, dei quali già si fece cenno (pag. 126); ad ogni battuta della seconda serie precede infatti un sentimento d'attesa corrispondente alla battuta analoga della prima serie, così che ogni membro di una serie in più o in meno produce un perturbamento nell'attesa e insieme un sentimento di delusione. Da ciò deriva che non è necessario siano presenti nella coscienza almeno due serie susseguentisi, ma è richiesto soltanto che le impressioni di *una* serie si raccolgano in un tutto rappresentativo. La delimitazione relativamente sicura, di cui la coscienza è per questo riguardo capace, appare distintamente anche in ciò, che è possibile riconoscere sicuramente l'identità di due rappresentazioni di tempo, sintanto che queste non raggiungono il limite valevole per le condizioni date, mentre appena questo limite è sorpassato, il giudizio diventa assolutamente incerto. Allora la misura che si ottiene della capacità si dimostra, per uno stato costante dell'attenzione, dipendente in parte dalla rapidità, con cui le impressioni si seguono nel tempo, in parte dalla connessione ritmica più o meno completa delle impressioni stesse. Per un limite inferiore di velocità, che raggiunga circa i 4", non è più assolutamente possibile collegare le impressioni, che si seguono in una rappresentazione di tempo; quando giunge la nuova impressione, la precedente è già sparita dalla coscienza. Per un limite superiore sino a circa 0,18", è pure impossibile la formazione di rappresentazioni di tempo distintamente delimitate perchè l'attenzione non può più seguire le impressioni. La più favorevole rapidità sta in una successione di battute media da 0,2-0,3". In questo caso possono ancora essere insieme colte otto impressioni doppie o sedici singole, quando si ha la partizione ritmica di 2/3 di battuta, la più semplice che sorge abitualmente di per sè in una appercezione non forzata. Il tempo di 4/4 coll'accentuazione più forte sulla prima battuta, colla media sulla quinta, si dimostra il più favorevole per raccogliere nella coscienza il numero massimo di impressioni singole; con esso possono essere insieme ritenuti, come massimo, 5 tempi o 40 impressioni singole. Se questi numeri vengono paragonati con quelli ottenuti per la capacità dell'attenzione (pag. 172), e si eguagliano le impressioni di tempo semplici e composte a quelle di spazio corrispondenti, la capacità della coscienza sorpassa di circa quattro volte quella dell'attenzione.

7. A quelle proprietà, che noi attribuiamo ai contenuti della coscienza e al loro rapporto reciproco, e designiamo come gradi della loro chiarezza e distintezza, ancora altre si collegano regolarmente, e queste sono da noi immediatamente apprese come processi *concomitanti*. Esse consistono in parte in processi sentimentali, che sono caratteristici per determinate forme di decorso della percezione e appercezione, in parte in sensazioni alquanto variabili. È soprattutto il modo dell'*entrata* dei contenuti psichici nel campo visivo e nel punto visivo della coscienza, che varia a seconda delle condizioni del momento. Se un processo psichico si leva al di sopra della soglia della coscienza, gli elementi sentimentali di esso, quando hanno un'intensità sufficiente, sono di solito avvertiti pei primi, tanto che essi già penetrano energicamente nel punto visivo della coscienza, prima an-

cora che sia stato appercepito qualcuno degli elementi rappresentativi. Questo può aver luogo così quando agiscono impressioni nuove, come quando emergono processi anteriori. In tal modo si formano quelle speciali disposizioni d'animo, delle quali non ci sappiamo ben spiegare le cause; disposizioni d'animo, che portano in sè talora il carattere del piacere o dispiacere, talora e più spesso quello della tensione. In quest'ultimo caso l'improvvisa apparizione che gli elementi rappresentativi, appartenenti ai sentimenti, fanno entro i limiti dell'attenzione è accompagnata da sentimenti del sollievo o della soddisfazione. Gli stessi stati d'animo possono disporsi anche quando si ripensa ad una cosa sparita; spesso qui oltre il sentimento di tensione, come al solito presente, appare già vivace lo speciale tono sentimentale della rappresentazione dimenticata, mentre essa stessa ancora si trattiene nello sfondo oscuro della coscienza. Similmente, come più tardi vedremo (§16), negli atti di conoscimento e riconoscimento sentimenti speciali precedono sempre l'appercezione distinta delle rappresentazioni. Negli esperimenti con momentaneo rischiaramento del campo visivo è possibile stabilire ad arte un tale stato d'animo, quando si facciano agire nella vista indiretta impressioni con un tono sentimentale forte al massimo grado. Tutti questi esperimenti sembrano dimostrare che ogni contenuto della coscienza esercita sull'attenzione un effetto, in seguito al quale esso stesso si dà a conoscere in parte mediante il suo proprio colorito sentimentale, in parte mediante i sentimenti già per sè legati alla funzione dell'attenzione. L'effetto totale che questi oscuri contenuti della coscienza hanno sull'attenzione si fonde, secondo le leggi generali della combinazione dei componenti del sentimento (pag. 129), coi sentimenti legati ai contenuti chiari della coscienza, dando luogo a un unico sentimento totale.

8. Se un contenuto psichico entra nel *punto visivo* della coscienza, ai processi sentimentali sino ad ora descritti, altri speciali vengono ad aggiungersi, i quali possono presentarsi in forme molto diverse a seconda delle condizioni, nelle quali quel contenuto entra nel punto visivo interno. Queste condizioni offrono due tipi diversi di decorso, i quali in gran parte si ricollegano con quelle manifestazioni sentimentali, già ricordate, che precedono e preparano l'appercezione di

un contenuto.

Nel primo caso: il nuovo contenuto si presenta all'attenzione improvvisamente e senza quella preparatoria azione sentimentale; noi indichiamo questo tipo di decorso come quello della *appercezione passiva*. Mentre il contenuto giunge a maggior chiarezza nei suoi elementi rappresentativi e sentimentali, con esso si collega dapprima un sentimento del *patire*, il quale, appartenendo alla direzione dei sentimenti deprimenti, è in generale tanto più forte, quanto più intensivo è il processo psichico e più grande la rapidità della sua apparizione; ma questo sentimento declina ben presto, per poi passare nel sentimento contrario eccitante dell'*attività*. Ai due sentimenti vanno anche unite sensazioni caratteristiche negli apparati muscolari del dominio sensoriale, cui appartengono i componenti rappresentativi del processo. Il sentimento del patire suole essere accompagnato da una sensazione ben presto passeggiera di rilassamento, quello dell'attività da una sensazione di tensione, che succede alla prima.

Nel secondo caso: il nuovo contenuto è preparato dalle manifestazioni sentimentali già accennate (7), quindi l'attenzione è diretta su di esso già prima del suo apparire; noi indichiamo questo tipo di decorso come quello dell'*appercezione attiva*. Qui l'appercezione del contenuto è preceduta da un sentimento dell'*attesa*, ora per un tempo molto breve, ma ora anche per un tempo abbastanza lungo. Questo sentimento appartiene generalmente alla direzione dei sentimenti di tensione e talora anche a quella degli eccitanti, pure potendo essere presenti nel tempo stesso sentimenti di piacere o di dispiacere dovuti agli elementi rappresentativi. Questo sentimento dell'attesa è di solito collegato a sensazioni di tensione discretamente forti nei corrispondenti domini muscolari. Ma al momento, in cui il contenuto entra nel punto visivo, quel sentimento è sostituito da quello, con durata per lo più molto breve, della soddisfazione, il quale ha sempre il carattere di un sentimento di sollievo, benchè a seconda delle circostanze possa essere di natura deprimente od eccitante e legato a sentimenti di piacere o di dispiacere. A questo sentimento della soddisfazione segue immediatamente quello stesso dell'attività, che accompagna la fine dell'appercezione passiva e che alla sua volta è legato ad un aumento delle sensazioni di tensione.

8*a*. L'osservazione sperimentale di queste diverse forme di processi può essere molto opportunamente compiuta mediante gli esperimenti di reazione descritti nel § 14, 11 segg. In essi è possibile stabilire nella reazione a impressioni inattese il tipo dell'appercezione passiva, nella reazione a impressioni attese quello dell'appercezione attiva. Di più è dato anche osservare che fra queste differenze tipiche stanno gradi di transizione; infatti, o la forma passiva può accostarsi all'attiva a causa della debolezza del primo stadio, o l'attiva alla passiva per il fatto che in un improvviso rilassamento dell'attesa il successivo stato contrario del sentimento di soddisfazione, il sollievo e la depressione, diventa più pronunciato del solito. Ma nella realtà anche qui si trovano processi in una connessione continua, i quali costituiscono veri contrari solo in casi estremi.

9. A chi esattamente consideri questo lato sentimentale dei processi d'attenzione, appare tosto come esso pienamente concordi col generale contenuto sentimentale dei *processi di volere*. E insieme risulta chiaro che l'appercezione passiva corrisponde nel suo carattere essenziale a un atto impulsivo semplice, l'attiva a un atto volontario composto. Infatti nell'appercezione passiva il contenuto psichico, che si presenta all'attenzione impreparata, può evidentemente essere considerato come quell'unico motivo, che, senza lotta alcuna con altri motivi, determina l'atto dell'appercezione; di più questa è anche qui decisamente legata a quel sentimento dell'attività caratteristico per tutte le azioni di volere. Al contrario nell'appercezione attiva ancora altri contenuti psichici coi loro effetti sentimentali si presentano continuamente all'attenzione durante lo stadio sentimentale di preparazione, e però alla fine l'atto appercettivo può sembrare un atto volontario e in molti casi anche un atto di scelta, cioè quando la lotta fra i diversi contenuti diventa essa stessa chiaramente cosciente. In questi ultimi casi già la vecchia psicologia aveva riconosciuta la presenza di un tale atto di scelta, perchè parlava di "attenzione volontaria". Ma anche qui, proprio come negli atti di volere esterni, la volontà fu fatta entrare in campo inconseguentemente, perchè si disconobbe il punto, onde solo poteva essere derivata. Infatti, non si volle ammettere che

221

la così detta "attenzione involontaria" è soltanto una forma più semplice di un atto di volere interno; e poi si contrapposero "attenzione" e "volontà" proprio al modo della vecchia teoria delle facoltà, come potenze psichiche di natura diversa, che in certi casi si collegano e in certi altri si escludono. Invece ambedue evidentemente sono espressioni di concetti, che si riferiscono alla medesima classe di processi psichici, con questa sola differenza, che i processi di appercezione o di attenzione abbracciano fra i processi di volere quelli che a sè e per sè, in quanto non seguiti da ulteriori processi, si svolgono senza effetti esterni, solo come atti così detti interni.

10. A questi atti interni di volere, che designiamo come processi d'attenzione, si annette ancora la formazione di un concetto estremamente importante per l'intero sviluppo psichico, concetto che senza dubbio si è compito nella forma logica solo mediante il sussidio della riflessione scientifica, ma che ha già in quegli stessi processi il suo sostrato reale. Intendiamo parlare della formazione del concetto del *soggetto*, cui va parallela la presupposizione di *oggetti*, che si contrappongono al soggetto come una realtà da esso indipendente.

Da quelle parti dell'esperienza immediata, che sono ordinate spazialmente in base al punto d'orientazione già ricordato (pag. 106) e che noi indichiamo o come *oggetti* (Gegenstände), cioè come un qualcosa che sta di contro (ein Gegenüberstehendes) al percipiente, oppure quando consideriamo il loro modo di formazione psicologica, come *rappresentazioni* (Vorstellungen) cioè come un qualcosa che il percipiente pone innanzi a sè;[0] (*ein vor sich Hingestelltes*); da queste parti costitutive della esperienza si distinguono tutti quei contenuti, che non partecipano di quest'ordine spaziale, benchè siano con esso in relazione continua. Questi contenuti stanno fra loro, come abbiamo veduto nei § 12-14, in istretta connessione, potendosi sempre considerare i *sentimenti* come parziali contenuti momentanei delle *emozioni*, le emozioni come parti costitutive di *processi di volere*. Soltanto il processo, può sempre arrestarsi a uno dei gradi anteriori, perchè molto spesso un sentimento non produce alcuna emozione notevole, o l'emozione declina, senza che sia realmente sorto quell'atto di volere, che in essa era preparato. Tutti questi processi affettivi si possono pertanto di nuovo subordinare al *processo di volere*. Infatti questo è il decorso completo, del quale i due altri processi sono parti o di più semplice o di più composta natura. Da questo punto di vista si comprende, come il sentimento semplice nei suoi contrari, tra i quali si muove, in parte contenga una direzione di volere, in parte esprima la grandezza della energia volitiva presente in un dato momento, e finalmente in parte corrisponda a una determinata fase dello stesso processo di volere. La *direzione del volere* è evidentemente indicata dalle direzioni fondamentali del piacere e dispiacere, le quali corrispondono direttamente a una tendenza o ad una avversione qualitativamente differenziate. L'*energia di volere* trova la sua espressione nelle direzioni fondamentali dell'eccitamento e dell'acquietamento; infine le *fasi* opposte del processo di volere sono rappresentate dai sentimenti contrari di tensione e di sollievo.

11. Se in tal guisa il volere risulta essere il fatto fondamentale, in cui trovano radice tutti i processi, gli elementi psichici dei quali sono i sentimenti per altra parte nel processo dell'appercezione, cui l'analisi psicologica riconosce tutti i caratteri dell'atto di volere, questo fatto fondamentale entra in relazione diretta coi *contenuti rappresentativi* della coscienza. Infatti, essendo i processi di volere concepiti come processi in sè connessi e omogenei malgrado ogni differenza dei loro contenuti, sorge un immediato sentimento di questa connessione, sentimento che è dapprima legato al sentimento dell'attività presente in ogni stato di volere, ma che poi in seguito alle già ricordate relazioni del volere si estende alla totalità dei contenuti di coscienza. Noi diciamo l'"io" questo sentimento della connessione di tutte l'esperienze psichiche individuali. Esso è un *sentimento* e non una rappresentazione, come spesso è denominato; ma, al pari di tutti i sentimenti, è legato a certe sensazioni e rappresentazioni; questi componenti rappresentativi, che stanno in più strette relazioni coll'"io", sono le sensazioni generali e la rappresentazione del proprio corpo.

Autocoscienza noi chiamiamo quel contenuto sentimentale e rappresentativo, che nasce appunto nel modo suddetto, e, separandosi dall'intero contenuto di coscienza, si fonde col sentimento dell'io.

Esso, al pari della coscienza, non è affatto una realtà diversa dai processi onde si compone, ma soltanto la connessione di questi processi, la quale, specialmente nei suoi elementi rappresentativi, non può mai essere nettamente separata dalle rimanenti parti della coscienza. Questo appare innanzi tutto dall'essere le rappresentazioni del proprio corpo ora saldamente fuse col sentimento dell'*io* ed ora separate da esso come rappresentazioni oggettive, e dal fatto, che in generale l'autocoscienza nel suo sviluppo tende sempre più a ritirarsi sulla propria base sentimentale.

12. Appunto da questa separazione dell'autocoscienza dal restante contenuto di coscienza ha origine la contrapposizione del *soggetto* e degli *oggetti*, la quale è senza dubbio già preparata nelle differenze particolari degli originari contenuti di coscienza, ma raggiunge una forma chiara solo in conseguenza di quella separazione. Conformemente a questo suo sviluppo psicologico, il concetto del soggetto ha tre diversi significati di estensione differente, i quali si sostituiscono a vicenda. Nel senso più stretto, il soggetto è la connessione dei processi di volere, che si esplica nel sentimento dell'*io*. In senso alquanto più largo, esso abbraccia il contenuto reale di questi processi di volere unitamente ai sentimenti ed alle emozioni, che li preparano. Infine nel più largo significato esso si estende anche al fondamento rappresentativo costante, che quei processi soggettivi hanno nel corpo dell'individuo, come sede delle sensazioni generali. Ma questo più largo significato è nello sviluppo reale il primissimo e quello più stretto nel flusso reale dei processi psichici ricade sempre in uno dei significati più larghi, perchè esso può essere raggiunto pienamente solo nell'astrazione concettuale. In tal guisa esso propriamente non costituisce che un limite, al quale può in vario grado accostarsi la reale autoconcezione del soggetto.

12*a*. Colla distinzione del soggetto e degli oggetti, oppure come anche si sogliono esprimere questi concetti, quando si riduca il primo alle sue basi sentimentali, e si riassuma il secondo in un concetto generale, colla distinzione dell'*io* e del *mondo esterno* è posta la base a tutte quelle riflessioni, alle quali il dualismo, dapprima diffusosi nella popolare intuizione dell'universo e poi da questa passato anche nei sistemi filosofici, deve la propria origine. In questo senso anche la psicologia suole essere contrapposta come scienza del soggetto a tutte le altre scienze e specialmente alle scienze naturali (v. § 1, 3 *a*). Questa concezione potrebbe essere giusta solo allorchè la distinzione dell'*io* dal *mondo esterno* fosse un fatto originario precedente ad ogni esperienza, e i concetti del soggetto e dell'oggetto potessero una volta per tutte essere univocamente contrapposti. Ma nè la prima nè la seconda condizione si avvera. L'autocoscienza si fonda piuttosto su una serie di processi psichici, essa è il prodotto e non il sostrato di questi processi, e però anche soggetto e oggetto non costituiscono contenuti dell'esperienza nè originariamente nè mai assolutamente diversi, bensì essi sono concetti di riflessione formatisi in seguito ai rapporti reciproci tra le singole parti costituenti il contenuto in sè affatto unico della nostra esperienza immediata.

13. La connessione dei processi psichici, che costituisce l'essenza della coscienza, ha necessariamente la sua prima origine in quei *processi di combinazione*, che hanno continuamente luogo fra gli elementi dei singoli contenuti di coscienza. Questi processi, che già operano quando sorgono singole formazioni psichiche, devono pure produrre tanto la simultanea unità dello stato di coscienza presente in un dato momento, quanto la continuità degli stati di coscienza successivi. Ma essi sono di una natura straordinariamente varia; ognuno ha il suo colorito individuale, che non si ripete mai affatto invariato in un secondo caso. Pure le loro generalissime differenze possono essere ordinate sotto quelle particolarità, che l'attenzione offre da un lato nella passiva ricezione di impressioni, dall'altro nell'appercezione attiva delle stesse. Per avere a disposizione brevi espressioni ad indicare tali differenze, diciamo *associazioni* quelle connessioni, che si formano di solito nello stato passivo dell'attenzione, e *combinazioni appercettive* quelle che presuppongono uno stato attivo.

§ 16. - Le associazioni.

1. Nella moderna evoluzione della psicologia il concetto dell'associazione è andato soggetto a una necessaria e molto intima mutazione di significato; questa però non è ancora penetrata dappertutto, essendosi pur sempre mantenuto il significato primitivo, specialmente da quei psicologi che ancor oggi sono legati alle opinioni, dalle quali sorse la psicologia dell'associazione (§2, p. 10 e segg.). Infatti questa psicologia, considerando solo il *contenuto rappresentativo* della coscienza, conformemente all'indirizzo intellettualistico che in essa predomina, limita il concetto dell'associazione alle combinazioni tra rappresentazioni. In questo senso *Hartley* e *Hume*, i due fondatori della psicologia dell'associazione, introdussero quel concetto nel significato speciale di "associazione di idee" corrispondendo nella lingua inglese la parola "idea" al nostro concetto della "rappresentazione". Considerate poi le rappresentazioni come oggetti o come processi che possono rinnovarsi nella coscienza colla medesima natura, colla quale essi vi sono sorte una prima volta (pag. 11, 8), si vide nell'associazione il principio esplicativo per la così detta "riproduzione" delle rappresentazioni. E poichè in fine non si riteneva necessario il dare, mediante l'analisi psicologica, una ragione del modo di sorgere delle rappresentazioni composte, essendosi ammesso che nella rappresentazione suscitata da impressioni esterne la combinazione fisica delle impressioni stesse servisse a spiegare senz'altro la loro composizione psichica; il concetto dell'associazione era limitato a quelle forme di così detta riproduzione, nelle quali le rappresentazioni associate si seguono in ordine di tempo. Nella distinzione delle forme principali di queste associazioni successive si seguiva uno schema logico già fissato da *Aristotele* per i processi di memoria; in questo schema le associazioni erano distinte in base al principio della bipartizione per contrari, da un lato in associazioni per somiglianza e contrasto, dall'altro lato in associazioni per simultaneità e successione. Questi concetti generali ottenuti mediante una semplice dicotomia logica furono fregiati del nome di "Leggi delle associazioni". La nuova psicologia ha cercato di ridurre il numero di queste leggi. Parve il

contrasto essere un caso estremo della somiglianza, perchè tra le rappresentazioni contrastanti si associano solo quelle che insieme appartengono ad una medesima specie generale, e i legami per simultaneità e successione furono abbracciati sotto il concetto dell'*associazione esterna* o di *contiguità*, la quale venne contrapposta all'*associazione interna* o di *somiglianza*. Alcuni psicologi credevano senz'altro poter da questa semplificazione a due forme di associazione procedere alla riduzione ad un'unica "legge d'associazione" spiegando essi o l'associazione di contiguità come una forma speciale di quella di somiglianza, oppure, e più spesso, la somiglianza come un effetto di certe associazioni di contiguità. In ambedue i casi, del resto, l'associazione era per lo più ricondotta al principio più generale dell'esercizio e dell'abitudine.

2. Ma a tutte queste teorie vennero a mancare i fondamenti in seguito a *due* fatti che colpiscono in modo stringente, quando sperimentalmente si osservi il processo di rappresentazione. Il *primo* sta nel risultato generale dell'analisi psicologica delle rappresentazioni: quelle rappresentazioni composte, dalla psicologia dell'associazione presupposte come unità psichiche indecomponibili, sorgono già da processi di combinazione, i quali in modo manifesto si collegano intimamente colle combinazioni più complesse, abitualmente dette associazioni. Il *secondo* fatto sta nel risultato della ricerca sperimentale sui processi di memoria: non v'ha assolutamente una *riproduzione* delle rappresensazioni in senso proprio, cioè in quanto per riproduzione si intenda il rinnovarsi invariato di una rappresentazione già prima stata nella coscienza. Imperocchè la rappresentazione che in un atto di memoria entra nella coscienza, è sempre diversa dall'antecedente cui è riferita, e i suoi elementi sogliono essere distribuiti su diverse rappresentazioni anteriori.

Dal primo di questi fatti deriva, che quelle associazioni di rappresentazioni composte, nell'uso le sole così chiamate, devono essere precedute da processi associativi più semplici fra le loro parti costitutive. Il secondo fatto poi dimostra che quelle associazioni possono essere soltanto i prodotti complessi di tali associazioni elementari. Ammessa questa duplice conseguenza non v'ha più alcun diritto d'escludere dal concetto dell'associazione quelle combinazioni elementari, i prodotti delle quali non sono rappresentazioni successive ma simultanee; così pure non vi è più ragione alcuna per limitare questo concetto ai processi rappresentativi. L'esistenza dei sentimenti composti, delle emozioni ecc., ci insegna che gli elementi sentimentali entrano in combinazioni non meno regolari, le quali di più possono combinarsi ancora in prodotti più complessi colle associazioni degli elementi sensibili, come ci è stato mostrato dal modo di sorgere delle rappresentazioni di tempo (§ 11, pag. 127). In questo stretto rapporto esistente fra tutti i processi di combinazioni di grado diverso, e nella necessità di ricondurre tutte le combinazioni più composte ad associazioni elementari, troviamo una nuova conferma per quell'osservazione desunta dal generale decorso dei processi di coscienza, cioè che non è possibile stabilire un limite netto fra le combinazioni degli elementi costituenti le formazioni psichiche e la connessione di queste formazioni psichiche nella coscienza (pag. 165).

3. Il concetto dell'associazione può pertanto avere un significato sicuro e per ogni caso univoco, solo quando l'associazione sia concepita come un *processo elementare*, il quale nei processi psichici reali ci si presenti sempre soltanto in composizione più o meno complessa, così che le associazioni elementari si possano ottenere solo mediante l'analisi psicologica. Tra questi prodotti di combinazione quelle associazioni che sole hanno comunemente tal nome (le successive), sono soltanto una delle forme speciali di combinazione e certo la meno connessa. A queste appunto si contrappongono come forme più stabili quelle associazioni, onde sorgono le specie diverse di formazioni psichiche, quelle che noi abbiamo dette *fusioni*, appunto a causa della natura intima del legame (pag. 76 e segg.). I processi elementari dai quali provengono le formazioni psichiche: rappresentazioni intensive, di spazio e di tempo; sentimenti composti, emozioni e processi di volere, devono essere ascritti ai processi di associazione. Ma a scopo di distinzione pratica sarà opportuno assegnare qui alla parola «associazione» un valore più ristretto, raccogliendo sotto di essa solo quei processi di combinazione che si compiono fra elementi di formazioni psichiche *diverse*. Questo concetto dell'associa-

zione più ristretto, contrapposto alla fusione, si avvicina di più al concetto della vecchia psicologia (pag. 182) riferendosi esso solo alla connessione delle formazioni psichiche nella coscienza. Ma pur sempre esso si distingue da quello per i seguenti due caratteri importanti: 1) noi con esso intendiamo i *processi elementari di combinazione* oppure, quando si tratti di fenomeni composti, i prodotti di quei processi elementari; 2) come per le fusioni così anche per le associazioni noi distinguiamo oltre alle associazioni *successive*, anche le *simultanee* e quest'ultime crediamo si debbano ritenere come quelle originarie.

A - LE ASSOCIAZIONI SIMULTANEE.

4. Le associazioni simultanee, alla cui costituzione partecipano elementi di formazioni psichiche diverse, si distinguono in *due* specie: associazioni fra elementi di formazioni psichiche *omogenee, assimilazioni*, e associazioni fra elementi di formazioni psichiche *eterogenee, complicazioni*. In base alla limitazione posta al concetto di associazione, ambedue possono aver luogo solo fra quelle formazioni psichiche che son già per sè stesse combinazioni simultanee, quindi tra rappresentazioni intensive e spaziali come pure fra sentimenti composti.

a. - Le assimilazioni.

5. Le *assimilazioni* sono una forma d'associazione che si osserva specialmente, nella formazione di rappresentazioni intensive o spaziali e che integra il processo della fusione. Questo può essere dimostrato in modo evidentissimo quando tra i componenti di un prodotto di assimilazione alcuni sono dati da un'impressione sensibile esterna, e altri invece appartengono a rappresentazioni antecedentemente avute. Che in questo caso si tratti di un'assimilazione, è possibile constatare, perchè certe parti costitutive della rappresentazione che mancano nell'impressione oggettiva o sono sostituite da altre, mani-

festamente hanno origine da rappresentazioni anteriori. Fra queste, come l'esperienza dimostra, sono specialmente preferite quelle che sono state presenti assai di frequente. Ma anche singoli elementi dell'impressione possono più degli altri influire sull'associazione che si forma, così che quando questi elementi predominanti variano, come avviene specialmente nell'assimilazione, del senso visivo, anche il prodotto dell'assimilazione subisce variazioni corrispondenti.

6. Tra le formazioni intensive specialmente le *rappresentazioni uditorie* molto spesso si compiono colla cooperazione di assimilazioni ed offrono nel tempo stesso l'esempio più evidente, per il su ricordato principio della frequenza. Tra le rappresentazioni uditorie le *rappresentazioni verbali* di cui facilmente disponiamo, sono le più famigliari, perchè la nostra attenzione è diretta ad esse più che alle altre impressioni sonore. Quindi all'audizione di una parola si accompagnano continue assimilazioni; l'impressione sonora è incompleta, ma essa è così pienamente integrata a spese delle impressioni anteriori, che noi non ce ne accorgiamo. E non è l'udire, ma il traudire, cioè la falsa integrazione prodotta da non giuste assimilazioni, che ci fa per lo più accorti di questo processo. A questo processo di assimilazioni si può egualmente conchiudere dalla facilità, colla quale noi possiamo quasi ad arbitrio udire parole entro un'impressione sonora qualsiasi, ad es., nelle voci degli animali, nel rumore dell'acqua, del vento, di una macchina, ecc.

7. Nei *sentimenti intensivi* sono assimilazioni notevoli per ciò, che impressioni, le quali sono accompagnate da sentimenti elementari sensoriali od estetici, molto spesso portano direttamente con sè anche un secondo effetto sentimentale, di cui noi ci possiamo dar ragione solo se ci facciamo presenti certe rappresentazioni da quelle impressioni richiamate. Qui l'associazione suole presentarsi dapprima solo sotto la forma di un'associazione sentimentale e solo in questo senso essa è un'assimilazione simultanea. L'associazione di rappresentazioni, che ci spiega l'effetto prodotto in noi, è invece un processo che entra in campo più tardi; essa appartiene alla specie delle associazioni successive. Per questa ragione ci riesce appena possibile il distinguere nelle impressioni di suoni e di colore accompagnate da

determinati sentimenti, oppure nelle rappresentazioni spaziali semplici, ciò che è effetto sentimentale immediato dell'impressione, da ciò che spetta all'associazione. Ma di solito in questi casi il processo sentimentale è considerato come una risultante di due fattori, l'uno immediato, l'altro associativo, i quali però, secondo le leggi generali sulle fusioni dei sentimenti (pag. 129 e seg.), si combinano ambedue in un unico sentimento totale.

8. Nelle rappresentazioni *spaziali* l'associazione è di un'importanza grandissima. Nel campo del *senso tattile* essa è per l'uomo non cieco poco notevole a causa della minore importanza che qui le rappresentazioni tattili hanno e in generale e specialmente per i processi di memoria. All'opposto pel *cieco* l'associazione delle rappresentazioni tattili è la causa prima della facilità con cui egli rapidamente si orienta nello spazio; ad es., essa è necessaria per la pronta lettura della scrittura dei ciechi. Quei risultati dei processi di assimilazione, cui partecipano più superfici tattili, sono al massimo grado evidenti, perchè sono facilmente messi in luce dalle illusioni che possono nascere a causa di qualche perturbazione nella regolare cooperazione delle sensazioni. Quando, ad es., tocchiamo una piccola palla colle dita indice e medio incrociate, abbiamo la rappresentazione di *due* palle, e ciò senza dubbio perchè nella posizione solita degli organi di tatto l'impressione esterna corrisponde realmente a due palle. Le rappresentazioni in tal guisa avute in numerosi casi antecedenti hanno un'influenza assimilatrice sulla nuova impressione.

9. Il processo dell'assimilazione ha una parte straordinariamente importante nelle rappresentazioni del *senso della vista*; qui infatti esso coopera alle rappresentazioni della grandezza, della distanza e della natura corporea degli oggetti veduti e da ultimo completa i motivi immediati per la rappresentazione della profondità, che già sorgono nella visione binoculare come effetto di assimilazione. In tal modo trovano spiegazione quelle correlazioni nelle quali stanno fra loro le rappresentazioni di distanza e grandezza degli oggetti, ad es, la differenza di grandezza che presentano il sole e la luna quando sono all'orizzonte e allo zenith. Egualmente su questi processi di assimilazione si fondano gli effetti della prospettiva nel disegno e nella

pittura. Un'imagine disegnata o dipinta su un piano ci può apparire corporea solo perchè l'impressione risveglia elementi di anteriori rappresentazioni corporee che assimilano la nuova impressione. Questa influenza dell'assimilazione si dimostra poi in modo evidentissimo nei disegni non ombreggiati a due sensi, che possono essere veduti così sporgenti come rientranti. Ma anche qui l'osservazione ci dice che un tale mutamento di rilievo non è accidentale, tale che dipenda dal capriccio della così detta "facoltà immaginativa" ma che vi sono sempre elementi dell'impressione immediata, i quali determinano il processo di assimilazione in un senso completamente univoco. Tali elementi sono innanzi tutto le sensazioni che sono legate alle posizioni e ai movimenti degli occhi. Così quando si guardi il disegno lineare di un prisma e lo si fissi monocularmente per escludere le ragioni della rappresentazione della profondità legate alla vista binoculare, appare a vicenda sporgente o rientrante, a seconda che una volta si fissi la parte del disegno che corrisponde alla vista consueta di un prisma sporgente e l'altra volta invece quella che risponde alla solita vista di un prisma rientrante. Un angolo solido formato da tre linee rette, incidenti in un unico punto, appare sporgente se si percorre dal vertice una delle rette; esso si presenta rientrante quando si parte dall'estremità opposta della retta e si termina al vertice, ecc. In questo e in altri casi congeneri l'assimilazione è stabilita da queste regole: l'occhio nel movimento sulle linee di fissazione degli oggetti passa dai punti più vicini ai più lontani; nello sguardo in riposo suole posarsi sulle parti di un oggetto situate più vicine.

In altri casi le illusioni geometrico-ottiche già ricordate nel § 10 (19 e 20) fondate sulle leggi di movimento dell'occhio producono, come effetto secondario, certe rappresentazioni di profondità, che stabiliscono una compensazione tra le illusioni di estensione e di direzione e la corrispondente conformazione normale dell'imagine della retina. E però, ad es., una linea retta divisa pare maggiore che una egualmente grande non divisa (pag. 101), quindi tendiamo a porre la prima a distanza maggiore della seconda. Poichè qui, malgrado la diversa stima di grandezza determinata da diverso sforzo di movimento, le due linee occupano posizione di retine egualmente grandi, questa contraddizione viene eliminata a causa della diversa rappresentazione di distanza. Infatti, se di due linee, delle quali le imagini retiniche sono eguali, una sembra maggiore, questa nelle solite condizioni della vista deve provenire da un oggetto più lontano. Se una retta è tagliata da un'altra ad angolo acuto, a causa di un'altra illusione, fondata sulle leggi del movimento si stima maggiore l'angolo acuto (pag. 100), così che talvolta se la linea è grande, appare come piegata poco prima del punto di intersecazione. Ma anche qui la contraddizione fra l'andamento della linea e l'ingrandimento dell'angolo acuto d'intersecazione è eliminata, perchè prospettivamente la linea sembra correre verso la profondità dello spazio. In tutti questi casi la rappresentazione di prospettiva può essere spiegata soltanto dall'azione assimilante di anteriori elementi rappresentativi.

10. In nessuna delle assimilazioni su descritte è possibile dimostrare che una rappresentazione stata prima presente, assimilando abbia agito sulla nuova impressione totalmente. Nella maggior parte dei casi questo è già escluso, perchè una tale azione assimilante deve essere attribuita a molte rappresentazioni singole che si distinguono fra loro per numerose proprietà. Così, ad es., una linea retta tagliata da una verticale ad angolo acuto corrisponde a innumerevoli casi, nei quali una tale inclinazione col concomitante ingrandimento dell'angolo si presentò come componente di una rappresentazione corporea. Tutti questi casi possono però alla loro volta differire nelle più diverse maniere e per grandezza dell'angolo, e per natura delle linee, e per altre circostanze concomitanti. Noi dobbiamo quindi pensare il processo di assimilazione come un processo, nel quale sulla coscienza agisce non una determinata rappresentazione singola e neppure una determinata combinazione fra elementi di anteriori rappresentazioni, ma per solito una quantità di tali combinazioni che è necessario concordino colla nuova impressione complessivamente soltanto in modo approssimativo.

La natura dell'azione di tali combinazioni sulla coscienza può in qualche modo essere chiarita dalla parte importante che spetta nel processo a certi elementi legati all'impressione, ad es., nelle rappresentazioni visive alle sensazioni tattili interne dell'occhio. Sono per l'appunto questi immediati elementi sensibili, che nella corrente fluttuante di elementi rappresentativi venenti incontro all'impressione, ne scelgono alcuni a loro stessi adeguati e li trasportano nella forma corrispondente agli altri elementi dell'impressione immediata. Con ciò si dimostra che non soltanto gli elementi delle nostre rappresentazioni mnemoniche sono relativamente indeterminate e quindi variabili, ma che anche l'apprendimento di un'impressione immediata può a seconda delle condizioni speciali variare entro limiti abbastanza larghi. In tal guisa il processo di assimilazione ha il suo primo punto di partenza da elementi dell'impressione immediata, e principalmente da quelli che hanno un valore predominante per la costituzione delle rappresentazioni, come ad es., nelle rappresentazioni visive dalle sensazioni che accompagnano le posizioni e i movimenti dell'occhio: questi elementi svegliano elementi mnemonici del tatto determinati e a loro stessi adeguati. Questi poi alla lor volta esercitano un'azione d'assimilazione sull'impressione immediata, la quale infine può alla sua volta reagire ancora come assimilatrice sugli elementi riprodotti. Questi atti singoli, come pure l'intero processo, non sono per solito successivi, ma, almeno nella nostra coscienza, simultanei, imperocchè anche il prodotto del processo è appercepito come una rappresentazione tutt'unita direttamente data. Le due proprietà caratteristiche dell'assimilazione stanno dunque in ciò: 1) che essa consta di una somma di processi di combinazione *elementari*, cioè di processi tali che si riferiscono non a un tutto rappresentativo, ma a componenti rappresentativi; 2) che in essa le parti associate agiscono le une sulle altre, modificandosi a vicenda nel senso di una *reciproca assimilazione*.

11. Ciò posto, le differenze capitalissime dei processi di assimilazione composti trovano facilmente la loro spiegazione nella partecipazione, pei singoli casi molto varia, dei diversi fattori richiesti per ogni assimilazione. Nelle comuni rappresentazioni oggettive gli elementi diretti così predominano che i riprodotti per solito sono trascurati, quantunque in realtà essi non manchino mai e siano spesso di assai grande importanza per l'apprendimento degli oggetti. Gli elementi riprodotti si offrono in modo più opportuno alla nostra osservazione,

quando l'azione assimilante delle impressioni dirette è inibita da influenze esterne od interne, ad es. quando l'impressione è indistinta e quando nascono sentimenti ed emozioni. In tutti quei casi, nei quali per tal modo la differenza fra l'impressione e la rappresentazione reale diventa così grande che essa si fa tosto manifesta ad un nostro esame più intimo, noi designiamo un tale prodotto d'assimilazione come un'*illusion*.

Il carattere di generalità delle assimilazioni non ci lascia dubitare che esse possano avvenire fra elementi riproducibili, e in modo che, ad es., una rappresentazione mnemonica sorgente in noi sia subito modificata dalla sua relazione con altri elementi mnemonici. Ma in questo caso, come facilmente si comprende, ci mancano i mezzi per la dimostrazione del processo. Possiamo solo affermare come verosimile, che anche nei così detti "processi puri di memoria" non mancano interamente gli elementi diretti sotto la forma di sensazioni e di sentimenti sensoriali che sono suscitati da stimoli periferici. Ad es., nelle imagini visive riprodotte essi sono senza dubbio presenti sotto la forma di sensazioni tattili interne dell'occhio.

b. - Le complicazioni.

12. Le *complicazioni*, ossia le combinazioni fra formazioni psichiche eterogenee sono parti costitutive della coscienza non meno regolari delle assimilazioni. Come ben difficilmente v'è una rappresentazione intensiva, o spaziale, oppure un sentimento composto, che non sia in qualche modo modificato dal processo di assimilazione reciproca fra gli elementi diretti e riprodotti, così quasi ciascuna di queste formazioni psichiche è insieme legata ad altre di diversa natura, colle quali ha certe relazioni costanti. Ma la complicazione si distingue sempre dall'assimilazione per il fatto, che l'eterogeneità delle formazioni rende meno stretta l'associazione, per quanto questa sia regolare; e però se in essa uno dei componenti è diretto, l'altro riprodotto, noi ve li possiamo con facilità distinguere immediatamente. Ma d'altro lato vi è un'altra causa che, malgrado la natura diversa fa-

cilmente riconoscibile degli elementi, dà pur sempre al prodotto di una complicazione l'aspetto di una formazione organica. La causa sta nel *predominio* di una formazione psichica sulle altre associate, per cui queste di fronte a quella devono ritirarsi nella parte oscura del campo visivo della coscienza.

Se la complicazione associa un'impressione diretta con elementi riprodotti di natura disparata, l'impressione diretta colle assimilazioni ad essa legate costituisce di regola la parte predominante, mentre gli elementi riprodotti esercitano talora un'influenza notevole soltanto pel loro tono sentimentale. Quando noi parliamo, le rappresentazioni verbali acustiche sono le parti predominanti, colle quali abbiamo oscure le sensazioni di movimento pur date direttamente, e come riproduzioni, le imagini ottiche delle parole. Al contrario nella lettura, quest'ultime sono nel primo piano (Vordergrund) della coscienza, mentre le rappresentazioni uditorie diventano più deboli. Pertanto a causa della proprietà che hanno le rappresentazioni oscure di agire col loro tono sentimentale in modo relativamente forte sull'attenzione (pag. 175 e seg.), l'esistenza di una complicazione può spesso essere avvertita solo dalla speciale colorazione del sentimento totale, che accompagna la rappresentazione predominante. Così, ad es., la impressione particolare di una superficie ruvida, di una punta di stile, di un'arma da fuoco, dipende dalla complicazione dell'immagine visiva colla tattile, e per l'arma da fuoco anche con impressioni uditorie; ma di solito queste complicazioni sono avvertite soltanto pel loro effetti sentimentali.

B. - LE ASSOCIAZIONI SUCCESSIVE.

13. L'associazione successiva non costituisce un processo che sia diverso per proprietà essenziali dalle due forme dell'associazione simultanea, l'assimilazione e la complicazione. Essa si fonda piuttosto sulle stesse cause generali e si distingue solo per questa condizione secondaria: il processo di combinazione, il quale là si presenta in un atto che per l'osservazione immediata è indivisibile nel tempo, qui

subisce un ritardo, per il quale esso si separa distintamente in *due* atti. Il primo di questi atti corrisponde al sorgere degli elementi *riproducenti*, il secondo al sorgere dei *riprodotti*. Anche qui in moltissimi casi il primo atto è introdotto da un'impressione di senso esterno, la quale per solito si associa tosto con un'assimilazione Ma siccome ulteriori elementi di riproduzione tendenti ad una assimilazione, oppure anche ad una complicazione, sono arrestati da cause inibitorie, ad es., perchè altre assimilazioni si presentano prima all'appercezione e riescono poi ad agire solo dopo un certo tempo, ne segue, che dal primo atto d'appercezione si separa distintamente un secondo: il contenuto psichico di questo ha subite modificazioni tanto più essenziali quanto più numerosi sono gli elementi introdotti di nuovo dalla ritardata assimilazione e complicazione, e quanto più essi respingono colla loro diversa natura quelli già prima esistenti.

14. Nella maggior parte dei casi un'associazione così sorta si limita a *due* processi rappresentativi o sentimentali, che si succedono l'un l'altro e sono nella suddetta maniera collegati da assimilazioni o complicazioni; ma al secondo membro possono poi annettersi o nuove impressioni di senso, oppure combinazioni appercettive (§ 17). Più di rado avviene che gli stessi processi, i quali causarono la prima scomposizione di un'assimilazione o complicazione in un processo successivo, si ripetano nel secondo, nel terzo membro, così che sorga in tal modo una *serie associativa*. In generale questo caso si verifica solo in condizioni eccezionali; e precisamente quando si sono prodotte alterazioni nel corso normale delle combinazioni appercettive, ad es., nella così detta "fuga d'idee" degli alienati. L'associazione a più membri ben difficilmente si presenta nell'uomo normale e nelle consuete condizioni di vita.

14a. Una tale associazione a serie può anche determinarsi sotto condizioni create ad arte per l'osservazione, cioè quando intenzionatamente si cerca di sopprimere nuove impressioni di senso e nuove combinazioni appercettive. Ma anche allora essa presenta un corso diverso dallo schema solitamente dato, perchè non ogni membro successivo si annette a quello immediatamente precedente, ma il terzo, il quarto, ecc. al primo, fino a che una speciale impressione di senso, o una rappresentazione con un tono sentimentale d'intensità nuova costituisce tra nuovo punto di collegamento per le associazioni seguenti. Anche le associazioni nella fuga d'idee degli alienati mostrano per lo più lo stesso tipo del ricorso a certi membri principali predominanti.

a. - I processi di riconoscimento e di conoscimento sensitivi.

15. La comune associazione a due membri nella sua maniera di sorgere dalle combinazioni di assimilazioni e complicazioni può essere nel modo più distinto osservata per entro i processi del riconoscere e conoscere sensitivo. Noi usiamo l'attributo "sensitivo" per questi processi di associazione, da un lato per dimostrare che il primo membro della combinazione è sempre un'impressione sensibile, dall'altro per distinguere questi processi da quelli *logici* di conoscenza.

Abbiamo il più semplice caso psicologico di un riconoscimento, quando abbiamo avuta una sol volta la rappresentazione, ad es., visiva di un oggetto e a un nuovo incontro lo riconosciamo pel medesimo. Se il primo incontro è avvenuto solo poco tempo prima, oppure se l'impressione è stata vivace in modo speciale e ha suscitate emozioni, l'associazione si compie di solito immediatamente come un'assimilazione simultanea; e il processo si distingue dalle speciali assimilazioni che hanno luogo in ogni rappresentazione oggettiva, solo per un particolare sentimento concomitante, il *sentimento della contezza*. E perchè un tale sentimento è presente solo quando si è fino ad un certo grado "coscienti", che l'impressione è già stata una volta in noi, lo si deve manifestamente attribuire a tutti quei sentimenti che provengono dalle rappresentazioni confuse esistenti nella coscienza. La differenza psicologica tra questo nuovo processo ed una solita assimilazione simultanea si può ben riconoscere in ciò, che nel momento in cui il processo di assimilazione si compie coll'appercezione dell'impressione, proprio allora quei componenti della rappresentazione primitiva, i quali non partecipano all'assimilazione, emergono nella penombra della coscienza, e in questo caso la loro relazione agli elementi della rappresentazione appercepita si esplica in quel sentimento. Tali componenti non assimilati possono essere in parte elementi dell'impressione anteriore, i quali sono così diversi da certi elementi dell'impressione nuova che rifuggono dall'essere assimilati; in parte e specialmente, essi possono consistere in complicazioni che già prima erano distintamente presenti, ma ora rimangono inosservate. In una tale cooperazione della complicazione trova una spiegazione il fatto, che per gli oggetti della vista il nome loro, ad es., per le persone il nome proprio, e all'occasione anche alcune particolarità acustiche, ad es. il suono della voce, sono sussidi straordinariamente efficaci per il riconoscimento. Ma questi sussidi perchè giovino, non devono necessariamente essere rappresentazioni chiare nella coscienza. Se noi incontriamo un uomo di cui già abbiamo udito il nome, questo, benchè non ci ritorni tosto distinto alla memoria, può facilitare il riconoscimento.

15a. Una tale influenza delle complicazioni può essere dimostrata anche sperimentalmente. Se in una sol volta si presenta all'occhio un certo numero di dischi, i quali mostrino diverse gradazioni di grigio fra bianco e nero, è possibile riconoscere facilmente ogni singolo disco come affine a una certa impressione precedente, fintanto che non si scelgano più che cinque gradi in tutto (cioè tra bianco e nero ancora tre gradazioni di grigio); ma se si prende un maggior numero di gradi, questo riconoscimento non riesce più possibile. Si può con verisimiglianza supporre che questo fatto si connetta colle cinque determinazioni comuni: bianco, grigio chiaro, grigio, grigio oscuro, nero. Infatti ne sarebbe una conferma l'osservazione, che, esercitandosi a un maggior numero di designazioni, si può anche riconoscere un maggior numero di gradazioni (eventualmente sino a 9). È vero che in queste ricerche la complicazione può essere distintamente cosciente; ma non occorre che dapprima lo sia, specialmente nelle cinque gradazioni comuni; piuttosto qui di solito la designazione conveniente è cercata solo quando il vero atto di riconoscimento è già compiuto.

16. Le osservazioni esposte ci rendono conto anche delle condi-

zioni, nelle quali il riconoscimento può trasformarsi da un'associazione simultanea in una successiva. Se passa un certo tempo prima che gli elementi rappresentativi anteriori, a poco a poco sorgenti nella coscienza, producano un distinto sentimento di riconoscimento, allora l'intero processo si scinde in *due* atti, in quello dell'*apprendimento* e in quello del *riconoscimento*, dei quali il primo è legato soltanto alle consuete assimilazioni simultanee, mentre nel secondo si hanno gli effetti di quegli elementi della rappresentazione anteriore, i quali rimangono oscuri, e però non sono assimilabili. Ne segue, che il processo di riconoscimento si distingue tanto più distintamente in due atti, quanto maggiori sono le differenze dell'impressione anteriore e della nuova. Allora non solo suole esservi una più lunga pausa di notevole arresto tra apprendimento, e riconoscimento, ma anche i processi appercettivi, cioè i processi dell'attenzione volontaria corrispondenti allo stato della reminiscenza (Besinnen) agiscono sulle associazioni nel senso di promuoverle. Il fatto detto del «riconoscimento mediato» costituisce un caso estremo di questa specie; in esso un oggetto non è riconosciuto per le proprietà ad esso inerenti, ma a causa di qualche particolarità concomitante che si trova con esso in connessione casuale, ad es., una persona incontrata è riconosciuta a causa di un'altra che l'accompagna, e simili. Non è possibile trovare una differenza psicologica essenziale tra questo caso e quello del riconoscimento immediato. Anche quelle proprietà che non spettano per sè stesse all'oggetto riconosciuto, appartengono pur sempre a tutto il complesso degli elementi rappresentativi, che insieme agiscono nella preparazione e nel compimento dell'associazione. Però quel ritardo di tempo che separa l'intero processo del riconoscimento in due processi rappresentativi, e che spesso anche richiede il soccorso della reminiscenza volontaria, si presenta, come è facile comprendere, in modo più pronunciato in questi riconoscimenti mediati.

17. Il processo di riconoscimento semplice, come esso si svolge nell'incontro di un oggetto già altre volte percepito, costituisce il punto di partenza per lo svolgimento degli altri più vari processi di associazione, così di quelli, che al pari di esso stanno ancora sul confine di associazione simultanea e successiva, come di quelli nei quali

il ritardo che conduce all'associazione successiva, si dimostra poi nella formazione di associazioni di assimilazione e complicazione. E così il riconoscimento di un oggetto spesso percepito è un processo che si svolge più facilmente e quindi per solito si compie simultaneamente; questo processo si avvicina ancor più alla solita assimilazione, perchè il sentimento di contezza è di un'intensità molto minore. Il processo del *conoscere sensitivo* si distingue per solito soltanto in piccola parte da questi riconoscimenti di singoli oggetti famigliari. La differenza logica dei due concetti sta in ciò, che il riconoscere designa un'affermazione dell'identità individuale del nuovo oggetto osservato con uno osservato anteriormente; il conoscere invece indica la subsunzione dell'oggetto ad un concetto di già ben noto. Però nel processo del conoscere sensitivo non ha luogo una reale subsunzione logica, siccome non esiste uno sviluppato concetto generale, al quale possa essere subordinato. L'equivalente psicologico di una tale subsunzione sta piuttosto solo nell'essere l'impressione riferita a un numero indeterminatamente grande di oggetti. E ora poichè questo riferimento presuppone l'anteriore rappresentazione di oggetti diversi che concordino soltanto in certe proprietà, tanto più il processo del conoscimento psicologico coincide con una comune assimilazione, quanto più famigliare è la classe di oggetti alla quale l'oggetto appartiene, e quanto più questo concorda coi caratteri generali della classe. Ma poi anche il sentimento proprio ai processi di conoscimento e riconoscimento decresce in eguale misura e da ultimo sparisce interamente, e allora noi in questi casi dell'incontro di oggetti di natura comune non parliamo più affatto di un processo di conoscimento. Questo processo anche in tali casi si manifesta distintamente tosto che l'assimilazione incontri qualche *arresto*, o perchè la rappresentazione di quella certa classe di oggetti sia divenuta insolita, o perchè il singolo oggetto offra proprietà eccezionali. Allora qui l'associazione simultanea può cedere il passo alla successiva, diventando apprendimento e conoscimento due processi susseguentisi. In egual misura anche il *sentimento di conoscimento* appare ora come un sentimento specifico, che è affine certamente al sentimento di contezza, ma che però, in conformità alle diverse condizioni di sua origine, si distingue in modo caratteristico specialmente per il suo decorso nel tempo.

b. - I processi di memoria.

18. Il processo di riconoscimento semplice si svolge in una direzione essenzialmente diversa, se quegli ostacoli ad una pronta assimilazione che determinano la trasformazione di un'associazione simultanea in una successiva, sono tanto grandi, che gli elementi rappresentativi antagonistici alla nuova rappresentazione sensitiva (o dopo ohe il processo di conoscimento si sia svolto, o anche senza che sia avvenuto) si riuniscono in una nuova formazione rappresentativa, la quale è riferita direttamente a un'impressione antecedente. Il processo che così si svolge, è il *processo dì memoria*, e la rappresentazione che per tal guisa giunge all'appercezione, è detta *rappresentazione mnemonica o imagine mnemonica.*

18a. I processi di memoria sono quelli, ai quali la psicologia dell'associazione ha limitato per lo più l'uso del concetto d'associazione. Ma essendo essi, come lo dimostra l'esposizione antecedente, associazioni che hanno luogo sotto condizioni specialmente complesse, fu con ciò fin dall'inizio resa impossibile la spiegazione genetica delle associazioni. Si comprende pertanto che la dottrina dell'associazione in discorso si limita essenzialmente a dividere le diverse specie dei prodotti di associazioni che si osservano nei processi di memoria, prendendo a punto di partenza una considerazione logica e non psicologica. Una conoscenza dei processi psichici che agiscono nelle associazioni, è solo possibile quando si parta dai processi più semplici di associazione. La comune assimilazione simultanea, il processo di riconoscimento simultaneo e successivo si presentano già per sè stessi come i naturali antecedenti dell'associazione di memoria. Il primo di quei processi di riconoscimento non è che un'assimilazione accompagnata da un sentimento, indizio d'elementi rappresentativi oscuramente presenti nella coscienza e non assimilabili. Nel secondo processo questi elementi ribelli hanno un'azione d'arresto, così che il riconoscimento ritorna alla primitiva forma di un'associazione successiva, essendo l'impressione assimilata dapprima nella solita maniero, e poi in un secondo atto con concomitante sentimento di contezza; e in ciò si ha anche una prova della maggiore partecipazione di certi elementi di riproduzione. Quando in questa forma semplicissima di associazione successiva le due rappresentazioni che si seguono, sono riferite ancora a un medesimo oggetto, di cui sono appercepiti nei due atti elementi rappresentativi e sentimentali in parte diversi, allora abbiamo una modificazione essenziale nell'*associazione di memoria*. Predominando in essa gli elementi eterogenei delle impressioni anteriori, alla prima assimilazione dell'impressione segue la formazione di una rappresentazione, nella quale sono contenuti tanto elementi dell'impressione nuova quanto elementi delle impressioni antecedenti, capaci di assimilazione a causa di certi loro componenti. Quanto più prevalgono gli elementi eterogenei, tanto più la rappresentazione che sorge seconda, è appresa come *diversa* dalla nuova percezione; quanto più invece si mostrano elementi affini, tanto più essa è appresa come *simile*. Ma sempre la seconda rappresentazione si contrappone alla nuova impressione come una formazione psichica che è d'origine *riproduttiva* ed è indipendente.

19. Le condizioni generali che stanno a base del sorgere delle rappresentazioni mnemoniche, possono alla lor volta offrire gradazioni e differenze, che vanno parallele alle forme già ricordate dei processi di riconoscimento e conoscimento. E infatti quei processi che sopra (15, 17) imparammo a conoscere come diverse modificazioni della solita assimilazione: il riconoscimento di un oggetto già rappresentato *una volta*, di uno già famigliare per *frequenti* rappresentazioni, come pure il conoscimento di un oggetto *noto* per un suo carattere generale, dànno luogo a diverse modificazioni nei processi di memoria

Il riconoscimento *semplice* passa in un atto di memoria tosto che all'assimilazione immediata di un'impressione facciano ostacolo quegli elementi, che appartengono non all'oggetto stesso, ma a circostanze a lui concomitanti nella rappresentazione anteriore. Appunto perchè l'oggetto era stato incontrato una sol volta, oppure perchè nella riproduzione è considerato come incontrato una sol volta, quegli ele-

243

menti concomitanti possono essere relativamente chiari e determinati e insieme mostrare distinta la loro differenza dalle concomitanze della nuova impressione. In tal guisa dapprima sorgono forme miste; che stanno fra il riconoscimento e la memoria; l'oggetto è riconosciuto ed è insieme riferito a una determinata rappresentazione sensitiva anteriore; le cui condizioni concomitanti aggiungono all'immagine mnemonica una determinata relazione di spazio e di tempo. Il processo di memoria predomina specialmente in quei casi, nei quali l'elemento della nuova impressione, che agisce come assimilante, è pienamente cacciato dalle restanti parti costitutive della immagine mnemonica; così che la relazione associativa tra esso e l'impressione precedente può restare interamente nascosta.

19a. In questi casi si è parlato di "memoria mediata" o "associazione mediata". Ma anche qui, come nel "riconoscimento mediato," non si trova un carattere importante, che differenzi questo processo dalle solite associazioni. Qualcuno, ad es., sedendo di sera nella sua camera a un tratto e, a quanto pare, senza causa, ripensa a una regione percorsa molti anni prima; ma una posteriore indagine più esatta dimostra, che per caso nella camera è un fiore molto olezzante per la prima volta veduto in quel viaggio. La differenza di un solito processo di memoria, nel quale è distintamente conosciuto il legame della nuova impressione con un fatto psichico anteriore, sta manifestamente in ciò, che gli elementi dai quali è stabilito il legame sono respinti nello sfondo oscuro (Hintergrund) della coscienza da altri elementi rappresentativi. Le esperienze non rare, nelle quali un'imagine mnemonica sorge in noi improvvisamente, e a quanto pare, senza causa, e che per lo più sono stato interpretate come un "sorgere spontaneo" delle rappresentazioni, ci riconducono con ogni probabilità a queste associazioni latenti.

20. Dai processi di memoria che si collegano al semplice riconoscimento del fatto psichico già una volta svoltosi in noi, si distinguono essenzialmente, per una maggior complicazione delle loro condizioni, quei processi che derivano da riconoscimenti *molteplici* e da *conoscimenti*. Nel processo per cui sorge la rappresentazione sensitiva di un singolo oggetto, a noi noto o per sè stesso o nel suo carattere

generale, le relazioni di associazione possibili hanno dapprima un'estensione incomparabilmente maggiore e per ciò il modo, in cui a una determinata esperienza vengono ad aggiungersi processi di memoria, non dipende tanto dai singoli fatti psichici sui quali si fonda l'associazione, quanto dalle condizioni generali e dalle disposizioni momentanee della coscienza, specialmente poi dall'intervento di certi processi d'appercezione attiva e dai corrispettivi sentimenti od emozioni intellettuali. Data la varietà di queste condizioni si comprende come le associazioni si sottraggano in generale ad ogni calcolo preventivo; laddove nell'atto di memoria, tosto che sia avvenuto, le traccie della sua formazione associativa raramente sfuggono all'indagine attenta, così che noi in tutti i casi possiamo a buon diritto considerare l'associazione come causa unica e generale dei processi di memoria.

21. Ma in questa derivazione non si deve mai dimenticare che ogni reale *processo di memoria*, come ce lo dimostra il suo sviluppo psicologico dal suo più semplice antecedente, l'assimilazione simultanea, non è in alcun modo un processo semplice, ma si compone di una quantità di processi elementari, fra questi stanno qui in prima linea le relazioni assimilanti, nelle quali una data impressione, o in certi casi un'imagine di memoria già presente, entra con elementi di formazioni psichiche anteriori. A ciò si connettono due ulteriori processi caratteristici per il processo di memoria: il primo, l'inibizione dell'assimilazione a causa di elementi eterogenei, e il secondo, le assimilazioni e le complicazioni provenienti da questi elementi eterogenei. Questo secondo processo determina il sorgere di una formazione psichica diversa dalla prima impressione, formazione psichica che dall'azione concomitante delle complicazioni è riferita, in modo più o meno determinato, a un fatto psichico anteriore. Questa relazione regressiva si dà anche qui a conoscere per un sentimento particolare; il *sentimento di ricordanza* che è affine al sentimento di contezza, ma è pur da questo caratteristicamente diverso nella sua origine temporale, verosimilmente a causa del gran numero di complicazioni oscuramente coscienti, che accompagnano il sorgere dell'indagine mnemonica.

Se ritorniamo ai processi elementari, nei quali possiamo scomporre il processo di memoria al pari di ogni composto processo associativo, otteniamo sempre *combinazioni di eguaglianza e di contiguità*. Fra queste generalmente predominano le prime, se il processo si avvicina ad un processo solito di assimilazione o di riconoscimento; le seconde invece si dimostrano tanto più intensive, quanto più i processi acquistano il carattere di ricordi "mediati", oppure l'apparenza di un "sorgere spontaneo" di rappresentazioni.

21 *a*. È evidente che lo schema in uso, secondo il quale tutti i processi di memoria debbano essere associazioni o di somiglianza o di contiguità, diventa assolutamente inesatto, quando lo si voglia usare per l'origine psicologica di questi processi; mentre d'altro lato è troppo generale e indeterminato, quando si intenda logicamente ordinare i processi secondo i loro risultati ultimi, senza riguardo alla loro origine. In quest'ultimo caso le relazioni di subordinazione e sovraordinazione, di coordinazione, di causa e di fine, la successione e la coesistenza temporale, le diverse specie di rapporti spaziali troverebbero sempre nei concetti generali di "somiglianza" e di "contiguità" solo un'espressione insufficiente. In quanto poi all'origine dei processi di memoria, per ciascuno di essi si intrecciano processi che possono in un certo senso designarsi come effetti in parte di somiglianza e in parte di contiguità. Di un'effetto di somiglianza si potrebbe parlare in quelle assimilazioni, che in parte sono d'introduzione al processo e in parte cooperano a quell'ultimo riferimento a un determinato fatto psichico anteriore. Così pure l'espressione "somiglianza" è qui inadatta, perchè prima d'ogni cosa processi elementari *eguali* hanno una reciproca azione assimilatrice e perchè, dove una reale eguaglianza non esiste, questa pur sempre si stabilisce in seguito all'assimilazione reciproca. Infatti il concetto delle "associazioni di somiglianza" è legato al presupposto, che le rappresentazioni composte siano oggetti psichici invariabili e le associazioni combinazioni tra queste rappresentazioni già pronte. Quel concetto cade di per sè quando si rinunzi a questo presupposto, che completamente contraddice all'esperienza psicologica e rende impossibile una giusta comprensione di essa. Dove certi prodotti di associazione, ad es., due immagini mnemoniche successivamente sorgenti, sono simili tra loro, allora il processo

246

sarà ricondotto a processi di assimilazione che si compongono di elementari combinazioni di eguaglianza e di contiguità. L'associazione d'eguaglianza può aver luogo tra componenti od originariamente eguali od originariamente diversi e fatti eguali solo dall'assimilazione. Un effetto di contiguità si può attribuire a quegli elementi che dapprima si oppongono all'assimilazione, e in parte trasformano l'intero processo in una successione di due processi e in parte aggiungono all'immagine mnemonica quegli elementi, che le danno il carattere di una formazione indipendente, diversa dall'impressione che l'induce.

22. La natura delle *rappresentazioni di memoria* sta in strettissima connessione colla natura complessa dei processi di memoria; se esse sono dette imagini, non di rado più deboli ma pur fedeli, delle dirette rappresentazioni di senso, questa descrizione è, quant'è mai possibile, inesatta. Imagini mnemoniche e dirette rappresentazioni di senso diversificano tra loro non solo qualitativamente e intensivamente, ma anche nella composizione elementare. Se noi lasciamo per quanto è possibile decrescere in intensità un'impressione sensibile, rimane pur sempre ancora, fintanto che essa può essere avvertita, una formazione psichica essenzialmente diversa da una rappresentazione di memoria. Ciò che contrassegna la rappresentazione mnemonica, assai meglio della piccola intensità dei suoi elementi sensibili, è l'*imperfezione* della rappresentazione. Quando ricordo un uomo a me noto, non solo i tratti del viso, della figura sono nella coscienza più oscuri che quando lo guardo direttamente, ma la maggior parte di questi tratti non esistono affatto. Agli scarsi elementi rappresentativi che sono presenti e che mediante una opportuna direzione dell'attenzione possono essere alquanto completati, si collega una serie di combinazioni di contiguità e di complicazioni: l'ambiente in cui io ho veduto quella persona, il suo nome, infine certi elementi sentimentali sorti nell'incontro di essa. Tutte queste parti concomitanti sono quelle che dell'imagine fanno un'imagine mnemonica.

23. Del resto grandi differenze *individuali* sono tanto nell'efficacia di questi elementi concomitanti, quanto nella evidenza dei componenti sensibili delle imagini di memoria. Le imagini di memoria

sono in alcuni uomini orientate più esattamente in rapporto al tempo e allo spazio che in altri; straordinariamente diversa è poi l'attitudine a ricordare i colori o i toni. Un assai piccolo numero di uomini pare capace di ricordi gustatorii e olfattorii distinti; in luogo di questi le concomitanti sensazioni di movimento del naso o degli organi di gusto entrano come complicazioni.

La lingua raccoglie queste proprietà variamente diverse, che si connettono ai processi di riconoscimento e conoscimento, sotto il nome "*memoria*". Naturalmente questo concetto non ha, come ammise la psicologia delle facoltà (pag. 9) il significato di un'unica potenza psichica; esso rimane pur sempre un concetto sussidiario, che è utile pel risalto delle differenze individuali nei processi di memoria. In questo senso noi parliamo di una memoria fedele, comprensiva, facile, oppure di una buona memoria locale, cronologica, verbale e simili; espressioni che si riferiscono alle diverse direzioni, nelle quali si svolgono gli elementari processi di assimilazione e di complicazione a seconda di originarie disposizioni e dell'esercizio.

Fra queste differenze individuali una parte importante è rappresentata dal *deperimento della memoria*, alle cui manifestazioni generalmente corrispondono quelle perturbazioni della memoria che sorgono in seguito a malattie cerebrali. Queste manifestazioni sono specialmente notevoli dal lato psicologico, perchè in esse si può conoscere in modo evidente l'influenza delle complicazioni sui processi di memoria. Tra i sintomi più appariscenti della perdita di memoria, così normale come patologica, è la perdita della *memoria verbale*. Essa suole succedere in modo, che vengono dimenticati prima di tutti i nomi propri, poi i nomi degli oggetti concreti che ogni giorno ci circondano, poi i verbi più astratti per loro natura, da ultimo le particelle affatto astratte. Questa successione corrisponde esattamente alla possibilità che hanno le singole specie di parole di essere rappresentate nella coscienza da altre rappresentazioni con esse legate in regolare complicazione. Questa possibilità è manifestamente massima pei nomi propri, ma minima per le particelle astratte, le quali non possono essere ritenute che mediante il loro segno verbale.

248

§17. - Le combinazioni appercettive.

1. Le associazioni in tutte le loro forme, al pari di quei processi di fusione ad esse molto affini che stanno a base dell'origine delle formazioni psichiche, sono da noi considerate prodotti psichici passivi, perchè in esse quel sentimento di attività così caratteristico pei processi di volere e d'attenzione entra sempre solo in modo da annettersi alle *combinazioni già formate* nell'appercezione di dati contenuti psichici (v. pag. 177 e segg.). Le associazioni sono quindi fatti della nostra vita psichica che possono per parte loro svegliare processi di volere, ma che tuttavia non sono immediatamente sotto l'influenza di processi di volere. Questo è appunto il criterio di cui dobbiamo servirci nella distinzione di un fatto psichico *passivo*.

Per questo rispetto si differenziano essenzialmente quelle combinazioni di seconda natura ohe possono aver luogo fra diverse formazioni psichiche e i loro elementi: le *combinazioni appercettive*. In esse il sentimento dell'attività accompagnato da varie sensazioni di tensione, non solo segue le combinazioni come un effetto di esse, ma le precede e però le combinazioni sono apprese *immediatamente come compientisi colla cooperazione dell'attenzione*. In questo senso noi le diciamo fatti psichici *attivi*.

2, Le combinazioni appercettive si estendono a una quantità di processi psichici, che l'esperienza comune suole distinguere con certe designazioni generali: come pensiero, riflessione, imaginazione e intelletto. Complessivamente essi nell'ordine dei processi psichici hanno il valore di gradi superiori rispetto alle funzioni sensitive e ai puri processi di memoria, ma presi singolarmente sono considerati di natura perfettamente diversa. Una tale diversità è specialmente ammessa per le così dette attività fantastica e intellettiva. Di fronte a questa concezione sminuzzante, propria della psicologia volgare e della teoria della facoltà che seguì le traccie di quella, la psicologia dell'associazione cercò collocarsi da un punto di considerazione unitario, sottomettendo le combinazioni appercettive delle rappresentazioni al concetto generale dell'associazione che essa aveva limitato all'associazione successiva (pag. 182). Ma riducendo la combinazione appercettiva all'associazione successiva o se ne trascurarono l'essenziali differenze tanto soggettive quanto oggettive; oppure si cercò superare le difficoltà di una spiegazione di quelle differenze introducendo certi concetti presi dalla psicologia volgare, in quanto si riconosceva all'"interesse" o all'"intelligenza" un'influenza sul costituirsi delle associazioni. Inoltre un equivoco stava spesso a base di questa concezione, cioè che, qualora si fossero riconosciute certe differenze fra combinazioni appercettive e associazioni, si sarebbe dovuto affermare l'assoluta indipendenza di quelle da queste. Naturalmente di questo non si può più far parola. Tutti i processi psichici sono legati alle associazioni proprio come alle originarie impressioni di senso. Ma come le associazioni stesse partecipano tutte alle rappresentazioni sensitive e nullameno nei processi di memoria vengono a formare processi relativamente indipendenti, così le combinazioni appercettive si fondano in tutto sulle associazioni, senza che sia tuttavia possibile ricondurre a queste le loro proprietà essenziali. 3. Se noi ora cerchiamo renderci conto delle proprietà essenziali delle combinazioni appercettive, possiamo distinguere quei processi psichici che in esse si esplicano, in *funzioni appercettive semplici* e *composte*. Funzioni *semplici* sono quelle di *relazione* e di *comparazione*; composte le funzioni della *sintesi* e dell'*analisi*.

A. - LE COMBINAZIONI APPERCETTIVE SEMPLICI.
(*Relazione e comparazione*).

4. La più elementare fra tutte le funzioni dell'appercezione è la *relazione di due contenuti psichici fra loro*. Le basi di una tale relazione sono in ogni caso date nelle singole formazioni psichiche e nelle loro associazioni; ma il *compimento* della relazione consiste in una speciale attività appercettiva, per la quale la *relazione* diventa *essa stessa* uno speciale contenuto di coscienza, che si distingue dai contenuti messi fra loro in relazione reciproca, ma che è con loro saldamente legata. Quando noi in un riconoscimento acquistiamo coscien-

250

za dell'identità di un oggetto con un altro antecedentemente percepito, oppure in un ricordo acquistiamo coscienza di una determinata relazione tra il fatto psichico ricordato e un'impressione presente, allora in questi casi alle associazioni va unita anche una funzione dell'appercezione sotto la forma di attività di relazione.

Fintanto che il riconoscimento rimane una pura associazione, la relazione si limita al sentimento di contezza che segue, o immediatamente o dopo un breve intervallo, all'assimilazione della nuova impressione. Se invece all'associazione si aggiunge la funzione appercettiva, allora quel sentimento acquista un sostrato rappresentativo che è distintamente nella coscienza, essendo la rappresentazione anteriore e l'impressione nuova distinte fra loro nel tempo e insieme poste nel rapporto dell'identità secondo le loro proprietà essenziali. Lo stesso avviene quando noi acquistiamo coscienza dei motivi di un atto di memoria. Anche questo presuppone che al sorgere per associazione dell'immagine mnemonica si aggiunga un raffronto di tale immagine colle impressioni determinanti l'associazione, un processo questo, che alla sua volta è possibile solo come funzione dell'attenzione attiva.

5. Per tal guisa la funzione della *relazione* è sempre determinata dalle associazioni, ogni qual volta esse o i loro prodotti diventano oggetto dell'osservazione volontaria. La relazione si collega sempre, come già insegnano gli esempi su esposti, alla formazione della *comparazione*, così che ambedue debbono essere considerate come funzioni parziali affini. Ogni relazione inchiude una comparazione dei contenuti psichici posti fra loro in relazione; e una comparazione è alla sua volta soltanto possibile in quanto i contenuti paragonati sono stati posti fra loro in relazione. V'è questa sola differenza; in molti casi la comparazione si subordina completamente al fine della relazione reciproca dei contenuti, mentre in altri casi essa diventa per sè stessa un fine indipendente. Quindi noi parliamo là di una relazione, qui di una comparazione in più stretto senso. E però io dico relazione, quando prendo un'impressione presente come base per ricordare un fatto anteriormente svoltosi in me; una comparazione invece, quando io stabilisco certe concordanze o differenze fra il fatto psichi-

251

co antecedente e il presente.

6. La *comparazione* si compone alla sua volta di *due* funzioni elementari, per solito fra loro strettamente connesse: della *concordanza* e della *distinzione*, intendendo per la prima, la determinazione delle concordanze e per la seconda, la determinazione delle differenze. Oggi ancora nella psicologia è un errore molto diffuso il confondere senz'altro coll'esistenza degli elementi e delle formazioni psichiche la loro comparazione appercettiva. Ma si deve separare l'una cosa dall'altra. Naturalmente nei nostri processi psichici esistono già a sè e per sè delle concordanze e delle differenze, che se non fossero presenti, non potrebbero essere da noi avvertite. Ma l'attività di comparazione che stabilisce le concordanze e le differenze rimane pur sempre una funzione per sè stessa da quelle diversa e che a quelle si aggiunge.

7. Noi cominciamo a paragonare già gli elementi psichici, le sensazioni e i sentimenti semplici secondo le loro concordanze e differenze e li disponiamo in determinati sistemi ciascuno dei quali contiene gli elementi più affini. Entro un tale sistema, specialmente in un sistema di sensazioni, è ancora possibile una doppia comparazione: quella dei *gradi d'intensità* e dei *gradi di qualità*, alle quali può venire ad aggiungersi anche quella dei *gradi di chiarezza*, tosto che si prenda in esame il modo, in cui gli elementi sono dati alla coscienza. Alla stessa guisa la funzione della comparazione si estende alle formazioni psichiche composte, intensive ed estensive. Ogni elemento psichico e ogni formazione psichica, in quanto possono essere disposti in un sistema comunque ordinato e gradatamente graduato, è una *grandezza psichica*. Una conoscenza del valore di una tale grandezza è soltanto possibile, quando essa sia *paragonata* ad altre grandezze dello stesso continuo. Se dunque ad ogni elemento psichico e ad ogni formazione psichica già in sè e per sè spetta anche la proprietà di grandezze, e come grandezze generalmente si presentano in forme diverse, cioè come intensità, come qualità, come valore estensivo (spaziale o temporale), ed eventualmente, cioè quando si tenga conto dei diversi stati di coscienza, come grado di chiarezza, una *determinazione della grandezza* è solo possibile mediante la funzione apper-

cettiva della comparazione.

8. Ora la determinazione di grandezza *psichica* si distingue dalla determinazione di grandezza *fisica* per la proprietà che questa, potendo essere fatta su oggetti relativamente costanti, permette un processo di comparazione che può essere compiuto in atti separati nel tempo a piacimento dell'osservatore; noi possiamo, ad es., oggi colla misura barometrica determinare l'altezza di una certa montagna e poi dopo anni ed anni l'altezza di un'altra montagna, e possiamo paragonare i risultati delle due misure, purchè nel frattempo non sia avvenuta alcuna notevole rivoluzione tellurica. Essendo invece le formazioni psichiche non oggetti relativamente fissi, ma processi continuamente svolgentisi, noi possiamo paragonare due grandezze psichiche solo sotto la condizione, che esse ci siano date in una successione immediata. Questa condizione ne porta naturalmente seco altre due; in primo luogo, per la comparazione psichica non è alcuna misura assoluta, ma ogni comparazione di grandezza è un processo che dapprima regge solo per sè ed è quindi di una validità relativa; in secondo luogo, le comparazioni di grandezza possono solo essere fatte per grandezze di una medesima dimensione, e però per la comparazione di grandezze psichiche riesce impossibile un riferimento analogo a quello che fu fatto nella riduzione delle diversissime grandezze fisiche, grandezze di tempo, di forza, a grandezze lineari di spazio.

9. Un'altra conseguenza di tali condizioni di cose è che non si possono direttamente stabilire rapporti tra grandezze psichiche di qualsiasi natura, ma una comparazione immediata è possibile solo in certi casi speciali. Questi sono: 1) *l'eguaglianza di due grandezze psichiche*; 2) *la differenza appena avvertibile di due grandezze*; ad es., di due intensità di sensazioni aventi qualità eguali, oppure di due qualità di sensazioni appartenenti alla stessa dimensione e aventi eguale intensità. Si aggiunge ancora un caso alquanto più complesso, ma che non sorpassa i limiti della comparazione immediata: 3) *l'uguaglianza tra due differenze di grandezza*, specialmente se queste due appartengono direttamente a domini di grandezza che si limitino a vicenda. È evidente che le due funzioni fondamentali della comparazione appercettiva, concordanza e distinzione, sono ambedue ado-

perate per ciascuno di questi tre modi di misura delle grandezze psichiche. Nel primo modo, date due grandezze psichiche A e B, si fa decrescere la seconda B fintanto che essa nella comparazione diretta concordi con A. Nel secondo procedimento, date due grandezze A e B eguali, si varia una di esse, B, finchè essa sembri o maggiore o minore che A di una quantità appena apprezzabile. Infine il terzo metodo torna opportunissimo quando, data una serie di grandezze psichiche, ad es., di intensità di sensazioni che da A, limite inferiore, va sino a C, limite superiore, mediante una grandezza media B trovata con una continua diminuzione, si divide la serie in modo che le due parti AB e BC siano appercepite come eguali.

10. Fra questi metodi di comparazione il *secondo*, che è detto *metodo delle differenze minime*, ci dà i risultati valutabili nel modo più diretto e più semplice. In esso la differenza dei due stimoli fisici, che corrispondono alle grandezze psichiche appena distinguibili, è detta la *soglia di differenza dello stimolo*, e quella grandezza di stimolo, per la quale il corrispondente processo psichico, ad es. una sensazione, può essere ancora appena appercepita, è detta la *soglia dello stimolo*. Ora l'osservazione dimostra che la soglia di differenza dello stimolo sempre più cresce quanto più s'allontana dalla soglia dello stimolo, e proprio in modo che il rapporto della soglia di differenza alla grandezza assoluta dello stimolo, ossia la *soglia relativa di differenza*, rimane costante. Se, ad es. un'intensità sonora 1 deve essere accresciuta di 1/3 affinchè la sensazione sonora cresca di una quantità appena appercettibile, l'intensità sonora 2 deve essere aumentata di 2/3, 3 di 3/3 per raggiungere le soglie di differenza. Questa legge fu detta, dal nome del suo scopritore *E.H. Weber, legge di Weber*. Essa è senz'altro spiegata quando noi la consideriamo come una legge della comparazione appercettiva. Così intesa essa assume questo significato: *le grandezze psichiche sono paragonate in base al loro valore relativo*.

Questa concezione della legge di Weber, come di una *legge generale della relatività di grandezze psichiche*, presuppone che le grandezze psichiche, messe in raffronto, crescano, entro i limiti della validità della legge di Weber, proporzionatamente agli stimoli che le determinano. La bontà di questo presupposto non è stata sino ad ora dimostrata fisiologicamente a causa della difficoltà di misurare esattamente le eccitazioni dei nervi e dei sensi. Ma in suo favore sta l'esperienza psicologica, che in luogo della costanza della soglia relativa, una costanza della soglia assoluta di differenza fu trovata in certi casi speciali, nei quali una comparazione di differenze assolute di grandezza è resa possibile dalle condizioni dell'osservazione, ad es., in larga misura nella comparazione di differenze minime d'altezze di toni. Così pure nella comparazione di maggiori grandezze di sensazione secondo il terzo dei suesposti metodi (pag. 205) eguali differenze assolute di stimolo e non eguali differenze relative sono state in molti casi appercepite come eguali. Da ciò risulta che la comparazione appercettiva in condizioni diverse segue due diversi principi, un principio della comparazione *relativa*, che trova la sua espressione nella legge di *Weber* e può essere considerato come quello più generale, e un principio della comparazione *assoluta*, che prende il posto del primo in condizioni speciali favorevoli a tale appercezione.

10*a*. La *legge di Weber* è dimostrata in prima linea per *l'intensità* delle sensazioni e poi sino ad un certo grado anche per la comparazione di formazioni *estensive*, cioè di rappresentazioni temporali, come pure entro certi limiti per rappresentazioni visive di spazio e per rappresentazioni di movimento. Non vale invece per le rappresentazioni estensive del senso tattile esterno, certo a causa delle complesse gradazioni dei segni locali (pag. 85). Così pure non è possibile trovarle una conferma per tutte le *qualità* delle sensazioni. Nelle comparazioni dell'altezza dei toni la differenza, non la relativa ma la assoluta, si dimostra costante in larghi limiti. Però la graduazione degli intervalli di tono è di nuovo relativa, perchè ogni intervallo corrisponde a un determinato *rapporto* dei numeri di vibrazioni (ad es.: ottava 1:2, quinta 2:3, e così via), ma questo fatto si fonda probabilmente sulla proprietà dell'affinità sonora determinata dai rapporti di un tono fondamentale ai suoi ipertoni (vedi pag. 77 e. segg.). Dove, in luogo della legge di relatività di Weber, trova posto una comparazione di grandezze *assoluta*, questa naturalmente non deve mai essere confusa con una determinazione di misura assoluta. Una tale determinazione presupporrebbe un'unità assoluta, quindi la possibilità di giungere a una misura costante; il che, come sopra si è messo in chiaro, è escluso dal campo psichico (pag. 205). La comparazione di grandezze assoluta si presenta piuttosto sempre soltanto come un *apprezzamento di eguaglianza tra eguali differenze assolute*. Questo è in ogni singolo caso possibile, malgrado non esista un'unità di grandezza che si mantenga costante. Noi, ad es., paragoniamo estensioni sensibili AB e BC in base al loro valore *relativo*, quando in ambedue appercepiamo il rapporto della sensazione limite superiore a quella inferiore. In questo caso noi giudichiamo AB e BC estensioni eguali se B/A = C/B (legge di Weber). Noi invece paragoniamo AB e BC nel loro valore *assoluto*, se per entro la dimensione di sensazione in questione, la differenza tra C e B ci pare eguale a quella tra B e A, e quindi C - B = B - A (legge di proporzionalità). Considerata la legge di Weber come un'espressione della relazione funzionale tra sensazione e stimolo, e presupposto che valesse per variazioni della sensazione e dello stimolo infinitamente piccole, si diede a quella legge la formula matematica della funzione logaritmica: la sensazione cresce proporzionalmente al logaritmo dello stimolo (legge psico-fisica di Fechner).

I metodi per dimostrare la legge di Weber o le altre relazioni di grandezza tra elementi e formazioni psichici sono chiamati di solito *metodi psicofisici*, con espressione impropria, perchè il fatto di servirsi di sussidi fisici è di tutti gli altri metodi della psicologia sperimentale. Sarebbe più opportuno chiamarli "metodi di psicometria". Applicando questi metodi, in generale per giungere alla scoperta dei punti suaccennati possiamo sperimentare in *doppia* maniera. O si determinano quei punti *direttamente* in questo modo: date due grandezze psichiche A e B, l'una A rimane costante, l'altra B è fatta decrescere, finchè corrisponda a uno di quei punti cioè A, sia o eguale o maggiore o minore di quantità appena appercettibili: *metodi di approssimazione* (Einstellungsmethoden). A questi appartiene il metodo più spesso usato e che più direttamente conduce allo scopo il "metodo delle variazioni minime", e come una modificazione di questo nel caso dell'approssimazione di eguaglianza il "metodo degli errori medi". Oppure in esperimenti più volte ripetuti si paragonano due stimoli tra loro poco differenti A e B, e dal numero dei casi nei quali è giudicato A = B, o A < B o A > B si calcolano i punti designati, cioè le soglie di differenza, *metodi di calcolo* (Abzählungsmethoden). Tra questi il metodo principalmente usato è detto: "metodo dei casi giusti e falsi", ma più giustamente sarebbe detto "metodo dei tre casi" (eguaglianza, differenza positiva e negativa). Ciò che più da vicino riguarda questi ed altri metodi, spetta a una speciale esposizione della psicologia sperimentale.

Nell'*interpretazione della legge di Weber*, oltre la suesposta interpretazione psicologica, si presentano ancora due altre concezioni che possono dirsi l'una *fisiologica*, l'altra *psico-fisica*. Quella deriva la legge da certe ipotetiche condizioni di trasmissione degli eccitamenti nel sistema nervoso centrale. Questa la considera come una legge specifica della "relazione tra l'anima e il corpo". Di queste due interpretazioni la fisiologica non solo è affatto ipotetica, ma di più in certi casi non è affatto applicabile, ad es., nelle rappresentazioni di tempo e di spazio. L'interpretazione psico-fisica si fonda su una concezione dei rapporti tra anima e corpo, che non può più essere mantenuta dalla psicologia contemporanea (v. §§ 22, 8).

11. Un caso speciale delle comparazioni appercettive, che rientrano nella legge di Weber, ci è offerto da quei fenomeni, nei quali le grandezze da paragonare sono anche appercepite come *differenze relativamente massime*, o, quando si tratti di sentimenti, come *contrari*. Questi fenomeni sono di solito raccolti sotto il nome generale di contrasto. Ma proprio anche in quel campo, nel quale i fenomeni di contrasto sono stati più esattamente studiati, nelle *sensazioni luminose*, sono di solito confusi due fenomeni manifestamente affatto diversi nelle loro origini, benchè sino ad un certo grado affini negli effetti, il fenomeno d'induzione luminosa o del contrasto fisiologico (pag. 55 e segg.), e il fenomeno di vero contrasto, o del contrasto *psicologico*. Nelle impressioni più intensive questo è sempre sopraffatto dai più forti effetti fisiologici di induzione, ma da questi si distingue per due importanti caratteri: in primo luogo esso raggiunge la sua massima intensità non nei chiarori e nelle saturazioni massime, ma in quei

gradi medi, nei quali l'occhio è al massimo grado sensibile a variazioni di chiarore e di saturazione. In secondo luogo esso può essere eliminato dalla comparazione con un oggetto dato indipendentemente. È specialmente per quest'ultimo carattere, che il contrasto deve essere senz'altro riconosciuto come un prodotto di un processo di comparazione. Quando, ad es., si pone un quadrato grigio su fondo nero e un secondo egualmente grigio su fondo bianco, e poi si ricopre il tutto con carta trasparente, i due quadrati si presentano in modo tutt'affatto diverso; quello su fondo nero appare chiaro, quasi bianco, e quello su fondo bianco sembra oscuro, quasi nero. Si deve credere che questo fenomeno appartenga al contrasto psicologico, essendo gli effetti dell'imagine consecutiva e dell'irradiazione, per il debole grado di chiarore degli oggetti, così piccoli che quasi spariscono. Se ora un rigo di cartone nero, parimenti coperto da carta trasparente così da presentarsi dello stesso grigio che i due quadrati, vien posto sotto questi in modo che colleghi le loro basi inferiori, la differenza di contrasto dei due quadrati è o in tutto annullata, o fortemente diminuita. Se in quest'esperimento, in luogo dello sfondo acromatico, ne scegliamo uno colorato, il quadrato grigio si presenta molto efficacemente nel corrispondente colore complementare; ma anche questo contrasto può sparire quando si faccia un raffronto con un oggetto grigio indipendente.

12. Analoghi fenomeni di contrasto si osservano non solo per le sensazioni di tutti gli altri domini di senso, fin tanto che vi sono condizioni favorevoli per dimostrarli, ma in modo specialmente marcato nei sentimenti e infine, per appropriate condizioni, nelle rappresentazioni estensive di spazio e di tempo. Quasi affatto esenti da tali fenomeni sono le sensazioni d'altezza dei suoni, nelle quali agisce in senso opposto l'attitudine, abbastanza bene sviluppata nella maggior parte degli uomini, di riconoscere altezze assolute di toni. Nei *sentimenti* l'azione del contrasto si connette strettamente colla proprietà, che hanno tutti i sentimenti di svolgersi secondo determinati contrari. Sentimenti di piacere sono eliminati da sentimenti di dispiacere immediatamente precedenti e parecchi sentimenti di sollievo da precedenti sentimenti di tensione, così, ad es., il sentimento della soddisfa-

258

zione da quello precedente dell'attesa. Nelle rappresentazioni di spazio e di tempo l'effetto del contrasto appare nel modo più evidente, quando una medesima estensione spaziale o temporale è posta in raffronto una volta con un'estensione più piccola, un'altra con una maggiore. La medesima estensione appare nei due casi diversa: nel primo ingrandita in rapporto alla piccola, nel secondo rimpicciolita in rapporto alla grande. Anche in questo caso però per le rappresentazioni di spazio possiamo escludere il contrasto, ponendo fra le estensioni in contrasto un oggetto di paragone, così che sia facilmente possibile una contemporanea relazione di quelle due ad esso.

13. Una modificazione speciale del contrasto possono considerarsi quei fenomeni, che si hanno nella appercezione di impressioni che si presentano nella loro natura *reale* diverse da quelle *che ci aspettavamo*. Se, ad es., siamo disposti a levare un peso gravoso, che poi sentiamo leggiero all'atto in cui realmente lo leviamo, oppure se all'opposto leviamo un peso gravoso, che ci attendevamo leggiero; facciamo del peso levato nel primo caso un apprezzamento in meno, nel secondo un apprezzamento in più. Se ora stabiliamo una serie di pesi perfettamente eguali, ma di volume diverso, così che essi si presentino come la serie crescente dei pesi di misura, all'atto di sollevarli, i pesi sembreranno diversamente pesanti, e parrà perfino il più piccolo peso essere il più pesante, e il più grande il più leggiero. Qui dapprima la solita associazione del maggior volume colla massa maggiore determina l'attesa dell'impressione, e l'apprezzamento erroneo è poi prodotto dal contrasto della sensazione reale con quella aspettata.

B. - LE FUNZIONI COMPOSTE D'APPERCEZIONE.
(*Sintesi e analisi*).

14. Dalle funzioni semplici della relazione e della comparazione, in quanto nell'applicazioni loro si presentano in ripetizioni e combinazioni molteplici, sorgono le due funzioni psichiche composte della *sintesi* e dell'*analisi*. Di queste la sintesi è il prodotto dell'attivitàPG{228} appercettiva che stabilisce la relazione, l'analisi

di quella che raffronta.

La *sintesi appercettiva*, come funzione connettente, si fonda su fusioni ed associazioni. Essa si distingue da queste per il fatto che può liberamente preferire alcuni fra i componenti rappresentativi e sentimentali offerti dall'associazione e respingerne altri. I motivi di questa scelta possono però generalmente trovare spiegazioni solo nell'intero sviluppo anteriore della coscienza individuale. Il prodotto della sintesi è quindi un tutto composto, le cui parti costitutive hanno origine complessivamente da anteriori impressioni di senso e da associazioni di queste, ma in cui la combinazione di queste parti suole allontanarsi più o meno dalle impressioni reali e dalle loro associazioni immediatamente date nell'esperienza.

Una tale formazione prodotta da sintesi appercettiva è generalmente detta una *rappresentazione totale*, perchè in essa i componenti rappresentativi possono essere considerati come le basi di tutto il restante contenuto. Dove la combinazione degli elementi del tutto appare come speciale, notevolmente diversa dai prodotti di fusione e di associazione delle impressioni, la rappresentazione totale, come pure ciascuno dei suoi componenti rappresentativi, è detta anche *rappresentazione fantastica* o *imagine fantastica*. Potendo del resto la sintesi volontaria degli elementi, a seconda della natura dei motivi, sotto l'azione dei quali essa ha luogo, scostarsi ora più ora meno dalle combinazioni date nelle rappresentazioni prodotte direttamente da impressioni sensibili e nelle loro associazioni, si comprende come praticamente non sia possibile stabilire un netto limite tra imagine fantastica e imagine mnemonica. Il carattere positivo di essere sintesi volontaria costituisce un segno pel riconoscimento del processo appercettivo più essenziale che il carattere negativo, di non corrispondere la combinazione nella sua costituzione ad alcuna determinata rappresentazione sensitiva. E qui sta anche la più speciosa differenza *esteriore* tra le imagini fantastiche e le mnemoniche: quelle per la loro chiarezza e distintezza, come anche per lo più nel contenuto sensibile più completo e più intensivo, si accostano in maggior grado che queste alle rappresentazioni provenienti direttamente da impressioni esterne. Questa differenza trova la sua spiegazione nel fatto, che quegli effetti d'inibizione reciproca, che le associazioni spontanee esercitano le une sulle altre, e pei quali non è possibile giungere a una più salda costituzione delle immagini mnemoniche, sono o diminuiti o eliminati dalla preferenza volontariamente data a certe formazioni rappresentative. Possiamo pertanto sulle imagini fantastiche agire come su prodotti psichici di fatti reali. Ma questo nel caso delle imagini dì memoria è solo possibile quando esse diventano imagini fantastiche, cioè quando non facciamo più sorgere in noi ricordi solo passivamente, ma di essi disponiamo, sino a un certo grado, liberamente; in questo caso non suole mancare anche una variazione prodotta su di quelli dalla volontà, una mescolanza di realtà vissuta con realtà imaginata. Perciò tutti i ricordi della nostra vita constano di "poesia e verità" (*Dichtung und Wahrheit*). Le nostre imagini mnemoniche si trasformano sotto l'influenza dei nostri sentimenti e del nostro volere in imagini fantastiche, e noi per lo più ci illudiamo della somiglianza di queste coll'esperienza reale.

15. Alla rappresentazione totale prodotta da sintesi appercettiva si collega, sotto due forme, la funzione appercettiva che agisce in senso opposto, l'analisi. La prima di queste forme è conosciuta sotto il nome volgare di *attività fantastica*, la seconda sotto quello di *attività intellettiva*. Queste due del resto non sono affatto, come il nome farebbe supporre, processi diversi ma assai affini e quasi sempre collegati tra loro. Ciò che dapprima li distingue, e su cui si fondano tutte le altre ulteriori differenze secondarie di queste forme dell'analisi appercettiva, come pure le reazioni che esse esercitano sulla funzione sintetica, è la ragione fondamentale che li determina.

Questa consiste per l'*attività fantastica* nella *riproduzione* di fatti dell'esperienza reale o analoghi alla realtà. L'attività fantastica, appoggiandosi immediatamente all'associazione, è la forma originaria dell'analisi appercettiva. Essa comincia con una rappresentazione totale; questa, più o meno comprensiva, è costituita da varii elementi rappresentativi e sentimentali, ed abbraccia il contenuto generale di un fatto psichico composto, nel quale le singole parti costitutive sono dapprima marcate solo in modo indeterminato. Ma poi la rappresentazione totale, per una serie di atti successivi, si scompone in una quantità di formazioni psichiche connesse e meglio determinate in parte rispetto al tempo e in parte rispetto allo spazio. E però ad una prima sintesi volontaria si collegano atti analitici, dai quali possono di nuovo sorgere motivi per una nuova sintesi, e quindi per una ripetizione dell'intero processo con una rappresentazione totale o parzialmente mutata o più limitata.

L'attività fantastica presenta *due* gradi di sviluppo. Il primo, più *passivo*, deriva immediatamente dalle solite funzioni della memoria. Esso si trova continuamente nel corso del nostro pensiero sotto la forma di anticipazione del futuro ed esercita, come preparazione dei processi di volere, un'ufficio importante nello sviluppo psichico. In guisa analoga esso può anche svolgersi come se col pensiero volontariamente ci trasportassimo in imaginarie condizioni di vita o in successioni di fenomeni esterni. Il secondo grado di sviluppo, quello *più attivo*, sta sotto l'influenza di rappresentazioni finali saldamente ritenute e presuppone un più alto grado di volontaria costituzione delle imagini fantastiche e una più alta misura di azioni, in parte d'arresto in parte di scelta, di fronte alle imagini mnemoniche che sorgono spontaneamente. Già la sintesi originaria della rappresentazione totale è qui più sistemata. Una rappresentazione totale sorta già una volta è più saldamente ritenuta e scomposta nei suoi componenti da un'analisi più completa; in essa questi componenti costituiscono spesso rappresentazioni totali di nuovo subordinate, alle quali si può applicare lo stesso processo di analisi. In tal guisa il principio della divisione organica secondo un fine domina tutti i prodotti e i processi dell'attività fantastica attiva. E in più evidente maniera questo appare nei prodotti dell'*arte*. Già nella comune azione libera della fantasia si trovano in questa relazione i più varii passaggi fra l'attività, fantastica passiva, che ancora direttamente si collega alle funzioni di memoria, e l'attività fantastica attiva guidata da intenti meglio fissati.

16. Se il contenuto delle funzioni appercettive abbracciate sotto il nome di "fantasia", sta in questa riproduzione di fatti psichici reali o rappresentabili come reali, la ragione fondamentale dell'"attività intellettiva" è l'*appercezione delle concordanze e delle differenze esistenti fra i contenuti d'esperienza, come pure degli altri rapporti lo-*

gici che si sviluppano da quelle. E però l'attività intellettiva parte originariamente proprio dalle rappresentazioni totali, nelle quali esperienze reali o rappresentabili come reali sono poste a volontà in relazione e sono collegate in un tutto unico. Ma all'analisi che tien dietro a ciò, è indicata un'altra via dalla diversa ragione fondamentale. Infatti quest'analisi non consiste più semplicemente nel far presente in modo più chiaro i singoli componenti della rappresentazione totale, ma nel determinare i diversi rapporti, nei quali stanno quei componenti, rapporti che si ottengono mediante la funzione di comparazione. Per questa determinazione, quando tali analisi siano state compiute più volte, basta servirsi di quei risultati della relazione e della comparazione già ottenuti.

A causa di questa più stretta applicazione delle funzioni elementari di relazione e di comparazione, l'attività intellettiva ubbidisce a più salde leggi già nella sua forma esteriore, principalmente poi nei suoi gradi più completi. Il principio valevole già per l'attività fantastica e anche per la semplice attività di memoria, - cioè che le relazioni di contenuti psichici diversi, quando sono appercepite, non ci si offrono simultaneamente ma *successivamente*, così che noi procediamo da una relazione ad una successiva, - diventa nelle funzioni intellettive la regola della *divisione discorsiva delle rappresentazioni totali*. Questa trova la sua espressione nella legge della *dualità delle forme logiche del pensiero*, per la quale l'analisi proveniente da comparazione di relazioni scompone il contenuto di una rappresentazione totale dapprima in *due* parti, soggetto e predicato; per ciascuna di queste parti poi si può eventualmente ripetere la stessa dicotomia ancora una o più volte. Tali suddivisioni sono designate dalle categorie grammaticali, che si contrappongono a due a due e sono analoghe nel loro rapporto logico al soggetto a al predicato: le categorie di nome e attributo, verbo e oggetto, verbo e avverbio. In tal guisa dal processo dell'analisi appercettiva deriva il *giudizio*, che nel discorso è espresso dalla *proposizione*.

Per la spiegazione psicologica della funzione del giudizio è di fondamentale importanza il considerarla non come una funzione sintetica, ma come una funzione *analitica*. Le originarie rappresentazioni totali che il giudizio divide in parti, tra le quali esistono rapporti reciproci, sono perfettamente corrispondenti alle rappresentazioni fantastiche. Ma i prodotti di scomposizione che si ottengono in tal guisa, non sono, come nell'attività fantastica, rappresentazioni fantastiche di più limitata estensione e di maggiore chiarezza, ma *rappresentazioni di concetti* (idee); con tale espressione noi indichiamo quelle rappresentazioni che stanno, rispetto alle altre rappresentazioni parziali appartenenti allo stesso tutto, in una qualsiasi delle relazioni, che si ottengono applicando ai contenuti rappresentativi le funzioni generali della relazione e della comparazione. Se chiamiamo la rappresentazione totale, che viene sottoposta a una tale analisi di relazione, un *pensiero*, il giudizio è la scomposizione di un pensiero nelle sue parti e il *concetto* è il prodotto di tale scomposizione.

17. I concetti ottenuti in questo modo, si dispongono in certe classi generali secondo la specie dell'analisi fatta. Tali classi sono i concetti di *oggetti, proprietà, stati*. La funzione del giudizio, consistendo in una scomposizione di una rappresentazione totale, pone un oggetto in relazione a una proprietà, o ad uno stato, oppure diversi oggetti in relazione tra loro. Siccome poi il singolo concetto non può mai essere rappresentato propriamente isolato, essendo esso nel tutto della rappresentazione sempre legato ad un altro concetto o ad una pluralità di altri concetti, le rappresentazioni di concetti si distinguono in modo evidentissimo dalle rappresentazioni di fantasia, a causa della loro indeterminatezza e variabilità. Questa indeterminatezza è accresciuta essenzialmente anche da un altro fatto; in seguito al risultato concorde di diverse scomposizioni del giudizio si costituiscono quei concetti, che si incontrano come componenti di molte rappresentazioni variabili nella loro natura concreta, così che un unico concetto esiste in un numero infinito di singole modificazioni. A tali *concetti generali* che, a causa dell'estendersi dell'analisi di relazione a diversi contenuti di giudizio, costituiscono qualità prevalenti dei concetti, corrisponde però sempre un gran numero di singoli contenuti rappresentativi. Così non resta più che a scegliere una qualsiasi rappresentazione come rappresentante del concetto. In tal modo le rappresentazioni del concetto acquistano alla loro volta una maggiore

determinatezza. Però nel tempo stesso con ogni rappresentazione di tal natura si collega la coscienza di un valore di pura sostituzione; coscienza, che di solito si esplica solo sotto la forma di un particolare *sentimento*. Questo *sentimento del concetto* può forse essere ricondotto a ciò, che rappresentazioni oscure, le quali complessivamente possiedono proprietà adatte per rappresentare il concetto, si presentano all'appercezione sotto la forma di mutevoli imagini mnemoniche. E ciò risulta specialmente dal fatto, che il sentimento del concetto è molto intensivo fintanto che una delle realizzazioni concrete del concetto generale è scelta come rappresentazione rappresentativa, così ad es., un uomo individuato per il concetto dell'uomo, laddove quel sentimento quasi interamente sparisce, tosto che la rappresentazione rappresentativa sia nel suo contenuto completamente diversa dagli oggetti del concetto. E nel fatto, che le *rappresentazioni verbali* compiono quest'ufficio, sta per l'appunto in gran parte l'importanza loro come sussidi del pensiero aventi una validità generale. Poichè questi sussidi si presentano già pronti alla coscienza individuale, si deve lasciare alla psicologia sociale la questione sullo sviluppo psicologico di tali funzioni sussidiarie al pensiero, che si manifestano nel linguaggio (v.§21,*A*.).

18. Le attività fantastica e intellettiva non sono, dopo tutto quanto si è detto, funzioni specificamente diverse, ma funzioni che vanno insieme e che non si devono separare nella loro origine e nelle loro estrinsecazioni; funzioni, che in ultima istanza si riconducono alle stesse funzioni fondamentali della sintesi e dell'analisi appercettive. Anche i concetti *fantasia* e *intelletto* hanno lo stesso valore che il concetto di *memoria*. Essi non designano potenze o facoltà uniche ma fenomeni complessi, nei quali gli elementari processi psichici non si manifestano in modo specifico, ma generale. Come la memoria è un concetto generale pei processi di memoria, fantasia e intelletto sono i concetti generali per determinate direzioni delle funzioni appercettive. Essi presentano un certo vantaggio, pratico solo perchè offrono un commodo mezzo per ordinare le differenze infinitamente varie di disposizioni, che gl'individui mostrano nei processi intellettuali, entro certe classi, nelle quali sono poi possibili gradazioni e

sfumature pure infinitamente varie. Trascurando le differenze generali di grado, si possono quindi distinguere, come forme principali delle doti di fantasia, la fantasia *intuitiva* e la *combinativa*; come forme principali delle doti di intelletto, la *induttiva*, rivolta specialmente alle singole relazioni logiche e alle loro connessioni, la *deduttiva*, indirizzata piuttosto ai concetti generali e alla loro analisi. Noi diciamo *talento* in un uomo quell'inclinazione complessiva, che gli è propria a causa delle speciali direzioni delle sue doti di fantasia e d'intelletto.

§ 18. - Gli stati psichici.

1. Lo stato normale della coscienza, al quale si riferivano tutte le considerazioni dei §§ precedenti, può subire alterazioni in così varia maniera, che la psicologia generale deve rinunziare a descriverle, tanto più che le più importanti di esse, quelle cioè che si osservano nelle malattie nervose, cerebrali, e nelle alienazioni mentali, appartengono a speciali domini della patologia, che stanno però vicini alla psicologia o in certo qual modo si appoggiano ad essa. Qui pertanto si tratta solo di indicare le principalissime condizioni psicologiche di tali stati anormali della coscienza. In conformità di ciò che fu notato sulla proprietà dei processi psichici e sulla loro connessione nella coscienza, siffatte condizioni generalmente possono distinguersi in *tre*: 1° nella natura anormale degli elementi psichici; 2° nel modo in cui si compongono le formazioni psichiche; 3° nel modo in cui le formazioni si collegano nella coscienza. Nessuna di queste tre condizioni, ciascuna delle quali può alla sua volta presentarsi nelle più svariate forme concrete, a causa della stretta connessione di questi fattori diversi, di solito agisce per sé sola; ma esse si collegano, in quanto l'anormale natura degli elementi porta pure anormalità nelle formazioni e queste alla loro volta anche alterazioni nella connesione generale dei processi di coscienza.

2. Gli *elementi psichici*, le sensazioni e i sentimenti semplici, mostrano alterazioni solo nel senso, che è turbato il rapporto normale

tra essi e le loro condizioni psico-fisiche. Nelle sensazioni tali alterazioni si possono ricondurre ad una diminuzione o ad un aumento dell'eccitabilità rispetto agli stimoli di senso (anestesia e iperestesia), come esse si dimostrano specialmente nei centri sensitivi in seguito ad influenze fisiologiche diverse. Sopratutto l'accresciuta eccitabilità è importante come sintomo psicologico, perchè essa è uno dei più frequenti componenti di composte perturbazioni psichiche. Similmente le alterazioni dei sentimenti semplici si manifestano con una diminuzione od un aumento dell'eccitabilità sentimentale negli stati di depressione e di esaltazione, che si riconoscono dal modo in cui si svolgono le emozioni e i processi del volere. Per tal guisa le alterazioni degli elementi psichici possono essere dimostrate solo dall'influenza, che esse esercitano sulla natura delle diverse formazioni psichiche.

3. Fra le alterazioni delle *formazioni rappresentative* quelle che dipendono da anestesie periferiche o centrali, hanno generalmente solo un'importanza limitata; esse non esercitano alcuna azione radicale sulla connessione dei processi psichici. Ma è tutt'altra cosa per l'*accrescimento* relativo dell'intensità della sensazione, prodotto da iperestesia centrale. Il suo effetto è grande, perchè per mezzo di esso le sensazioni riprodotte possono raggiungere l'intensità di impressioni esterne di senso. In conseguenza di ciò può avvenire, che pure imagini mnemoniche siano oggettivate come rappresentazioni reali: *allucinazioni*; oppure che, quando si colleghino elementi direttamente eccitati ed elementi riprodotti, l'impressione di senso appaia essenzialmente alterata dall'intensità dei secondi elementi: *illusioni fantastiche*(). Praticamente questi due fenomeni si distinguono solo perchè in molti casi determinate rappresentazioni possono essere sicuramente dimostrate come illusioni fantastiche, mentre la presenza di una pura allucinazione rimane sempre dubbia, essendo molto facile il trascurare qualche elemento sensibile diretto. Infatti non è improbabile, che di lontano la maggior parte delle così dette allucinazioni siano illusioni. Quest'ultime però appartengono per la loro natura psicologica alle *assimilazioni* (pag, 185 e segg.), e possono veramente esser definite come assimilazioni con forte prevalenza degli elementi ri-

prodotti. Come le assimilazioni normali stanno in istretta connessione colle associazioni successive, così anche le illusioni fantastiche sono strettamente legate alle alterazioni del decorso associativo delle rappresentazioni, delle quali parleremo più sotto (5).

4. Nei *processi composti del sentimento e del volere* le deviazioni dal comportamento normale si distinguono nettamente in *istati di depressione e di esaltazione*. Quelli consistono nel prevalere delle emozioni inibenti asteniche, questi nel prevalere delle emozioni eccitanti asteniche; in quelli si osserva un ritardo o un arresto completo nelle risoluzioni volitive, in questi una efficacia impulsiva dei motivi, rapida oltre misura. Presentando già la vita normale della psiche una vicenda continua dei moti d'animo, in questi è generalmente più difficile che nelle rappresentazioni lo stabilire i limiti tra i procedimenti normali e gli anormali. Così l'alternarsi di stati di depressione e di esaltazione, spesso molto impressionante in casi patologici, appare solo come un aumento dell'oscillazione, dei sentimenti e delle emozioni attorno ad una zona d'indifferenza (pag. 27,64). Gli stati di depressione e di esaltazione costituiscono specialmente sintomi caratteristici di perturbazioni paichiche generali, e però anche di questi una più profonda trattazione deve essere lasciata alla psicopatologia. Essendo le generali malattie psichiche sempre nel tempo stesso sintomi di malattie cerebrali, anche queste anomalie nei processi del sentimento e del volere, allo stesso modo che quelle delle sensazioni e rappresentazioni, sono senza dubbio accompagnate da alterazioni fisiologiche, delle quali ci è però ancora ignota la natura. Possiamo soltanto congetturare, che appunto a causa della natura più complessa dei moti d'animo, esse o abbiano una sede più estesa che le alterazioni centrali d'eccitabilità nelle allucinazioni ed illusioni, oppure s'estendano a regioni cerebrali più centrali, più direttamente interessate ai processi di appercezione.

5. Colle alterazioni d'eccitabilità sensoriale, cogli stati di depressione e di esaltazione si collegano per solito anche alterazioni nella connessione e nel decorso dei processi psichici che noi, secondo il concetto della coscienza foggiato ad esprimere questa connessione (pag. 165), diciamo *modificazioni anormali della coscienza.* Fintanto

che le deviazioni dallo stato normale si limitano alle singole formazioni psichiche, alle rappresentazioni, alle emozioni, ai processi volitivi, si comprende come anche la coscienza debba essere modificata dalle alterazioni di questi suoi componenti. Ma noi parliamo di un proprio stato anormale della coscienza soltanto quando non solo le formazioni psichiche prese a sè, ma anche i loro nessi presentano notevoli anomalie. Queste senza dubbio sorgono sempre tosto che quelle perturbazioni più elementari sono più profonde, perchè le combinazioni degli elementi in formazioni e delle formazioni fra loro sono processi, fra i quali hanno luogo continui passaggi.

In corrispondenza ai diversi processi di combinazione, che danno origine alla connessione della coscienza, si possono generalmente distinguere *tre* specie di anormali condizioni della coscienza: 1° alterazioni associative; 2° alterazioni nelle combinazioni appercettive; 3° alterazioni nel rapporto di queste due forme di combinazioni tra loro.

6. Le *alterazioni associative* sorgono dapprima come effetto immediato delle perturbazioni più elementari. Poichè l'aumento di eccitabilità sensoriale trasforma le assimilazioni normali in illusioni fantastiche, anche i processi associativi del riconoscimento sono essenzialmente alterati (pag. 192): ora il noto può sembrare ignoto e ora l'ignoto noto, a seconda che gli elementi riprodotti sono attinti a determinate rappresentazioni anteriori o presi da processi di rappresentazione tra loro molto lontani. Inoltre l'accresciuta eccitabilità sensoriale produce un acceleramento delle associazioni, per il quale predominano le associazioni meno comuni, fatte più facili da impressioni casuali o dall'influenza dell'abitudine. Per contro gli stati di depressione e di esaltazione influiscono sulla determinazione della qualità e direzione delle associazioni.

Similmente le alterazioni elementari delle rappresentazioni e dei sentimenti agiscono sulle combinazioni appercettive in parte inibendo od accelerando, in parte determinandone la direzione. Ma tutte le più notevoli deviazioni nei processi delle rappresentazioni e dei sentimenti portano anche questa ulteriore conseguenza: i processi legati all'attenzione attiva sono resi più o meno difficili, così che in molti casi sono possibili solo combinazioni appercettive ancora più semplici, anzi talora solo quelle che per l'esercizio si sono condensate in associazioni. Con ciò si connettono anche le alterazioni, che avvengono nel rapporto delle combinazioni appercettive alle associazioni. Poichè l'influenze sin qui esposte agiscono sulle associazioni soprattutto come acceleranti, sulle combinazioni appercettive invece come inibenti, sorge, come frequentissima forma sintomatica di più profonde perturbazioni psichiche, una forte prevalenza delle associazioni. Questo appare nel modo più evidente se la perturbazione di coscienza è, come in molti alienati, un processo in continuo aumento. Si osserva allora che le funzioni appercettive, che stanno a base della così detta attività fantastica e intellettiva, sono sempre più sopraffatte dalle associazioni, finchè alla fine rimangono queste soltanto. Se poi questa perturbazione progredisce ancora, anche le associazioni sono a poco a poco limitate, e si restringono a certe connessioni specialmente praticate (idee fisse); uno stato questo, che si riduce infine ad una completa paralisi intellettuale.

7. Trascurando le vere malattie mentali, noi troviamo le suddescritte anomalie della coscienza soprattutto in *due* stati che rientrano nel campo della vita normale: nel *sogno* e nell'*ipnosi*.

Le rappresentazioni del *sogno* provengono sempre per massima parte da stimoli di senso, soprattutto da stimoli del senso generale: sono quindi per lo più illusioni fantastiche, verosimilmente solo in piccola parte pure rappresentazioni mnemoniche portate al grado d'allucinazioni. Impressionante è il ritrarsi delle combinazioni appercettive di fronte alle associazioni, col quale fatto si collegano le frequenti alterazioni e mutazioni dell'auto-coscienza, gli errori del giudizio e simili. Ciò che del resto distingue il sogno dagli altri stati psichici simili ad esso, consiste non tanto in queste proprietà positive, quanto nel fatto, che quell'aumento di eccitabilità, attestato dalle allucinazioni, si mantiene limitato alle funzioni *sensorie*, essendo nel sonno ordinario e nel sogno le attività esterne del volere completamente inibite.

Se invece le rappresentazioni fantastiche del sogno si collegano anche con azioni volitive, sorgono i fenomeni del *sonnambulismo*, affatto rari e già affini a certe forme dell'ipnosi. Per lo più tali concomitanti fenomeni di moto sono limitati ai movimenti della favella, come il parlare in sogno.

8. *Ipnosi* sono detti certi stati affini al sonno e al sogno, che sono prodotti da determinate influenze psichiche e nei quali la coscienza presenta un comportamento, che sta tra mezzo la veglia e il sonno. La causa principalissima del sorgere dell'ipnosi è la *suggestione*, cioè la comunicazione di una rappresentazione ricca di sentimento, che di solito è fatta da una persona estranea sotto forma di comando (suggestione esterna) e talora anche è prodotta dall'ipnotizzato stesso (autosuggestione). Il comando o il proposito di dormire, di compire certi movimenti, di avvertire oggetti non presenti o di non avvertire i presenti e simili cose, sono le più frequenti forme di tali suggestioni. Stimoli di senso uniformi, specialmente stimoli del tatto, hanno effetto di aiutare l'ipnosi. Inoltre l'apparizione dell'ipnosi è legata a una certa disposizione del sistema nervoso, ancora sconosciuta nella sua natura, la quale è notevolmente sviluppata da ripetute ipnotizzazioni.

Il primo sintomo dell'ipnosi sta in un arresto più o meno completo degli atti di volere esterni, arresto che è anche legato a una unilaterale direzione dell'attenzione, rivolta per lo più al comando dato dall'ipnotizzatore (automatismo del comando). L'ipnotizzato non solo dorme al comando, ma mantiene in questo stato quella posizione, per quanto incomoda, che gli è stata data (catalessi ipnotica). Se lo stato si aggrava, l'ipnotico compie, in modo apparentemente automatico, il movimento comandato e dà a conoscere, che egli per allucinazione considera le rappresentazioni a lui suggerite come oggetti reali (sonnambulia). In questo stato si possono dare infine suggestioni sensorie e motorie pel momento dello svegliarsi o persino per un certo tempo posteriore (suggestioni a termine). I fenomeni accompagnanti tali "effetti postipnotici" fanno credere che essi si fondino su una parziale persistenza dell'ipnosi, oppure (nella suggestione a termine) su un riapparire di essa.

9. Per tutte queste manifestazioni sonno ed ipnosi sono stati affini, che si distinguono solo per la loro diversa origine. Comuni ad ambedue sono certi fenomeni di inibizione nel campo dei processi del volere e dell'attenzione, come pure una disposizione ad una maggiore

271

eccitabilità dei centri sensitivi, la quale produce un'assimilazione allucinatoria delle impressioni di senso. Caratteri differenzianti sono invece: nel sonno, l'arresto del volere che, più completo tanto intensivamente quanto estensivamente, agisce specialmente sui processi appercettivi e sulle funzioni di moto; e nell'ipnosi, l'unilaterale direzione dell'attenzione, che è determinata dalla suggestione e che al tempo stesso favorisce ulteriori suggestioni. Ma queste differenze non hanno un valore assoluto: nel caso del sonnambulismo l'arresto esteriore del volere vien meno anche nel sogno, mentre, proprio come nel sonno, è presente nello stadio iniziale di letargo dell'ipnosi.

Le condizioni psicofisiche del sonno, del sogno e dell'ipnosi concordano con ogni probabilità nella parte essenziale. Poichè psicologicamente queste condizioni si palesano con particolari alterazioni nelle disposizioni alle reazioni sensitive e volitive, esse possono, come tutte le disposizioni, venir spiegate fisiologicamente solo da alterazioni nelle funzioni di determinate regioni centrali. Queste alterazioni di funzioni non sono ancora direttamente investigate. Pur tuttavia, in base ai sintomi psicologici, si può ammettere, che esse si compongano per solito di un arresto nella funzione dei domini centrali, che entrano in azione nei processi del volere e dell'attenzione, e di un aumento nell'eccitabilità dei centri di senso.

9 *a*. La teoria intorno al sonno, al sogno e all'ipnosi è quindi in primo luogo un *còmpito della fisiologia*.A lato al presupposto generale dell'arresto di funzione in certe parti della corteccia cerebrale e dell'aumento di funzione in certe altre, presupposto che noi desumiamo dai sintomi psicologici, soltanto un generale principio neurologico può sussistere con qualche probabilità, il principio cioè della *compensazione delle funzioni* In base a questo principio l'arresto di funzione in un certo dominio centrale si collega con un aumento funzionale di altri domini, che stanno con quello in relazione di reciprocità. Tale relazione può essere in parte diretta, *neuro-dinamica* in parte indiretta, *vasomotoria*. La prima si fonda, a quanto pare, sul fatto, che l'energia accumulatosi per l'arresto funzionale affluisce attraverso le connessioni nervose ad altri centri. La seconda consiste in ciò, che un arresto funzionale è accompagnato da un ristringimento dei vasi ca-

pillari, e questo da una dilatazione di compenso nei vasi di altre regioni, mentre l'accresciuto afflusso del sangue è accompagnato da incremento funzionale. Una differenza essenziale tra sogno ed ipnosi, per quanto si può argomentare dai sintomi psicologici, pare consista in ciò, che nel sogno i domini centrali, che stanno in relazione coi processi appercettivi, si trovano, più o meno completamente, in istato d'arresto, così che quasi tutta l'eccitazione di compenso affluisce ai centri di senso; mentre nell'ipnosi avvengono già in certi casi entro lo stesso centro appercettivo compensatori aumenti d'eccitabilità di fronte a contemporanei arresti parziali. Questo fatto risalta in ispecial modo da quegli stati d'ipnosi parziale, che si formano per accresciuta disposizione in seguito all'esercizio, stati nei quali avvengono, in parte complicate azioni di carattere automatico in condizione per altro di apparente veglia, e in parte atti psichici di acuta distinzione, o di straordinariamente esatto riconoscimento, o di ricordo entro un certo dominio rappresentativo o sentimentale, mentre contemporaneamente sono esclusi altri elementi. Quest'ultimo stato d'ipnosi parziale con unilaterale direzione dell'attenzione è anche l'unico, nel quale eventualmente possa venire in questione un diretto apprezzamento psicologico dell'ipnosi in base alle autoosservazioni dell'ipnotizzato, determinate da sperimentali azioni stimolatrici. In tale stato d'ipnosi parziale lo scoglio di tali autoosservazioni, che con ogni cura si deve evitare, consisterà sempre nel fatto, che hanno luogo suggestioni esterne ed auto-suggestioni illudenti, le quali sorgono o casualmente o per teoretica prevenzione dell'osservatore ipnotizzato. Queste sono straordinariamente difficili da eliminare, perchè i due requisiti che l'osservatore deve avere in questo caso, l'esercitata distinzione psicologica e l'assoluta mancanza di prevenzione, potrebbero nello stato di accresciuta suggestionabilità facilmente escludersi a vicenda. Sogno e ipnosi sono stati spesso, in parte anche pei psicologi, oggetto di ipotesi mistiche e fantastiche. Si parlava di una maggiore attività psichica nel sogno, di effetti psichici a distanza nel sogno e nell'ipnosi. Sotto questo riguardo specialmente l'ipnotismo è stato, anche in tempi recenti, usato a sostegno di superstiziose rappresentazioni spiritiche. Inoltre già più volte auto-illusioni e illusioni volute ebbero gran parte nel "magnetismo animale" e nel "sonnambulismo": fenomeni, che si devono ricondurre senz'altro all'ipnosi o alla sugge- stione. In realtà tutto ciò che in questi fenomeni regge ad una prova esatta, può senza difficoltà essere spiegato psicologicamente e fisio- logicamente; ma ciò che non può essere spiegato in tal modo, sarà sempre dimostrato mediante un più intimo esame essere o auto-illu- sioni superstiziose od inganno voluto.

IV. - GLI SVILUPPI PSICHICI

§19. - Le proprietà psichiche degli animali.

1. Il regno animale ci presenta una serie di sviluppi psichici, che noi possiamo considerare come i gradi antecedenti lo sviluppo psichico dell'uomo, in quanto che la vita psichica degli animali si rivela simile a quella dell'uomo nei suoi elementi e nelle più generali leggi della connessione di questi elementi.

Già gli animali infimi (protozoi, celenterati, ecc.) hanno manifestazioni vitali, che fanno argomentare a processi di rappresentazione e di volere. Essi, dopo averlo veduto, afferrano spontaneamente il loro nutrimento; sfuggono ai nemici che li inseguono, ecc. Così pure già in gradi molto infimi si trovano traccie di associazioni e riproduzioni, specialmente di processi del conoscimento e del riconoscimento sensitivi (pag, 192), e queste si perfezionano negli animali superiori solo per la maggiore varietà delle rappresentazioni e pel maggior tempo, su cui si estendono i processi di memoria. E in generale non concordano meno le forme delle rappresentazioni sensitive, come noi possiamo argomentare dalle omogenee disposizioni e dallo sviluppo degli organi di senso; solo che negli esseri inferiori, le funzioni di senso si limitano al senso generale di tatto (pag. 31) corrispondentemente allo stato primitivo nello sviluppo individuale degli organismi superiori.

Ma di contro a questa omogeneità degli elementi psichici e delle loro più semplici connessioni, stanno differenze assai grandi in tutti quei processi che si collegano allo sviluppo dell'*appercezione*. Mentre non mancano mai appercezioni *passive* come fondamento dei semplici atti impulsivi che avvengono dappertutto, i processi d'appercezione *attiva*, sotto la forma di attenzione volontariamente diretta a certe impressioni e di una scelta fra motivi diversi, si trovano invece probabilmente soltanto in animali più sviluppati. Anche in questi però essi rimangono limitati alle rappresentazioni suscitate da dirette impressioni di senso, così che neppure per gli animali psichicamente più evoluti si può far parola di funzioni *intellettuali* nel senso stretto della parola, di attività fantastica e intellettiva, oppure al più si può accennare solo a traccie isolate e ad inizi. A ciò si aggiunga anche, che gli animali superiori possono certamente manifestare mediante svariati movimenti espressivi, spesso affini a quelli umani, le loro emozioni e persino le loro rappresentazioni, in quanto sono legate ad emozioni, ma che però ad essi manca un linguaggio sviluppato.

2. Lo sviluppo degli animali, se malgrado l'omogeneità qualitativa dei processi psichici fondamentali, in generale rimane addietro a quello dell'uomo, pure in molti casi gli è superiore per *doppio* riguardo: prima, per la *rapidità* dello svolgimento psichico; poi, per certe *unilaterali direzioni funzionali*, che sono favorite dagli speciali modi di vita di una determinata specie animale. La maggiore rapidità dello svolgimento psichico si dimostra in ciò, che molti animali assai presto, anzi alcuni subito dopo la nascita sono capaci di formare rappresentazioni sensitive relativamente distinte e di compiere movimenti rispondenti a uno scopo. Se anche per questo rapporto si trovano negli animali superiori grandissime differenze, ad es., il pulcino appena uscito dall'uovo comincia tosto a beccare il grano, mentre il cane neonato è cieco e presenta ancora per lungo tempo movimenti non coordinati, pare però che lo sviluppo umano sia il più lento e in massimo grado dipendente da aiuti e cure esterne.

3. Ancor più sorprendente è l'*unilaterale svolgimento funzionale* che ci presentano certi animali: esso si esplica in determinati *atti impulsivi* di regola connessi a certi bisogni di nutrizione, di riproduzione o di difesa, o nello sviluppo di certe rappresentazioni sensitive e associazioni, che entrano come motivi in quegli atti impulsivi. Tali impulsi unilateralmente svoltisi si chiamano *istinti*. L'opinione, che l'istinto sia una proprietà spettante solo alla coscienza animale e non all'umana, è assolutamente contraria alla psicologia e sta anche in contraddizione coll'esperienza. La disposizione a fare esterni i generali impulsi animali, soprattutto l'impulso alla nutrizione e alla riproduzione, è innata così nell'uomo come in ogni animale. Di particolare a molti animali è soltanto lo special modo di estrinsecare questi im-

pulsi, consistente in più complesse azioni rispondenti allo scopo. Ma anche gli animali si comportano sotto questo rispetto assai diversamente. Ci sono numerosi animali, tanto inferiori quanto superiori, nei quali, come nell'uomo, le azioni provenienti da istinti innati non presentano proprietà speciali. È anche degno di nota che l'addomesticamento degli animali per lo più affievolisce le manifestazioni istintive proprie dello stato selvaggio, ma può produrre d'altra parte nuovi istinti, che possono essere considerati come modificazione di quegl'istinti selvaggi, come ad es. i cani da caccia, specialmente i cani da ferma: bracchi e simili. Il grado di sviluppo relativamente alto raggiunto da certe tendenze istintive negli animali in confronto dell'uomo sì collega evidentemente col loro più unilaterale sviluppo, per il quale la vita psichica degli animali suole esplicarsi quasi interamente in quei processi collegati all'istinto prevalente.

4. Gl'istinti si possono in generale considerare come azioni impulsive, che nascono da sensazioni e sentimenti sensoriali. Il punto di partenza fisiologico per le sensazioni, che specialmente determinano gl'istinti, sono gli *organi della nutrizione e della riproduzione*. Tutti gl'istinti animali ben possono essere ricondotti senz'altro alle due classi di *istinti della nutrizione e della riproduzione*; ma allora, specialmente a questi ultimi nelle loro manifestazioni più complesse, si aggiungono sempre ausiliari impulsi di difesa e impulsi sociali, ohe per la loro origine si devono considerare modificazioni speciali degl'istinti della generazione. E qui trovano posto gl'istinti di molti animali a costruire case e nidi, come del castoro, degli uccelli, di numerosi insetti (ragni, vespe, api, formiche), inoltre le nozze animali comuni specialmente alle classi degli uccelli, i quali presentano ora la forma monogamica, ora la poligamica. Infine qui si devono anche porre le così dette "società animali" delle api, delle formiche e delle termiti. Esse non sono in realtà società ma legami genetici, nei quali l'istinto sociale, che tiene riuniti gl'individui di una famiglia, come pure l'istinto di difesa ad essi comune, sono subordinati all'impulso della riproduzione.

In tutti gl'istinti le azioni impulsive degl'individui prendono le mosse da certi stimoli di senso, in parte interni, in parte esterni. Le azioni stesse devono però essere attribuite agli atti impulsivi o atti di voleri semplici, perchè certe rappresentazioni e certi sentimenti le precedono e le accompagnano come motivi semplici (p. 150). La natura delle azioni, composta e fondata su disposizioni innate, può trovare la sua spiegazione solo nelle proprietà del sistema nervoso ereditarie da specie a specie. Per queste proprietà certi meccanismi riflessi innati sono messi in azione in seguito a certi stimoli senza alcun esercizio dell'individuo. L'azione di questi meccanismi conforme allo scopo può essere considerata solo come un prodotto dello sviluppo psicofisico della specie. E a favore di questa interpretazione sta anche il fatto, che gl'istinti ammettono non solo variate modificazioni individuali, ma anche un certo perfezionamento per parte dell'esercizio individuale. Così è che l'uccello a poco a poco impara a costruire il suo nido in modo più perfetto. Le api adattano le loro costruzioni ai mutati bisogni. Invece di fondare una nuova colonia, una famiglia di api allarga la costruzione già abitata, quando sia accordato ad essa lo spazio necessario. Una singola famiglia di api e di formiche può persino acquistare abitudini anormali, ad es., una famiglia di api ha l'abitudine di rubare il miele da altri alveari vicini, anzichè raccoglierlo essa stessa, oppure una famiglia di formiche ha l'abitudine meravigliosa dì fare schiavi gl'individui di altre famiglie o di allevare i gorgoglioni come animali domestici che danno loro il nutrimento. L'origine spiegabile, il consolidamento, l'ereditarietà di tali abitudini c'indicano chiaramente il modo in cui possono essere sorti istinti complicati. Non mai si presenta un istinto isolato, ma in generi e specie affini, forme *più semplici* di un medesimo istinto. Così il buco che la vespa da muro fa in una parete per deporvi le uova, si può considerare come l'esempio primitivo delle ingegnose costruzioni delle api. Fra i due, come anello intermedio naturale, sta la costruzione relativamente semplice della vespa comune, costituita di poche celle esagonali tra loro cementate mediante sostanze vegetali.

Gli istinti più complessi si possono quindi spiegare come prodotti dell'evoluzione di impulsi originariamente semplici, i quali si sono sempre più differenziati nel corso di numerose generazioni mediante abitudini individuali che a poco a poco s'aggiungono, si consolidano e si trasmettono per eredità. E però ogni singolo processo d'abitudine può essere considerato come un grado in quest'evoluzione psichica. La graduale trasformazione di esso in una disposizione innata è però derivata dai processi psicofisici dell'esercizio, per i quali atti di volere composti passano a poco a poco in movimenti automatici, che seguono immediatamente come riflessi all'impressione corrispondente.

5. Se in base alla psicologia comparata si cerca rispondere alla questione generale sul *rapporto genetico dell'uomo agli animali,* considerando l'omogeneità degli elementi psichici e delle forme loro di connessione, tanto delle più semplici quanto delle più generali, si deve ammettere la possibilità, che la coscienza umana si sia svolta da una forma inferiore di coscienza animale, Questa ipotesi anche psicologicamente offre una grande probabilità, perchè se da un lato la serie animale presenta già diversi gradi di sviluppo psichico, dall'altro lato ogni singolo uomo percorre uno sviluppo analogo. Se la storia dell'evoluzione psichica in tal modo ci conduce in generale a un risultato confermante la teoria dell'evoluzione fisica, non si deve però disconoscere che le differenze psichiche tra l'uomo e l'animale, quali risaltano nei processi intellettuali ed affettivi, provenienti dalle combinazioni appercettive, sono incomparabilmente più profonde che le differenze fisiche. Anche la grande stabilità nello stato psichico degli animali, subendo esso solo piccole variazioni per l'influenza dell'allevamento, rende al massimo grado improbabile, che una delle specie animali ora vivente possa mai sorpassare dal lato psichico i limiti già raggiunti.

5a. Le teorie che mirano a definire psicologicamente il rapporto tra l'uomo e gli animali, oscillano tra due estremi, cioè tra l'opinione predominante nella vecchia psicologia, che le più alte "facoltà psichiche", specialmente la "ragione", manchino completamento agli animali, e l'opinione diffusa tra i sostenitori della speciale psicologia animale, che gli animali siano perfettamente eguali all'uomo in tutto, anche nelle facoltà di riflettere, giudicare, conchiudere e nei loro sentimenti morali, ecc. Caduta la psicologia delle facoltà, la prima di queste opinioni è divenuta insostenibile. La seconda si basa sulla tendenza, diffusa nella psicologia popolare, di interpretare tutti i fatti che possono essere oggettivamente osservati, trasformandoli in modi del pensiero umano, e in riflessioni logiche. Ma una più intima indagine sulle manifestazioni della così detta intelligenza animale dimostra, che esse si devono intendere costituite da semplici atti di riconoscimento sensitivo, o da associazioni, mentre mancano loro quelle proprietà che spettano ai veri concetti e alle operazioni logiche. Ora, poichè i processi associativi passano continuamente negli appercettivi, e gli inizi di questi ultimi, semplici azioni attive di attenzione e di scelta, si presentano senza dubbio negli animali superiori, anche questa differenza deve del resto essere senz'altro intesa più come una differenza nel grado, e nella composizione che come una differenza nella natura dei processi psichici.

Per i più vecchi indirizzi della psicologia, tanto per la psicologia delle facoltà quanto per la teoria intellettualistica (§ 2), gl'*istinti animali* presentano una difficoltà tutt'affatto speciale. Poichè l'intento di derivare tali istinti da condizioni individuali condusse, specialmente per gl'istinti più complessi, a un apprezzamento affatto inverosimile delle funzioni psichiche, si conchiuse spesso, col dichiararli inconcepibili, o, il che portava alla stessa conseguenza, col dirli effetti di rappresentazioni innate. Questo "enigma degli istinti" cessa di essere insolubile quando gl'istinti, come sopra fu fatto, sono concepiti quali forme speciali di manifestazioni impulsive, negli animali e negli uomini analoghe alle più semplici manifestazioni impulsive psicologicamente comprensibili. Qui poi pei fenomeni d'esercizio, che facilmente si osservano specialmente nell'uomo, ad es. per l'esercizio di movimenti complicati, come nel suonare il piano, si può stabilire il passaggio delle azioni volitive, originariamente composte, in movimenti impulsivi e riflessi (pag. 156 e segg.). A questa interpretazione degli istinti è stato obbiettato, che nell'esperienza è impossibile mettere in luce la trasmissione ereditaria, ivi supposta, di variazioni individualmente acquisite, non essendo affatto possibile, ad es., portare sicura osservazioni sulla trasmissione di mutuazioni spesso antecedentemente affermata. Alcuni biologi ammettono che tutte le proprietà degli organismi debbano essere derivate da una scelta, la quale avviene per la sopravvivenza degli individui meglio adatti alle condizioni naturali, quindi "da una selezione naturale esterna" e che solo questa selezione naturale esterna possa produrre variazioni negli abbozzi embrionali (Keimanlagen) che si trasmettono ai discendenti. Se ora si deve pur concedere, che una proprietà acquisita da *un solo* individuo generalmente non abbia alcuna influenza ereditaria, non si può però comprendere, perchè atti abituali, che sono bensì suscitati indirettamente da condizioni naturali esterne, ma prima si fondano su interne proprietà psicofisiche degli organismi, non possano produrre, nel caso che esse agiscano attraverso a più generazioni, mutazioni negli abbozzi embrionali, tanto quanto le influenze dirette della selezione naturale. A favore di questa conclusione sta pure l'osservazione, che specialmente dall'uomo si ereditano certi particolari movimenti espressivi e certe abilità tecniche (pag. 231). Ciò, si comprende, non esclude in alcun caso la cooperazione delle influenze naturali esterne in accordo ai fatti dell'osservazione, ma queste influenze richiedono un doppio modo di agire: in primo luogo un modo diretto, nel quale l'organismo è modificato solo passivamente dall'azione della selezione naturale; e in secondo luogo un modo indiretto, nel quale le influenze esterne determinano dapprima reazioni psicofisiche, che sono poi le cause prime delle avvenute modificazioni. Se si esclude quest'ultimo modo di agire, non solo si chiude una delle più importanti sorgenti per la conoscenza della finalità, in eminente grado manifesta negli organismi animali, ma più specialmente si rende impossibile anche la spiegazione psicologica della graduale evoluzione degli atti di volere, e la loro trasformazione regressiva in riflessi aventi carattere di finalità, quale ci si presenta per un gran numero di movimenti espressivi innati (§ 20,1).

§ 20 - Lo sviluppo psichico del bambino.

1. Lo sviluppo psichico dell'uomo, in generale più tardo a paragone di quello della maggior parte degli altri animali, si dà a conoscere nella costituzione molto lenta delle *funzioni di senso*. Il bambino reagisce bensì subito dopo la nascita agli stimoli di senso di spe-

281

cie diversa: in modo assai preciso alle impressioni di tatto e di gusto, con maggior incertezza agli eccitamenti sonori; ma è fuor di dubbio che qui le forme speciali del movimento di reazione si fondano su ereditati meccanismi di riflessione. E in ispecie ciò vale per lo strillare del bambino all'azione del freddo o ad altre azioni tattili e pei riflessi mimici alle sostanze saporifiche dolci, acide e amare; riflessi, che si possono osservare sin dall'inizio. È pertanto probabile che tutte queste impressioni siano accompagnate da sensazioni e sentimenti oscuri, ma la natura dei movimenti riflessi non può essere derivata dai sentimenti, dei quali noi li consideriamo sintomi, ma solo da innate combinazioni centrali di riflessi.

Alla fine del primo mese è manifesto che sensazioni e sentimenti sono sentiti in modo alquanto più chiaro, benchè ancor sempre molto fugace, come lo dimostrano i rapidi mutamenti di disposizione d'animo; infatti ora soltanto si osservano non solo sintomi di dispiacere, ma anche di piacere: risa, vivaci movimenti ritmici delle braccia e delle gambe in seguito a determinate impressioni sensibili. Anche i meccanismi riflessi non sono del resto pienamente conformati nel primo tempo di vita, come lo fa comprendere il fatto anatomico, che alcune fibre colleganti i centri cerebrali si formano solo dopo la nascita. Mancano ad es. ancora i movimenti riflessi associati dei due occhi. Senza dubbio già fin dall'inizio il singolo occhio si volge a un raggio di luce, ma i movimenti dei due occhi sono ancora irregolari, e solo nel corso dei tre primi mesi la coordinazione normale dei movimenti si dirige a poco a poco sul punto di fissazione comune ai due occhi. Anche qui però la raggiunta regolarità non si deve interpretare come un effetto di più complete rappresentazioni visive, ma piuttosto come il sintomo, che entra in funzione un centro riflesso, la cui azione fa poi possibili più complete rappresentazioni visive.

2. Sulle relazioni qualitative degli *elementi psichici* nel bambino non si può in generale giungere a una conclusione soddisfacente, perchè ci mancano sintomi oggetti vi abbastanza sicuri. Probabilmente la varietà delle sensazioni sonore e forse anche di quelle di colore, è più limitata. Se però alcuni fanciulli confondono, non di rado ancora nel secondo anno di vita, designazioni di colori, ciò non deve senz'al-

tro essere riferito a una mancanza delle sensazioni, ma è molto più probabile che la mancata attenzione, e la confusione dei nomi dei colori siano la causa di ciò.

All'opposto, nei caratteristici movimenti espressivi che si svolgono a poco a poco, si rivela in modo manifesto la *differenziazione dei sentimenti*, che ha luogo principalmente alla fine del primo anno d'età, e lo sviluppo, a quella connesso, di emozioni varie. E però al dispiacere e alla gioia si aggiungono, l'una dopo l'altra, la meraviglia, l'attesa, l'ira, la vergogna, l'invidia, ecc. Ma anche qui la disposizione ai movimenti combinati, onde le singole emozioni si danno a conoscere, si fonda su ereditate proprietà psicologiche del sistema nervoso, le quali però entrano in funzione per lo più solo nei primi mesi di vita. In appoggio di una tale trasmissione ereditaria parla anche il fatto, che non di rado in certe famiglie si presentano speciali particolarità nei movimenti espressivi.

3. Il fanciullo nelle ereditate combinazioni riflesse porta al mondo disposizioni fisiche che danno origine alle *rappresentazioni di spazio*, disposizioni che fanno possibile uno svolgimento relativamente rapido di queste rappresentazioni; ma pare che appunto nell'uomo, a differenza di certi animali, le rappresentazioni spaziali siano dapprima ancora straordinariamente imperfette. A stimoli sulla pelle seguono manifestazioni di dolore, ma nessun sintomo evidente di localizzazione. Solo a poco a poco dai movimenti delle mani che nei primi giorni appaiono incoordinati, si sviluppano movimenti di prensione, i quali però di solito solo dopo la 12ª settimana, colla cooperazione delle rappresentazioni visive, diventano più sicuri e coscienti del fine. La direzione dell'occhio verso una sorgente luminosa, che si osserva sin dai primi giorni, come pure la coordinazione dei movimenti degli occhi che si stabilisce gradatamente, devono essere interpretati come fenomeni riflessi. Ma probabilmente con questi riflessi si sviluppano immediatamente anche rappresentazioni spaziali, così che a causa della continuità del processo e della sua connessione colle originarie disposizioni fisiologiche di funzione, è possibile avvertire solo un continuo perfezionamento delle rappresentazioni di spazio da inizi molto imperfetti. Già nel fanciullo il senso

della vista appare decisamente come il senso che precorre il senso tattile, perchè i sintomi della localizzazione visiva si possono osservare prima che quelli della localizzazione tattile, e i movimenti di prensione si sviluppano, come fu già notato, solo col soccorso del senso della vista. Assai più tardi che lo sviluppo del campo visivo, il quale si fa palese nella distinzione delle direzioni dello spazio, avviene lo sviluppo della visione *binoculare*. Gl'inizi di questo processo coincidono certamente colla coordinazione dei movimenti degli occhi e però appartengono forse già alla seconda metà del primo anno di vita. Le grandezze, le distanze e le forme corporee complesse sono però ancora per lungo tempo apprese in modo molto imperfetto. Specialmente gli oggetti lontani sono ritenuti vicini, quindi al bambino paiono relativamente piccoli.

4. Contemporaneamente alle rappresentazioni di spazio si sviluppano le *rappresentazioni di tempo*. Già nei primi mesi di vita ai movimenti ritmici degli organi tattili e specialmente alla tendenza di accompagnare i ritmi uditi con movimenti cadenzati, si dimostra la capacità di formare regolari rappresentazioni di tempo, e il gradimento che esse suscitano. Alcuni bambini prima ancora di parlare possono ripetere esattamente nell'intonazione e negli accenti i ritmi di melodie udite. Invece le rappresentazioni di estensioni di tempo alquanto grandi rimangono fin dopo i primi anni straordinariamente imperfette, così che il bambino dà giudizi molto incerti non solo sulla durata di tempi diversi, ma anche sulla successione degli avvenimenti nel tempo.

5. Collo sviluppo delle rappresentazioni di spazio e di tempo si svolgono passo passo le *associazioni* e le *combinazioni appercettive più semplici*. Sintomi del riconoscimento sensitivo (pag. 192) possono osservarsi sin dai primi giorni di vita: e nella rapidità con cui i poppanti imparano a trovare il seno materno, e nella manifesta abitudine che essi fanno agli oggetti e alle persone dell'ambiente. Ancora per lungo tempo però le associazioni si estendono solo a tempi di assai breve durata, dapprima soltanto ad ore, di poi a giorni, e ancora nel 3° e 4° anno di vita persone, che siano state assenti per alcune settimane, sono o completamente dimenticate, o dapprima solo im-

perfettamente riconosciute.

Lo stesso accade per l'*attenzione*. All'inizio essa può fissarsi per assai breve tempo su uno stesso oggetto, e evidentemente essa funziona solo nella forma dell'appercezione *passiva*, che segue sempre allo stimolo predominante, cioè più forte dal lato sentimentale (pag. 177). Ma già nelle prime settimane di vita, nel modo in cui il bambino fissa e segue per lungo tempo gli oggetti, specialmente gli oggetti in movimento, comincia a manifestarsi un'attenzione più durevole; e contemporaneamente, come prima traccia di un'attenzione *attiva*, sorge l'attitudine di cambiare ad arbitrio la direzione dell'attenzione tra diverse impressioni. Fin d'ora questa attitudine lentamente si allarga e si completa, sempre però anche nell'età infantile più avanzata l'attenzione si affatica più presto che negli adulti e vuole da un lato un maggior cambiamento degli oggetti, dall'altro più frequenti pause di riposo.

6. Collo sviluppo delle associazioni e delle appercezioni cammina di pari passo lo svolgimento dell'*autocoscienza*. Nel giudicare questo svolgimento è bene guardarsi dal considerare come segni caratteristici dell'autocoscienza alcuni sintomi isolati, quali la distinzione delle parti del proprio corpo dagli oggetti dell'ambiente, l'uso della parola "io", il giusto riconoscimento della propria imagine nello specchio, e simili. Anche il selvaggio adulto considera l'imagine nello specchio, se non l'ha mai veduta, come la persona di un altro. L'uso del pronome personale si fonda su un'appropriazione esteriore, nella quale il bambino segue l'esempio delle persone che lo circondano. In diversi bambini aventi uno sviluppo psichico d'altra parte eguale, questa appropriazione sorge in tempi molto diversi; in ogni caso essa è il sintomo di un'autocoscienza già esistente, la cui prima origine può precedere questa distinzione linguistica ora di breve, ora di lungo tempo. E solo un sintomo di tale valore è infine anche la distinzione del proprio corpo e delle sue parti dagli altri oggetti. Il riconoscere il proprio corpo è bensì un processo, che generalmente precede l'esatto giudizio dell'imagine nello specchio, però non è affatto più di questo, un criterio dell'inizio dell'autocoscienza, ma presuppone piuttosto l'esistenza di un certo grado di essa. Come una pluralità

285

di condizioni sta a base dell'autocoscienza evoluta (pag. 180), così anche l'autocoscienza del bambino è sin dall'inizio un prodotto di più componenti, che per una metà appartengono alle rappresentazioni, e per l'altra al sentimento e al volere. Sotto il primo rispetto è la separazione di un *costante* gruppo rappresentativo, sotto il secondo è il costituirsi di connessi processi d'attenzione e d'azioni di volere, che si devono considerare componenti di un tale prodotto. Ma il costante gruppo rappresentativo può all'occasione *non* comprendere una parte del nostro corpo, ad es. le gambe, nel caso che esse siano abitualmente coperte, così come ancor più spesso può contenere anche oggetti esterni, ad es. gli abiti di solito vestiti. Maggiore influenza hanno perciò i componenti soggettivi dei sentimenti e del volere e le relazioni, nelle quali quelle parti rappresentative vengono a trovarsi con questi componenti per entro gli atti esterni del volere. Questa maggiore influenza dei componenti soggettivi si dà specialmente a conoscere in ciò, che forti sentimenti, specialmente sentimenti di dolore, molto spesso designano nel ricordo della vita individuale il primo momento di vita, al quale possa risalire una connessa autocoscienza. Ma poichè senza dubbio già antecedentemente a questo primo momento di un ricordo distintamente cosciente (che di solito appartiene al periodo di vita dal quinto al sesto anno), esiste un'autocoscienza, sia pure meno connessa, e poichè l'osservazione oggettiva del bambino non presenta da principio alcun criterio sicuro, non è possibile fissare un determinato tempo per l'inizio dell'autocoscienza. Probabilmente i primi indizi di essa si hanno nelle prime settimane di vita, dopo di che l'autocoscienza sotto la continua azione delle condizioni succitate cresce sempre in chiarezza e, come la coscienza, generalmente cresce pure rispetto al tempo, in estensione.

7. Collo svolgimento dell'autocoscienza si connette strettamente quello del *volere*. Esso può essere dedotto in parte dal già sopraddescritto sviluppo dell'attenzione, in parte dal sorgere e dal graduale perfezionarsi delle *azioni esterne di volere*, l'influenza delle quali sull'autoscienza fu già sopra ricordata. La diretta relazione dell'attenzione al volere qui si appalesa in ciò, che sintomi distinti di attenzione attiva e di agire libero coincidono anche nel tempo della loro ori-

gine. Mentre moltissimi animali subito dopo la nascita compiono già movimenti impulsivi abbastanza completi, cioè azioni semplici di volere che si svolgono mediante il sussidio di composti apparati riflessi dovuti all'ereditarietà, il bambino neonato non presenta alcuna traccia di questo fatto. Nei primi giorni di vita però, in seguito ai riflessi provenienti da sensazioni di fame e alle rappresentazioni di senso legate all'appagamento della fame, i primi indizi di semplici azioni di volere impulsive si manifestano nel cercare la sorgente del nutrimento. Col più distinto svegliarsi dell'attenzione seguono dapprima i movimenti di volere legati a impressioni dei sensi della vista e dell'udito: il bambino accompagna collo sguardo, per atto intenzionato e non solo per movimento riflesso, gli oggetti veduti e volge la testa dalla parte del rumore udito. Molto più tardi entrano in campo i muscoli esterni del corpo. Questi, specialmente i muscoli delle braccia e delle gambe, presentano da principio movimenti vivaci, per lo più spesso ripetuti, che accompagnano tutti i sentimenti e l'emozioni possibili, e colla differenziazione di queste ultime offrono a poco a poco certe differenze caratteristiche per le qualità loro. L'essenziale di queste differenze sta in ciò, che le emozioni piacevoli si esplicano in movimenti ritmici, le spiacevoli in movimenti non ritmici e di solito alquanto violenti. Questi movimenti espressivi, che devono essere interpretati quali riflessi accompagnati da sentimenti, si trasformano poi all'occasione, tosto che l'attenzione si sia diretta sull'ambiente, in movimenti *voluti*, nei quali il bambino dimostra, anche mediante altri sintomi diversi, che non solo egli sente dolore, fastidio, corruccio, ecc., ma che egli desidera far conoscere all'esterno queste emozioni. I primi movimenti però, nei quali si può senza dubbio riconoscere un motivo precedente il movimento, sono i movimenti di *prensione*, che sorgono dalla 12ª alla 14ª settimana. Questi, ai quali da principio partecipano oltre che le mani anche i piedi, come costituiscono i primi sintomi distinti delle rappresentazioni sensitive, così dimostrano anche per la prima volta l'esistenza di un semplice processo di volere composto di motivo, risoluzione e azione. Alquanto più tardi si osservano gl'intenzionati movimenti d'*imitazione*, tra i quali i più semplici movimenti mimici, come fare il bocchino, corrugare la fronte, precedono i pantomimici: il chiudere il pugno e i movimenti cadenzati e simili ecc. Da queste azioni di volere semplici provengono affatto gradatamente, di solito solo al principio della seconda metà del primo anno di vita, le azioni di volere *composte*, nelle quali si deve osservare o un oscillare della decisione precedente l'azione, o anche una volontaria rinuncia ad un'azione stabilita o già incominciata.

In questo svolgimento dell'azione propriamente libera ha una grande parte l'*imparare a camminare*, che suole cominciare negli ultimi tre mesi del primo anno d'età; imperocchè l'andare verso determinata meta costituisce assai spesso l'occasione del sorgere di un gran numero di motivi tra loro contrastanti. Lo stesso imparare a camminare si deve però intendere come un processo, nel quale influiscono a vicenda lo sviluppo del volere e l'efficacia di ereditarie disposizioni a determinate combinazioni di movimenti. Se il primo impulso al movimento proviene da motivi di volere, il modo adatto allo scopo, con cui si compie il movimento, è però un effetto dei meccanismi centrali di coordinazione; questi poi alla lor volta si conformano in modo sempre più rispondente allo scopo, a causa dell'esercizio individuale che ha luogo sotto la guida del volere.

8. Il *linguaggio* del bambino si annette nel suo sviluppo a tutte le azioni del volere. Anch'esso riposa su una cooperazione di disposizioni ereditate, fondate sugli organi centrali del sistema nervoso, e di influenze esercitate dalla vita esterna e in questo caso più specialmente dalla convivenza con persone che parlano. Sotto questo rapporto lo sviluppo del linguaggio corrisponde assolutamente a quello di tutti gli altri movimenti espressivi, ai quali esso appartiene nel suo generale carattere psico-fisico. Già nel corso del 2° mese d'età sorgono i primissimi suoni articolati dell'organo della favella come fenomeni di natura riflessa, sopratutto ad accompagnamento di sentimenti ed emozioni gradite; essi crescono poi coll'andar del tempo in varietà, mentre sempre più si fa manifesta la tendenza alla ripetizione del suono (come ba-ba-ba, da-da-da e simili). Questi suoni espressivi si distinguono dalle grida espressive di molti animali solo per la maggiore e sempre mutevole varietà. Essi, essendo emessi ad ogni possi-

bile occasione e senza alcun scopo di comunicare qualche cosa, non hanno ancora affatto il valore di suoni del linguaggio. Esse acquistano a poco a poco tale valore, di solito all'inizio del 2° anno d'età, per l'influenza dell'ambiente.

Un'azione principalissima esercitano qui i movimenti imitativi, i quali, specialmente come imitazioni di suoni, presentano una doppia direzione, perocchè non solo il fanciullo imita l'adulto, ma anche l'adulto il bambino. Che anzi di solito è l'adulto che prima imita; egli ripete gl'involontari suoni articolati del bambino e dà loro anche un determinato significato come ad es. "papà" per padre, "ma-ma" per madre. Solo più tardi e dopo che per una voluta imitazione ha imparato a usar certe voci in un determinato significato, il bambino imita pure alcune parole preferite nel linguaggio degli adulti, le assimila però alla costituzione sonora dei propri movimenti articolati.

Come un importante sussidio, col quale l'adulto promuove nel fanciullo, più istintivamente che volontariamente, l'intendimento delle parole da lui usate, serve il *gesto*, per lo più nella forma di gesto indicante gli oggetti, più di rado di solito pei verbi, che si riferiscono ad azioni, come combattere, tagliare, andare, dormire e simili, con gesto descrittivo. Il bambino ha una naturale attitudine a interpretare i gesti, ma non la parola. Persino i suoni onomatopoetici del linguaggio infantile (bau-bau per il cane, be-be per la pecora) diventano per lui intelligibili solo dopo che sono stati più volte riferiti all'oggetto. E anche qui il creatore di questi onomatopoetici non è il bambino, ma l'adulto, che anche per questo riguardo istintivamente si sforza d'adattarsi al grado della coscienza infantile.

Dopo quanto si è detto lo sviluppo del linguaggio si basa su una serie di associazioni e appercezioni, a costituire le quali partecipano in egual misura il bambino e le persone che lo circondano. Con certe voci onomatopoetiche o prese tra i naturali suoni espressivi del fanciullo, o liberamente foggiate sull'esempio di questi suoni, l'adulto designa arbitrariamente determinate rappresentazioni. Il bambino appercepisce questo legame tra la parola e la rappresentazione, fatto a lui comprensibile per mezzo dei gesti e lo associa ai propri movimenti articolati sorti per imitazione. Sull'esempio poi di queste prime associazioni e appercezioni il bambino ne fa poi altre, imperocchè sempre più per proprio impulso prende a imitare dal linguaggio degli adulti parole e nessi di parole casualmente uditi, e forma le corrispondenti associazioni di significato. L'intero processo dello sviluppo del linguaggio si fonda quindi su una relazione psichica tra il bambino e le persone che parlano a lui d'intorno, relazione, nella quale all'inizio spetta esclusivamente al bambino la formazione dei suoni, e alle persone che lo circondano l'applicazione dei suoni infantili al linguaggio.

9. Dall'insieme dei processi semplici di sviluppo ora ricordati sorge lo sviluppo delle *funzioni composte di appercezione*, dell'attività di relazione e di comparazione, e delle funzioni fantastiche e intellettive, che di quelle constano (§ 17).

Dapprima le combinazioni appercettive trovano le loro esplicazioni nella forma dell'*attività fantastica*, cioè nel collegare, scomporre e mettere in relazione concrete rappresentazioni sensibili. L'evoluzione individuale viene quindi a confermare ciò che in generale si è sopra (pag. 212 e segg.) notato intorno al rapporto genetico di queste funzioni. Nel bambino, tosto che l'attenzione attiva si sia svegliata, in base alle associazioni che sempre più si costituiscono tra impressioni immediate e rappresentazioni anteriori, sorge la tendenza di liberamente stabilire tali legami, nei quali poi la copia degli elementi mnemonici, liberamente combinati o aggiunti all'impressione, dà una misura del grado di dote imaginativa di ogni individuo. Questa attività fantastica di combinazione si esplica, non appena è sorta, con una potenza impulsiva, alla quale il bambino può tanto più difficilmente contrastare in quanto che in lui non ancora agiscono, come nell'adulto, le funzioni intellettive, che si pongono fini determinati regolando e arrestando il libero vagare delle rappresentazioni fantastiche.

In quanto questo sfrenato riferimento ed intreccio delle rappresentazioni fantastiche si collega cogli impulsi di volere, che amano dare alle rappresentazioni nell'immediata percezione sensitiva punti d'appoggio sicuri, benchè ancora vaghi, sorge nel bambino l'*impulso al giuoco*. Il primitivo giuoco del bambino è tutt'affatto giuoco di fantasia, mentre quello dell'adulto è giuoco quasi unicamente d'intelletto (giuoco delle carte, giuoco degli scacchi, lotteria, e simili). Solo, quando entra in campo il bisogno estetico, anche qui il giuoco è in prima linea prodotto dalla fantasia (teatro, suonare il piano, ecc.), ma non è, come originariamente nel bambino, il prodotto di una fantasia affatto sbrigliata, ma di una fantasia regolata dall'intelligenza. Il giuoco del bambino nei diversi tempi del suo sviluppo presenta, se si svolge conformemente alla sua natura, tutti i passaggi da quel giuoco di pura fantasia a quella combinazione di giuoco di fantasia e di giuoco d'intelletto. Nei primi mesi d'età esso si manifesta in movimenti ritmici delle membra del corpo, delle braccia, delle gambe, che poi possono essere rivolti anche ad oggetti esterni, con preferenza a quelli che danno suoni o sono vivacemente colorati. Questi movimenti nella loro origine sono evidentemente estrinsecazioni impulsive, che sono prodotte da determinati stimoli sensibili e nelle quali la coordinazione ad un fine si fonda su disposizioni ereditarie del sistema nervoso centrale. L'ordine ritmico dei movimenti, come pure delle impressioni sentimentali e sonore prodotte dai movimenti determina in modo visibile sentimenti di piacere, i quali permettono tosto la ripetizione volontaria di tali movimenti. Di poi il giuoco nei primi anni d'età passa a poco a poco nella imitazione volontaria di occupazioni e scene dell'ambiente. Questo giuoco d'imitazione alla fine ancor più si allarga, perchè non si limita più a riprodurre le cose vedute, ma diviene un libero rifacimento delle cose udite nei racconti. Contemporaneamente la connessione delle rappresentazioni e delle azioni comincia ad adattarsi a un piano fisso: con ciò entra in campo l'attività regolatrice dell'intelligenza, la quale pei giuochi di una età infantile più avanzata trova la sua espressione nella determinazione di certe regole di giuoco. Se anche queste trasformazioni possono essere affrettate e dall'influenza dell'ambiente e dalle artificiali forme di giuoco che, essendo per lo più creazioni degli adulti, non sempre si adattano sufficientemente alla fantasia infantile, questo svolgimento, per la sua concordanza colla complessiva formazione delle funzioni intellettive, deve essere ritenuto naturale, fondato sulla reciproca connessione dei processi associativi e appercettivi. Anche il modo, in cui la graduale limitazione dei processi di fantasia va parallela al

291

crescere delle funzioni intellettive, rende probabile che quella limitazione originariamente si fondi non tanto su una diminuzione quantitativa della fantasia quanto su un'inibizione, che su di essa esercita un pensiero assorgente a concetti. In questo caso però, da un lato col prevalente esercizio del pensiero, dall'altro colla mancanza d'esercizio dell'attività fantastica, questa può certamente essere menomata. Ciò sembra essere confermato dal paragone coll'uomo selvaggio, il quale per tutto il tempo della vita suole presentare un istinto al giuoco di fantasia affine a quello infantile.

10. Dall'originaria forma del pensare fantastico assai lentamente si sviluppano le *funzioni intellettive*, imperocchè le rappresentazioni totali, o già date nell'apprendimento sensibile d'impressioni esterne, o formate dall'attività creatrice della fantasia, vengono nella maniera già indicata (pag. 213 e segg.) a scomporsi nei loro componenti *concettuali*, come oggetti e proprietà, oggetti e azioni, rapporti degli oggetti tra loro. Il sintomo decisivo del sorgere delle funzioni intellettive è quindi la costituzione di *concetti*, laddove azioni che possono da parte dell'osservatore essere spiegate mediante una riflessione logica, non dimostrano affatto l'esistenza di una tale costituzione di concetti, perchè esse, proprio come negli animali, possono molto spesso derivare in modo manifesto da associazioni. Per la stessa ragione il linguaggio può essere presente nei suoi primi inizi senza un pensiero propriamente assorgente a concetti, perchè originariamente la parola designa solo una impressione sensibile concreta. Per contro non è assolutamente possibile un uso più perfetto del linguaggio, senza che le rappresentazioni subiscano concettuali scomposizioni, relazioni e traslazioni. I prodotti di questi processi hanno però sempre ancora un valore concreto e sensibile. Quindi lo sviluppo delle funzioni intellettive coincide senz'altro col linguaggio e questo è nel tempo stesso un mezzo per tener saldi i concetti e fissare le operazioni del pensiero.

10*a*. La psicologia del bambino va soggetta non meno di quella degli animali all'errore di non essere le osservazioni interpretate oggettivamente, ma integrate con riflessioni soggettive. In conseguenza di ciò non solamente le prime connessioni rappresentative realmente sorte per pura associazione sono interpretate come atto di una riflessione logica, ma lo sono anche i più originari movimenti espressivi mimici, come ad es. quelli del neonato per stimoli saporifici, per reazioni sentimentali; laddove essi dapprima non hanno evidentemente che il valore di riflessi innati, i quali è possibile siano accompagnati da sentimenti oscuri, senza che però di questi si possa dimostrare sicuramente la presenza. Dello stesso errore soffre la solita concezione dello sviluppo degli atti di volere e del linguaggio. Si è specialmente propensi a considerare il linguaggio infantile a causa delle sue particolarità come una creazione del bambino, mentre una più esatta osservazione dimostra che esso è per massima parte una creazione dell'ambiente, nel quale soltanto questa creazione si adatta, all'insieme dei suoni infantili e per quanto è possibile, anche allo stato di coscienza del bambino. Nella moderna letteratura alcune descrizioni dello sviluppo psichico del bambino molto acute e degne di lode possono servire solo come fonti per la conoscenza della realtà dei fatti, perchè esse si pongono tutte dal punto di vista di una psicologia volgare fatta a base di riflessioni; per contro le conclusioni psicologiche che da quei fatti sono tratte, devono essere assolutamente corrette nel senso su indicato. I tentativi più volte fatti di introdurre il metodo *sperimentale* anche nella psicologia del bambino, si possono rivolgere con speranza di qualche risultato solo ad un'età alquanto avanzata, ad es., ai fanciulli che frequentano le scuole. Queste ricerche hanno dato dal lato pedagogico importanti risultati intorno al decorso e alla durata della tensione dell'attenzione, alla relazione tra la fatica corporea e mentale, e così via. Ma per età più giovane il metodo sperimentale si può senz'altro ritenere inapplicabile. I risultati ottenuti nelle ricerche di tal natura, ciò non ostante intraprese, si devono, per le infinite cause d'errori, considerare come puri risultati accidentali. Per queste ragioni è erronea anche l'opinione più volte espressa, che la vita psichica dell'uomo adulto possa essere compresa in base ad un'analisi della psiche infantile. Accade proprio il contrario. Stando nella ricerca psicologica del bambino, come pure dell'uomo selvaggio a nostra disposizione generalmente solo sintomi oggettivi, un giudizio psicologico di tali sintomi è sempre possibile solo in base all'auto-osservazione della coscienza matura condotta dal soggetto stesso con metodo sperimentale, e i risultati dell'osservazione sul bambino e sull'uomo selvaggio psicologicamente analizzati permettono allora di ritornare a conclusioni sullo sviluppo psichico.

§ 21. - Lo sviluppo delle comunità spirituali.

1. Come lo sviluppo psichico del bambino deriva da una relazione reciproca coll'ambiente, così anche la coscienza matura sta ancora in relazione continua colla comunità spirituale, alla quale partecipa passivamente ed attivamente.

Nella maggior parte degli animali manca completamente una tale comunità; gli accoppiamenti, le società, gli sciami degli animali si possono considerare solo come forme preparatorie di comunità spirituali, forme incomplete e limitate a singoli scopi. Quelle che più durano, gli accoppiamenti e le così dette società animali (pag. 226) hanno il valore di comunità genetiche, e quelle passeggiere, gli sciami, gli stormi, come ad es. gli stormi degli uccelli emigratori, sono forme di comunità a scopo di difesa. In tutti questi casi sono determinati istinti consolidati dall'ereditarietà, i quali producono la consistenza del legame tra gl'individui e però questo presenta quella stessa costanza, solo in piccolissima parte variabile per influssi individuali, che generalmente è propria dell'istinto.

Se in tal guisa le unioni degli animali sono sempre solo integrazioni dell'essere individuo rivolto a determinati scopi fisici della vita, l'evoluzione *umana*, invece sin dal principio tende a ciò, che l'individuo si fonda col suo ambiente spirituale in un tutto che, capace di evolversi, serve così al soddisfacimento dei bisogni fisici della vita come al conseguimento di diversissimi scopi spirituali, o in questi scopi ammette le più varie modificazioni. In conseguenza di ciò le forme della comunità umana sono straordinariamente variabili, mentre nel tempo stesso le forme più perfette procedono in una continuità di evoluzione *storica*, la quale estende la convivenza spirituale dei singoli oltre i limiti dell'immediata coesistenza nello spazio e nel tempo, anzi quasi all'infinito. Il risultato di questa evoluzione è l'idea dell'*umanità* coscientemente compresa, come di una generale comunità spirituale la quale, a seconda delle speciali condizioni della sua esistenza, si separa in singole comunità concrete, popoli, stati, società civili di diversa natura, genti e famiglie. E però la comunità spirituale in cui entra l'individuo, non è solo *un'unica* connessione, ma una varia pluralità di connessioni spirituali, le quali si sovrappongono nelle più diverse maniere le une alle altre e sempre divengono più estese col crescere dello sviluppo.

2. Il còmpito di seguire questi sviluppi nelle loro forme concrete o anche soltanto nella loro generale connessione, spetta alla storia della civiltà e alla storia universale, non alla psicologia. Questa deve però dar ragione delle condizioni psichiche generali e dei processi psichici che da queste condizioni provengono, condizioni e processi, per i quali la vita della comunità si separa da quella dell'individuo.

La condizione, per cui è solo possibile una comunità spirituale, condizione che nel tempo stesso partecipa continuamente allo sviluppo della comunità, è la funzione del *linguaggio*. Questo è per l'appunto che psicologicamente determina il passaggio dall'esistenza individuale alla comunità spirituale, perchè esso nella sua origine appartiene ai movimenti espressivi individuali, ma per l'evoluzione che esso subisce, diventa la forma inscindibile di tutti i contenuti spirituali comuni. Questi, o i processi spirituali propri della comunità si scindono in *due* classi, le quali, veramente proprio come i fatti individuali del rappresentare e del volere, sono non tanto processi separati quanto componenti insieme spettanti alla vita della comunità. Distinguiamo in primo luogo le *rappresentazioni comuni*, nelle quali si trovano le idee concordi sul contenuto e sul significato cosmico, cioè le *rappresentazioni mitologiche*, e in secondo luogo i *motivi comuni del volere*, che corrispondono alle rappresentazioni comuni e ai sentimenti e alle emozioni che le accompagnano, cioè le *norme dei costumi*.

A) - IL LINGUAGGIO.

3. Sull'*evoluzione generale del linguaggio* non ci offre alcuna spiegazione il suo sviluppo individuale nel bambino; perchè questo è un processo, cui partecipano principalmente le persone che lo circondano (pag. 236 e segg.). Ciò non ostante il modo in cui il bambino impara a parlare, dimostra che in lui sono disposizioni fisiche e psichiche alla comunicazione del linguaggio, le quali servono a facilitarla. Infatti si potrebbe ammettere che queste disposizioni, anche se mancasse la comunicazione esterna, potrebbero condurre a certi moti espressivi accompagnati da suoni, i quali avrebbero il valore di un linguaggio imperfetto. Questa supposizione è confermata dall'osservazione sui sordomuti, specialmente su quei bambini sordomuti che crescono senza apposita istruzione e tra i quali si può nondimeno sviluppare un vivo commercio spirituale. Questo però, essendo il sordomuto esclusivamente istruito su segni *veduti*, si fonda su un naturale svolgimento di un *linguaggio di gesti*, il quale si compone di movimenti espressivi aventi determinati significati. I sentimenti sono in tal caso generalmente espressi da segni mimici, le rappresentazioni da pantomimici, imperocchè il dito indice o indica un oggetto di rappresentazioni, o nell'aria disegna l'imagine approssimativa delle rappresentazioni: *gesti indicanti*, o *descriventi* (pag. 140). E poichè tali gesti, che corrispondono alla successione dei pensieri, si susseguono, sorge persino una specie di discorso, mediante il quale le cose possono essere descritte e gli avvenimenti raccontati. Questo linguaggio di gesti sorto naturalmente si limita però sempre alle comunicazioni di concrete rappresentazioni sensoriali e della loro connessione; manca completamente di segni per i concetti astratti.

4. Il primitivo sviluppo di un *linguaggio fonetico* non può essere pensato altrimenti che sull'analogia del linguaggio naturale di gesti; l'unica differenza è che la facoltà uditiva aggiunge ai gesti mimici e pantomimici come terza forma i *gesti fonetici*, i quali necessariamente hanno tosto su quelli la prevalenza, perchè non solo essi sono più facilmente osservati, ma si prestano anche a un numero incomparabilmente maggiore di modificazioni. Ma se i gesti mimici e pantomi-

mici possono essere interpretati solo mercè la diretta relazione, che in essi esiste tra la natura dei movimenti e il loro significato, una siffatta relazione deve egualmente presupporsi anche per i primitivi gesti fonetici. Oltre a ciò non è inverosimile che dapprima questi gesti fonetici fossero soccorsi da concomitanti gesti mimici e pantomimici, avuto riguardo all'estrinsecazione naturale di tali gesti, che generalmente si osserva nell'uomo selvaggio, come pure all'ufficio che loro spetta nel bambino quando impara a parlare. E però lo svolgimento del linguaggio fonetico si può con ogni probabilità pensare come un processo di differenziazione, nel quale da un gran numero di movimenti espressivi diversi, soccorrentisi a vicenda, a poco a poco deriva il gesto fonetico; e questo si conserva, e solo quando si è sufficientemente fissato, elimina tutti quegli altri espedienti. Psicologicamente questo processo può scomporsi in una successione di *due* atti, 1) in movimenti espressivi prodotti da tutti i membri di una comunità sotto la forma di atti di volere impulsivi; tra questi movimenti quelli degli organi della favella acquistano il predominio sugli altri sotto l'influenza del desiderio di comunicare; 2) nelle associazioni tra il suono e la rappresentazione, le quali si annettono a questi movimenti, a poco a poco si consolidano, e nel tempo stesso si allargano dal loro iniziale centro d'origine al maggiore cerchio della comunità parlante.

5. Nell'origine del linguaggio entrano poi in campo ulteriori condizioni fisiche e psichiche, che producono continue e permanenti modificazioni nei componenti. *Due* specie di tali modificazioni si possono distinguere: *mutazioni fonetiche*, e *mutazioni di significato*.

La prima ha la sua causa fisiologica nelle modificazioni, che gradatamente avvengono nella conformazione degli organi della parola. Queste paiono derivare in parte dalle modificazioni generali che il cambiamento delle condizioni di natura e di civiltà produce nell'intera organizzazione psicofisica, e in parte dalle condizioni speciali che porta con sè il maggior esercizio dei movimenti di articolazione. Per questo ultimo riguardo è probabile che in molti fatti eserciti grande influenza la rapidità gradatamente crescente dei movimenti articolati. Oltre a ciò le diverse parti tra loro analoghe del patrimonio linguistico agiscono le une sulle altre in un modo che dimostra l'effetto psicologico diretto di associazioni; queste avvengono specialmente tra quelle rappresentazioni linguistiche, che in qualche modo, o semplicemente per il carattere fonetico o anche per relazioni di significato, sono tra loro affini (le così dette formazioni analogiche).

Come la mutazione fonetica modifica la struttura esteriore delle parole, così la mutazione di significato ne modifica il valore intrinseco. L'associazione originaria tra la parola e la rappresentazione da essa designata è mutata, imperocchè una rappresentazione diversa dalla prima prende il posto di quella; un processo questo, che nel corso del tempo può ripetersi più volte per la stessa parola. La mutazione di significato si fonda quindi su variazioni svolgentisi a poco a poco in quelle condizioni d'associazione e appercezione che determinano una complicazione rappresentativa, la quale entra nel punto visivo della coscienza non appena una parola è udita o pronunciata. Questa mutazione di significato può quindi brevemente essere anche definita come un processo, ora più associativo ed ora più appercettivo, per cui i componenti rappresentativi delle complicazioni linguistiche legati a una rappresentazione fonetica si spostano (pag. 190).

Mutazioni fonetiche e di significato cooperano a far sempre più sparire quella relazione tra suono e significato che originariamente deve presupporsi, in modo che la parola è senz'altro appresa solo come un segno esteriore della rappresentazione. Questo processo è così radicale, che persino quei segni fonetici, nei quali quella relazione sembra si sia ancora mantenuta, le formazioni onomatopoetiche, per lo più sono prodotti relativamente tardi di un'assimilazione secondaria stabilitasi tra suono e significato, di un processo di assimilazione, per il quale la primitiva affinità tra suono e significato andata perduta tende a ristabilirsi.

Un'altra importante conseguenza di quella cooperazione tra mutazioni fonetiche e di significato consiste in ciò, che numerose parole perdono affatto a poco a poco il loro primitivo significato concreto e sensibile e si trasformano in simboli per i concetti generali e per l'espressione delle funzioni appercettive di relazione, di comparazione e dei loro prodotti. In tal guisa si svolge il *pensiero astratto*, il quale, poichè non sarebbe possibile senza quella fondamentale mutazione di significato, è soltanto un prodotto di quelle reciproche relazioni psichiche e psicofisiche delle quali si compone l'evoluzione del linguaggio.

6. Come le parti costitutive della lingua, le parole, sono soggette a una continua trasformazione nei suoni e nel significato, così avvengono a poco a poco modificazioni, benchè generalmente più lente, anche nella connessione di queste parti in un tutto composto, nella *proposizione*. Non è possibile pensare una lingua senza questa sintattica successione di parole. Proposizione e parola sono pertanto forme egualmente essenziali del pensiero; che anzi la proposizione delle due è la primitiva, perchè il pensiero è dato dapprima in un tutto e solo in seguito è scomposto nelle sue parti (pag. 213 e segg.). In stadi del linguaggio meno perfetti le parole di una proposizione possono essere separate le une dalle altre solo in modo incerto. Una norma che valga in ogni caso, come già non la trovammo per il rapporto tra suono e significato, così non esiste neppure per l'ordine delle parole. E più particolarmente, quella costruzione che è preferita dalla logica, avuto riguardo ai rapporti della reciproca dipendenza logica dei concetti, non ha alcuna generale validità psicologica: piuttosto essa pare un prodotto d'evoluzione sorto abbastanza tardi, e in parte per arbitraria convenzione; prodotto, al quale nel consueto stile di prosa si avvicinano solo alcune delle recenti forme di discorso, sintatticamente quasi irrigidite. Invece il principio originario, al quale ubbidiscono le combinazioni appercettive del discorso, è manifestamente questo, che *l'ordine delle parole corrisponde all'ordine delle rappresentazioni* e però precedono quelle parti del discorso che designano rappresentazioni, dalle quali sia il sentimento eccitato colla maggior intensità e l'attenzione tenuta legata. In conseguenza di questo principio si stabiliscono per entro una determinata comunità parlante certe regole nell'ordine delle parole. Infatti già nei gesti naturali dei sordomuti è dato di osservare una tale regolarità. Si capisce però facilmente come in questa relazione possano, per condizioni speciali, avvenire le più varie deviazioni e come la sfera d'azione di queste possa essere straordinariamente grande. In generale risulta che l'esercizio associa-

tivo porta a fissare sempre più certe determinate forme sintattiche, così che una sempre maggiore regolarità suole a poco a poco stabilirsi per mezzo di una attrazione associativa esercitata dalle forme più spesso usate.

Le più intime proprietà delle connessioni sintattiche e delle loro graduali variazioni - lasciando da parte le leggi già messe in rilievo nella generale considerazione delle combinazioni appercettive, leggi che derivano dalle generali funzioni psichiche della relazione e della comparazione (pag. 203), - sono in così alta misura dipendenti dalle disposizioni specifiche e dalle condizioni di civiltà della comunità parlante una data lingua, che la loro trattazione, malgrado il grande interesse psicologico, deve essere lasciata alla psicologia sociale.

B). IL MITO.

7. Coll'evoluzione del linguaggio è strettamente legata l'evoluzione del *mito*. Il pensiero mitologico, proprio come il linguaggio nel suo sorgere, si fonda su proprietà che, se non vanno mai interamente perdute dalla coscienza umana, sono però da influenze diverse ora modificate, ora limitate. Come funzione fondamentale, sulle diverse manifestazioni della quale si fondano le rappresentazioni mitologiche, si deve considerare una particolare specie di appercezioni spettante sopratutto alla coscienza primitiva, che può essere detta appercezione *personificante*. Per essa gli oggetti appercepiti sono determinati in tutto e per tutto dalla natura propria del soggetto conoscente. Questo non solo vede riprodotte negli oggetti le sue sensazioni, le sue emozioni e i suoi movimenti volontari, ma il suo stato d'animo di un dato momento può in ciascun caso esercitare una speciale influenza sul modo di concepire i fenomeni appresi e può svegliare particolari idee dei loro rapporti colla propria esistenza. Ed è appunto in questa concezione, che sta il processo per cui all'oggetto sono attribuite le proprietà, *personali*, che il soggetto trova in sè stesso. Tra queste proprietà non mancano mai quelle *interiori* del sentimento e dell'emozione ecc., mentre quelle *esteriori* del movimento volontario

e di particolari estrinsecazioni di vita simili alle umane dipendono per lo più da movimenti realmente osservati. E però l'uomo selvaggio attribuisce alle pietre, alle piante, agli oggetti stessi fatti dalla mano dell'uomo, la facoltà di provare sensazioni e sentimenti e gli effetti che ne derivano, ma suole, invece supporre un diretto agire esterno solo negli oggetti che si presentano a lui in movimento, come le nubi, gli astri, i venti e simili. Questo processo in tutti i casi è favorito da assimilazioni associative, che facilmente si levano al grado di illusioni fantastiche (pag. 217).

8. Questa forma dell'appercezione mitologica o personificante non deve però essere considerata come una varietà speciale o persino anormale dell'appercezione, ma essa è il naturale grado iniziale dell'appercezione. Il bambino mostra traccie evidenti di una tale forma appercettiva; e queste appaiono in parte nell'attività della fantasia durante il giuoco (pag. 237 e seg.) e in parte nel fatto, che in lui emozioni vivaci, specialmente paura e terrore, richiamano facilmente illusioni fantastiche di analogo carattere sentimentale. Ma queste manifestazioni di una coscienza che tende a foggiare miti, sono qui presto moderate dall'influenza dell'ambiente e dall'educazione e infine del tutto soppresse. È altrimenti presso gli uomini selvaggi e delle civiltà primitive, presso i quali all'opposto l'ambiente porta alla coscienza di ciascuno una quantità di rappresentazioni mitiche. Queste, sorte originariamente allo stesso modo in ogni individuo, a poco a poco si sono fissate in una determinata comunità e analogamente alla lingua, e spesso in rapporto con essa, sono trasmesse da generazione in generazione, lentamente variando col mutarsi delle condizioni di natura e di civiltà.

9. La direzione, nella quale avvengono queste variazioni, è generalmente determinata dal fatto, che lo stato d'animo principalmente influisce sulla speciale natura dell'appercezione mitologica. In mancanza di altre testimonianze, è la storia dell'evoluzione delle rappresentazioni mitologiche che principalmente ci fa conoscere, come questo stato d'animo si sia svolto dai primi inizi dello sviluppo spirituale. Essa dimostra che generalmente le primissime costruzioni mitiche del pensiero, da un lato si riferiscono al destino individuale nel-

l'avvenire prossimo, dall'altro sono determinate dalle emozioni suscitate dalla morte dei congiunti, e dalla loro memoria, specialmente poi dal ricordo dei sogni. E in ciò sta l'origine del così detto "animismo" cioè di tutte quelle rappresentazioni, nelle quali in parte gli spiriti dei defunti, in parte i demoni che si pensano legati a determinati oggetti e luoghi, oppure ai processi svolgentisi in rapporto a scopi della vita (vegetazione, agricoltura, navigazione, ecc.) rappresentano la parte di arbitri buoni o malefici del destino dell'uomo. Una diramazione di questo animismo è il "feticismo", nel quale l'idea dell'arbitro del destino è trasportata agli accidentali oggetti dell'ambiente, come piante, pietre, oggetti artificiali, specialmente a quelli che, o per la natura speciosa o per casuali circostanze esterne, colpiscono l'attenzione. Le manifestazioni dell'animismo e del feticismo hanno la particolarità di essere non soltanto i più primitivi ma anche i più durevoli prodotti dell'appercezione mitologica, imperocchè, rimosse tutte le altre forme, esse sopravvivono nelle più varie forme della superstizione; tali ad es., le credenze negli spettri, nelle malìe, negli amuleti.

10. Solo ad un più maturo grado della coscienza che crea i miti, l'appercezione personificante si rivolge anche ai grandi fenomeni naturali che più impressionano, così per le loro mutazioni come per l'influenza diretta sulla vita dell'uomo; tali ad es., le nubi, i fiumi, le procelle, i grandi astri, e simili. Anche la regolarità di certi fenomeni naturali, ad es., la vicenda del giorno e della notte, dell'inverno e dell'estate, lo svolgersi del temporale ecc., è di stimolo a poetiche costruzioni di miti, nelle quali una serie di idee coordinate si annoda intorno a un tutto in sè chiuso. Così sorge il *mito naturale*. La principale differenza tra esso e la credenza in spiriti e demoni sta nella creazione di *rappresentazioni antropomorfe degli dèi*. In quanto i singoli dèi sono dotati di un maggior numero di proprietà stabili, e sono sciolti dal legame a determinati luoghi, tempi e processi, essi vengono a costituire in tutto e per tutto persone antropomorfe aventi però una potenza sovrumana. Essi sono quindi onorati come gli arbitri tanto dei fenomeni naturali quanto del destino umano. Formatesi in tal modo più comprensive rappresentazioni di dèi, i demoni e gli dèi particolari a poco a poco si ritraggono nella coscienza, oppure si fon-

dono con quelle per essere poi considerati quali attributi o quali speciali forme, nelle quali si danno a conoscere gli dèi personificati. Il processo che qui entra in campo, di combinazione e di condensazione, suole però sconfinare a danno delle personificazioni divine, imperocchè una sola di queste forme divine acquista sulle altre una permanenza, dapprima in modo variabile, poi durevole. Così un istinto monoteistico si impadronisce ben presto del mito naturale politeistico. Per altro lato però quella fusione cogli anteriori dèi particolari e coi genii del destino può condurre anche a una nuova divisione delle personalità divine. In tal guisa sono state foggiate specialmente le singole divinità locali e gentilizie, le quali, a causa della loro natura personale, facilmente poterono essere sciolte dalle speciali condizioni d'origine e diedero così luogo ai molteplici *miti degli eroi*. Ma intrecciandosi in questi miti traccie di ricordi storici, in essi sempre più progredisce quell'umanizzazione già incominciata nel mito naturale. A causa di queste proprietà il mito degli eroi richiede per un ulteriore sviluppo la poetica creazione degli individui: e però esso diventa una parte costitutiva della poesia popolare e poi della poesia artistica. Nel tempo stesso però, per l'offuscarsi di certi tratti e per il sorgere di nuovi, esso subisce una mutazione di significato, che, analoga a quella del simbolo linguistico e da quella accompagnata, rende possibile una più intima trasformazione progressiva. In questo processo i singoli poeti e pensatori hanno un'influenza sempre maggiore.

Per tal via mediante una intensa partecipazione del pensiero filosofico, che dapprima aveva egualmente subìto l'influenza delle rappresentazioni semi-mitiche, si compie infine la separazione dell'originario contenuto totale mitologico in scienza e religione. In questa separazione, che è in parte legata alle relazioni tra religione e filosofia, gli dèi naturali e gli eroi lasciano sempre più luogo a rappresentazioni *morali* della divinità. Come nel mito naturale così anche nello stadio morale della religione, sotto l'influenza continua di vecchi motivi avvengono continue formazioni in senso regressivo. Dèi individuali, demoni e spiriti, ora costantemente ora solo per pochi istanti, colpiscono in piena luce la coscienza. In parte essi costituiscono i componenti secondari mitologici della religione, in parte, da questa

303

rigettati, conservano un'esistenza più indipendente come superstizioni

C) IL COSTUME.

11. Il costume ci si presenta, per quanto ci è possibile rifarne la storia, sotto due aspetti che possono distinguersi come norme di volere *individuali* e *sociali*. Le prime regolano la condotta dell'individuo nelle sue occupazioni e nelle relazioni cogli altri, le seconde determinano le forme della convivenza in orda, famiglia, stato e negli altri legami sociali. Quindi le norme del costume, le individuali non meno delle sociali, sono legate alla vita sociale dell'uomo; ma quelle si riferiscono alla condotta del singolo uomo nella società, queste alla condotta dei componenti la società, nella loro attività *comune*, determinante le forme della convivenza.

Le norme *individuali* del costume nei loro inizi ancora oscuri sono legate all'evoluzione del mito e in una maniera che corrisponde direttamente al rapporto intercedente tra i motivi interni e l'azione esterna del volere. Dappertutto dove noi possiamo indagare con una certa probabilità l'origine di tali costumi, questi si presentano come residui o come prodotti delle trasformazioni che avvengono in determinate *forme di culto*. I banchetti funerari e le altre cerimonie funebri dei popoli civili ricordano il culto primitivo degli antenati; numerose feste ed usanze legate a determinati giorni, al mutarsi delle stagioni, al lavoro del campo e alla raccolta sono residui del culto di demoni e di miti naturali d'altri tempi; l'usanza del saluto nelle sue diverse forme, mostra la sua origine dalla preghiera, e così via.

Invece le norme *sociali* del costume generalmente lasciano supporre come loro motivi originari l'*esigenza delle condizioni di vita* e gli istinti della conservazione dell'individuo e della specie, istinti nelle loro forme di estrinsecazione determinati da quell'esigenza. Sono per appunto le condizioni di vita esteriori, che originariamente spinsero l'uomo a foggiarsi vestiti, a costruire abitazioni, a prepararsi il nutrimento e alle forme di divisione sociale. Così pure le modifica-

304

zioni che in questi modi di vita avvengono poi per graduali trasformazioni delle condizioni naturali e di civiltà, seguono i precetti di una pratica opportunità. E specialmente qui trovano posto le primissime forme della convivenza e quei legami sociali più stretti e più larghi, che da quelle a poco a poco derivano. Così fu essenzialmente per le esteriori necessità di vita e pel crescente numero degli individui, che l'orda, nella quale l'uomo viveva originariamente forse dappertutto, si è divisa in orde subordinate. Queste costituivano una lega difensiva, che perdurava anche dopo la separazione; questa lega colle unioni sessuali tra orde separate fu di spinta alla formazione di famiglie collettive, dalle quali poi ad un grado ancor più avanzato proviene la famiglia isolata. A misura che le relazioni, dapprima stabilitesi fra gli individui a seconda del bisogno del momento, sono assoggettate a una durevole regolarità, l'orda si trasforma nella forma primitiva dello stato, nella *costituzione gentilizia*. Da questa solo in un tempo assai più tardo e per lo più per effetto di imprese guerresche, e perciò di solito ritornando direttamente a una divisione militare della comunità, è sorta l'organizzazione *politica*.

12. Come per la lingua e pel mito, così anche pel costume una *mutazione di significato* suole modificare questi sviluppi. Nelle norme *individuali* del costume, a causa di questa mutazione di significato avvengono, principalmente *due* metamorfosi. Nell'una l'originario motivo mitico va perduto senza che uno nuovo ne prenda il posto; il costume si mantiene poi solo per esercizio associativo, in quanto che esso perde il carattere di costrizione e si attenua nelle sue forme di manifestazione esteriore. Nella seconda metamorfosi ai fini mitico-religiosi si sostituiscono fini *etico-sociali*. Nel caso singolo però ambedue le specie di trasformazione possono essere strettamente legate e precisamente, quando un costume non serve direttamente a un determinato scopo sociale, come ad es. ciò che concerne certe regole del garbo, della cortesia, il modo di vestire e di mangiare e simili, si crea indirettamente un tale scopo sociale, imperocchè l'esistenza di norme eguali per i membri di una comunità favorisce la convivenza e perciò anche la comune coltura dello spirito.

La mutazione di significato nelle norme *sociali* del costume av-

305

viene generalmente in direzione opposta e qui, più che nel caso antecedente, accanto al valore nuovo suole sussistere il vecchio. E però la mutazione di significato qui consiste dapprima sempre in un *allargamento* del significato, il quale si fonda regolarmente sul fatto, che all'esigenza delle condizioni di vita si aggiungono, o presto o tardi, motivi religiosi mitologici. Le norme sorte solo sotto la costrizione di certi istinti vitali sono concepite come comandi delle divinità o almeno sono circondate da un culto religioso che le santifica. Il convito, la costruzione di abitazioni comuni, i trattati, le alleanze, le dichiarazioni di guerra, le conclusioni di pace, il fidanzamento, o si collegano al mito, o influiscono per sè stessi sull'appercezione mitologica, così che da questi costumi sociali sorgono nuove forme divine. Oscurandosi a poco a poco le rappresentazioni mitologiche, si ha una mutazione di significato in senso inverso, imperocchè le manifestazioni religiose che accompagnano un'usanza, o scompaiono o rimangono come abitudini praticate senza significato alcuno.

Le indicate trasformazioni psicologiche dei costumi costituiscono nel tempo stesso la preparazione alla loro diramazione nei tre campi della vita: il *costume*, il *diritto*, la *moralità*, dei quali i due ultimi si devono considerare come manifestazioni dei costumi rivolti a scopi etico-sociali. Lo studio più intimo dei processi di questa evoluzione e differenziazione appartiene però al campo speciale della psicologia sociale, e l'esposizione del come sorga il diritto e la morale, spetta al dominio speciale della storia della civiltà e dell'etica.

D) - CARATTERE GENERALE DEGLI SVILUPPI RIFLETTENTI LA PSICOLOGIA SOCIALE.

13 Linguaggio, mito e costume costituiscono sviluppi spirituali tra loro stessi strettamente legati; essi sono di grande importanza per la psicologia generale sopratutto per ciò, che in essi, a causa della loro natura relativamente durevole, è possibile conoscere ed esaminare certi processi psichici di validità generale in modo più netto che nelle passeggiere formazioni della coscienza individuale. Oltre a ciò

anco per questa essi costituiscono il presupposto di tutti i più complessi processi dello spirito, che sono legati specialmente al linguaggio e nel loro decorso individuale sono dipendenti dalle leggi del
pensiero comune condensate nel linguaggio. In questo senso si è dovuto già sopra, nella descrizione dei processi dell'analisi e della sintesi appercettiva, far cenno degli effetti di questi processi che si esplicano nel linguaggio (pag. 213 e segg.). Come in questo caso che serve di norma per la coscienza individuale, così anche negli sviluppi
della psicologia sociale i processi psichici che stanno a base delle
manifestazioni osservate, si danno a riconoscere innanzi tutto per
mezzo delle proprietà e delle variazioni delle *rappresentazioni*
espresse nel linguaggio, mentre pei concomitanti processi dell'eccitamento sentimentale è possibile giungere a conclusioni solo indirettamente, partendo dalla totale connessione dei fatti o ricorrendo a condizioni conosciute.

Come processi essenziali nel campo delle rappresentazioni o
sempre ricorrenti per tutti gli sviluppi di linguaggio, mito e costume,
ci si presentano i tre fenomeni tra loro strettamente legati del *condensamento*, dell'*oscuramento*, e dello *spostamento* (*Verschiebung*)
delle rappresentazioni. Le rappresentazioni si condensano, in quanto
più rappresentazioni in origine separate vengono riunite da associazioni più volte ripetute o messe in risalto da forti componenti sentimentali e da ultimo combinate nell'appercezione in un tutto indivisibile. Ed essendo in questo processo alcuni componenti, a causa del
loro più intenso effetto sentimentale, appercepiti più chiaramente che
altri, questi ultimi si oscurano e possono alfine del tutto sparire dal
prodotto complesso. Per questo succede poi senz'altro uno spostamento delle rappresentazioni, potendo il loro prodotto ultimo essere
tutto affatto diverso dalla rappresentazione iniziale, specialmente
quando i processi del condensamento e dell'oscuramento sono successivamente intervenuti più volte e hanno fatto presa sui componenti variabili. Ci sono soltanto delle modificazioni di questi processi
strettamente combinate, le quali per un lato stanno a base del mutamento di significato nel linguaggio, per un altro delle metamorfosi
che avvengono nelle rappresentazioni mitologiche e nei costumi;

ognuno di questi processi di trasformazione può alla sua volta far sentire la sua influenza sugli altri. Così la mutazione di significato delle parole facilmente produce una modificazione nelle rappresentazioni mitologiche a quelle legate, e queste per parte loro hanno grande importanza pel primo processo. Egualmente la lingua mediante l'interpretazione dei nomi mitologici può produrre direttamente rappresentazioni mitologiche, oppure queste possono determinare nella loro direzione la formazione di nomi e di parole.

Per quanto i processi rappresentativi siano i primi a colpirci anco in tutte le manifestazioni della psicologia sociale, l'analisi psicologica insegna però che il fattore decisivo, così nell'originaria formazione delle rappresentazioni come nelle loro graduali trasformazioni, è costituito dai processi concomitanti di sentimento e di volere e che questi non sono già processi comunque separabili ma componenti del totale processo psichico, distinti solo mediante l'astrazione psicologica. Così quei primitivi gesti fonetici, che noi abbiamo supposti inizio del linguaggio, devono essere pensati come semplici azioni impulsive, che tengono dietro ad un'impressione ricca di sentimento, designandola in una maniera che, o per sè stessa o per il soccorso di altri gesti, possa essere riconosciuta dai compagni (pag. 242). Ma in modo tutt'affatto speciale le rappresentazioni mitologiche offrono traccie distinte dell'influenza, che i processi sentimentali hanno sul modo in cui procede il così incominciato sviluppo del pensare comune. Qui quell'appercezione personificante del mito si distingue dalla coscienza evoluta sopratutto per ciò, che non solo le generali condizioni normali e il contenuto sensibile della rappresentazione trasmigrano dal soggetto negli oggetti, ma che in questi il soggetto trasporta anche quel suo complessivo stato di sentimento e di volere. A chi spera, l'oggetto appare spirito protettore; a chi teme, demone che incute terrori; nei fenomeni della natura l'uomo vede una volontà, che corrisponde così all'associazione colle proprie azioni di volere come al loro effetto sul proprio stato d'animo. Parimenti quei processi, pei quali le rappresentazioni si condensano, si oscurano e si spostano, devono in primo luogo essere considerati come sintomi di modificazioni nello stato sentimentale, le quali producono dapprima un cam-

biamento di significato nel mito e nel costume e poi di qui influiscono anche sulla lingua.

14. Nelle comunità spirituali e in ispecie negli sviluppi di linguaggio, mito e costume che in esse si producono, ci si offrono connessioni e relazioni spirituali, alle quali, se si differenziano dalla connessione delle formazioni nella coscienza individuale, si deve però,
non meno che a questa, attribuire una realtà. In questo senso la connessione delle rappresentazioni e dei sentimenti per entro una comunità sociale può essere designata come una *coscienza collettiva*, e le
comuni direzioni di volere come un *volere collettivo*. Non si deve
però dimenticare che questi concetti non significano un qualche cosa,
che esista fuori dei processi di coscienza e di volere individuali, così
come la comunità stessa non è altro che la riunione dei singoli. Ma
questa riunione, in quanto dà prodotti spirituali, pei quali nell'individuo esistono solo disposizioni appena abbozzate, e in quanto influisce sullo sviluppo degli individui, è, ad egual diritto che la coscienza
individuale, un oggetto della psicologia. Imperocchè a questa si presenta necessariamente il compito di spiegare quelle relazioni, dalle
quali sorgono i prodotti della coscienza collettiva e del volere collettivo e le proprietà loro.

14a. I fatti che nascono dall'esistenza delle comunità spirituali,
sono entrati a far parte del compito della psicologia solo in questi ultimi tempi. Prima i problemi spettanti a questo ordine di fatti erano
assegnati o a certe singole scienze dello spirito (linguistica, storia,
giurisprudenza, e simili), oppure, per quanto erano di natura più generale, alla filosofia, cioè alla metafisica. Per quel tanto che la psicologia trattava di questi problemi, essa, al pari delle singole scienze
speciali, storia, giurisprudenza, ecc., era per lo più dominata da quel
punto di vista della psicologia volgare, che tende a considerare, per
quanto è possibile, tutti i prodotti spirituali della comunità come in-
venzioni volontarie, sin dall'inizio rivolte a determinati scopi d'utili-
tà. Questo pensiero trovò la sua massima espressione filosofica nella
dottrina del "contratto sociale", secondo la quale la comunità spirituale non sarebbe originaria e naturale, ma sarebbe da ricondursi al-
l'arbitraria riunione di una somma d'individui. Una conseguenza di

questa concezione non psicologica e affatto infruttuosa di fronte ai problemi della psicologia sociale, è che oggi ancora i concetti di una coscienza collettiva e di un volere collettivo presentano le più false interpretezioni. Invece di considerarli semplicemente come una espressione della concordanza e delle relazioni effettivamente esistenti tra gl'individui, si crede di scorgere dietro essi un qualche essere mitologico, o almeno una sostanza metafisica. Che tali opinioni siano stravaganti, dopo quanto si è detto, non occorre più in là dimostrare. È però evidente che esse stesse sono nate da quell'abusiva applicazione del concetto di sostanza, che ha per così lungo tempo dominato la psicologia e che ha condotto a ritenere eguali tra loro sostanza e realtà. In questa confusione dei concetti si appalesa chiaramente la intima affinità dello spiritualismo volgare con quel materialismo che è pur da esso combattuto (Confr. a proposito di ciò, § 2, pag. 5 e seg.).

V. - LA CAUSALITÀ PSICHICA E LE SUE LEGGI

§ 22. - Il Concetto dell'anima.

1. Ogni scienza empirica ha per suo prossimo e speciale contenuto determinati fatti dell'esperienza, dei quali si sforza indagare la natura e le relazioni reciproche. Per soddisfare a questo còmpito certi *concetti generali sussidiari*, che non sono direttamente contenuti nell'esperienza, ma sono conseguiti solo in base ad una elaborazione logica dell'esperienza stessa, si dimostrano indispensabili, a meno che si voglia rinunciare senz'altro ad una comprensione dei fatti sotto punti di vista direttivi. Il più generale concetto sussidiario di tal natura che ha forza in tutte le scienze empiriche, è il concetto della *causalità*. Esso trae origine dal bisogno del nostro pensiero di ordinare tutte le esperienze a noi date secondo cause ed effetti e di eliminare mediante concetti sussidiari *secondari*, eventualmente di natura ipotetica, gli ostacoli, che si oppongono a che sia stabilita in tal modo una connessione logica. In questo senso tutti i concetti sussidiari che entrano in campo per l'interpretazione di un dominio dell'esperienza, possono essere considerati come un'applicazione del principio generale di causalità; essi sono giustificati fintanto che sono richiesti da questo principio o almeno da esso dimostrati come probabili; non sono più giustificati quando si presentano come funzioni arbitrarie che, sorte da un qualsiasi motivo estraneo, nulla portano all'interpretazione della esperienza.

2. In questo senso il concetto della *materia* è un concetto sussidiario fondamentale per la scienza naturale. Nel più largo significato esso designa il sostrato, che è supposto persistente nello spazio cosmico e di cui consideriamo effetti tutti i fenomeni naturali. In questo senso più generale, il concetto di materia è indispensabile per ogni spiegazione della scienza naturale. Se in tempi recenti si è cercato di elevare a principio dominante il concetto di *energia*, non si è con ciò messo da banda il concetto di materia, ma si è dato ad esso un conte-

nuto diverso. Il concetto acquista questo altro contenuto solo mediante un secondo concetto sussidiario, che si riferisce all'*efficienza causale* della materia. Il concetto della materia sin qui mantenutosi nella scienza naturale, concetto che si appoggia alla fisica meccanica di Galileo, si serve per tale concetto sussidiario del concetto della forza, definita come il prodotto della massa per l'accelerazione momentanea. Una fisica dell'energia in luogo di ciò dovrebbe per tutti i campi della scienza valersi del concetto dell'*energia* che, nella forma speciale dell'energia meccanica, può essere definita come la metà del prodotto della massa per il quadrato della velocità. Ma avendo tanto l'energia quanto la forza sede nello spazio oggettivo e potendo sotto determinate condizioni così i punti dai quali parte l'energia, come i punti dai quali parte la forza variare di luogo nello spazio, il concetto della materia, come quello di un sostrato contenuto nello spazio, continua a sussistere in ambedue i casi, e l'unica differenza, senza dubbio importante, rimane questa, che prendendo come sussidiario il concetto della forza, si presuppone la riducibilità di tutti i fenomeni naturali a processi meccanici di movimento, mentre ricorrendo al concetto dell'energia si attribuisce alla materia, oltre alla proprietà del movimento per immutate forme di energia, anche la proprietà, che pur conservandosi immutata la grandezza d'energia, forme di energia qualitativamente diverse si possono trasformare le une nelle altre.

3. Allo stesso modo che il concetto della materia è un concetto sussidiario della scienza naturale, quello dell'*anima* è un concetto sussidiario della psicologia. Anch'esso è indispensabile, perchè noi abbisogniamo di un concetto abbracciante la totalità delle esperienze psichiche svolgentisi in una coscienza individuale; anche qui però il contenuto del concetto dipende naturalmente in tutto dagli altri concetti sussidiari, che meglio dànno a conoscere la natura della causalità psichica. Nella determinazione di questo contenuto la psicologia ha diviso le sorti della scienza naturale in ciò, che il concetto dell'anima, così come quello della materia, è derivato dapprima non tanto dal bisogno empirico di spiegazione quanto dall'aspirazione ad una fantastica costruzione dell'universale sistema cosmico. Ma mentre la

scienza naturale ha già da lungo tempo sorpassato questo stadio mitologico della formazione dei concetti e si è servita di alcune idee sorte in esso per avere determinati punti di partenza ad una concezione metodicamente più stretta, nella psicologia il concetto mitologicometafisico dell'anima ha conservato il suo dominio sino a tempi recentissimi e in parte ancora vi domina. Esso serve non come un generale concetto sussidiario, che debba in primo luogo raccogliere i fatti psichici e in secondo luogo dare la causale interpretazione di essi, ma come un espediente per avviarsi, per quanto è possibile, ad una generale rappresentazione cosmica, abbracciante egualmente la natura e l'essere individuale.

4. In questa esigenza mitologico-metafisica trova le sue radici il *concetto della sostanzialità dell'anima* nelle sue diverse forme. Se anche nella sua evoluzione non sono mai mancati tentativi di soddisfare, per quanto era possibile, alle esigenze di una spiegazione causale dei fatti psichici, tali tentativi sono però sempre sorti solo posteriormente; e non si può disconoscere che l'esperienza psicologica, indipendentemente da quei motivi metafisici ad essa estranei, non avrebbe mai condotto a un concetto dell'anima come sostanza, e che questo concetto ha senza dubbio reagito dannosamente, sulla concezione dell'esperienza. L'opinione, ad es., che tutti i contenuti psichici siano rappresentazioni e che le rappresentazioni siano oggetti più o meno stabili, a fatica si potrebbe intendere ove non fossero tali presupposizioni. Che questo concetto della sostanzialità sia realmente estraneo alla psicologia, lo dimostra anche il nesso stretto, in cui il concetto della sostanzialità dell'anima sta col concetto della sostanza materiale. Il primo o viene considerato affatto identico al secondo, oppure viene considerato come un concetto speciale, nel quale però i più generali caratteri formali riconducono a una determinata forma della materia, cioè all'*atomo*.

5. Si possono quindi distinguere *due* aspetti del concetto della sostanzialità dell'anima, che corrispondono ai due indirizzi della psicologia metafisica distinti nel § 2 (pag. 5 e segg.); il *materialistico*, che considera i processi psichici come effetti della materia o di certe complessità materiali, quali le parti costituenti il *cervello*, e lo *spiri-*

313

tualistico, che considera i processi psichici come stati o modificazioni di un'essenza inestesa, indivisibile, persistente, avente una specifica natura spirituale. In questo caso, o anche la materia è poi pensata consistere di atomi simili ma di grado inferiore (spiritualismo monistico o monadologico), oppure l'atomo dell'animo è ritenuto specificamente diverso dalla vera materia (spiritualismo dualistico). (Confr. pag. 6).

In ambedue le forme, nella materialistica e nella spiritualistica, Il concetto di sostanza non si presta all'interpretazione dell'esperienza psicologica. Il materialismo mette da banda la psicologia, o per sostituirle una imaginaria fisiologia cerebrale dell'avvenire, oppure, fintanto che si dibatte in teorie, per mettere innanzi dubbie e insufficienti ipotesi sulla fisiologia del cervello. Rinunciando questa concezione a una vera psicologia, si comprende come essa debba in tutto e per tutto rinunciare anche al compito di dare un buon fondamento alle *scienze dello spirito*. Lo spiritualismo lascia bensì sussistere la psicologia come tale, ma egli fa sì che la reale esperienza sia alla mercè di ipotesi metafisiche affatto arbitrarie, le quali turbano la spregiudicata osservazione dei processi psichici. Infatti questo inconveniente si manifesta in ciò, che questo indirizzo metafisico stabilisce inesattamente il compito della psicologia, designando l'esperienza esterna ed interna come campi affatto eterogenei, benchè abbiano fra loro qualche relazione esteriore.

6. Ora, come già fu messo in chiaro al § 1 (pag. 2), tanto l'esperienza della scienza naturale quanto quella della psicologia sono ambedue le parti costitutive di *un'unica* esperienza che viene considerata da punti diversi: là, come una connessione di fenomeni oggettivi e quindi, a causa dell'astrazione dal soggetto conoscente, come *esperienza mediata*, qui invece come *esperienza immediata* ed *originaria*.

Riconosciuto questo rapporto, al posto del *concetto della sostanzialità, il concetto dell'attualità* si presenta di per sè stesso come quello che solo ci può dare la comprensione dei processi psichici. Dal fatto, che il punto di vista psicologico è l'integrazione di quello della scienza naturale, in quanto il primo ha per proprio contenuto l'immediata realtà dell'esperienza, segue naturalmente che nella considerazione dei fatti psichici non possono trovare posto ipotetici concetti sussidiari, come quelli che diventano necessari nella scienza naturale a causa della nozione di un oggetto indipendente dal soggetto. In questo senso il concetto dell'attualità dell'anima non è affatto un concetto che abbisogni, come quello della materia, di attributi ipotetici per essere meglio definito nel suo contenuto; che anzi esso esclude di bel inizio tali elementi ipotetici, in quanto designa come essenza dell'anima l'immediata realtà dei processi. Ma poichè un'importante parte di questi processi, cioè la totalità degli oggetti rappresentabili, forma nel tempo stesso l'oggetto di studio della scienza naturale, con ciò è anche detto che sostanzialità e attualità sono concetti, i quali si riferiscono ad una medesima esperienza generale, da ciascuno di essi considerata solo sotto un punto di vista essenzialmente diverso. Se considerando il mondo dell'esperienza noi facciamo astrazione dal soggetto conoscente, questo mondo dell'esperienza ci appare come una varietà di sostanze che stanno tra loro in relazione reciproca; se noi invece consideriamo il mondo dell'esperienza come il totale contenuto dell'esperienza del soggetto, inchiudente il soggetto stesso, questo mondo dell'esperienza ci appare come una varietà di avvenimenti tra loro stessi collegati. Essendo là i fenomeni appresi come *esterni* nel senso, che essi avrebbero egualmente luogo senza variazioni di sorta anche se il soggetto conoscente non fosse presente, la forma dell'esperienza propria della scienza naturale viene anche detta l'esperienza *esterna*. Invece nel secondo caso, essendo tutti i contenuti dell'esperienza considerati come posti immediatamente nel soggetto stesso, il punto di vista che la psicologia usa nella considerazione dell'esperienza, viene anche detto dell'esperienza *interna*. In questo senso pertanto esperienza esterna ed interna equivalgono in tutto a forma mediata ed immediata, oppure anche oggettiva e soggettiva dell'esperienza. Esse designano, proprio allo stesso modo che queste ultime espressioni, non dominî diversi dell'esperienza, ma punti di veduta diversi e pur integrantisi, che si hanno nel modo di considerare l'esperienza in sè perfettamente unica.

7. Che di questi modi di considerare l'esperienza quello della

scienza naturale si sia sviluppato prima dell'altro, è cosa che si comprende facilmente, se si tien conto dell'interesse pratico che si lega alla determinazione dei regolari fenomeni naturali, pensati come indipendenti dal soggetto; che poi questa priorità della conoscenza naturale per lungo tempo apportasse nel modo di considerazione della scienza naturale e in quello della psicologia confusione ed oscurità, quali si manifestarono nei diversi concetti psicologici di sostanza, era cosa quasi inevitabile. Per questa ragione la riforma delle concezioni fondamentali, che cerca la particolarità del còmpito della psicologia non nella diversità del dominio empirico, ma nel modo di apprendere tutti i contenuti dell'esperienza a noi dati nella loro realtà immediata, non alterata da ipotetici concetti sussidiari, tale riforma non ha prese le prime mosse dalla psicologia, ma dalle *singole scienze dello spirito*. A queste la considerazione dei processi psichici sotto il punto di veduta del concetto dell'attualità era da lungo tempo famigliare prima che essa trovasse adito nella psicologia. La ragione della diversità, in sè inammissibile, esistente tra la psicologia e le scienze dello spirito riguardo alle idee fondamentali si deve cercare in ciò, che la psicologia fino ad ora ha adempiuto soltanto in piccola parte al còmpito di essere fondamento alla totalità delle scienze dello spirito.

8. Dal punto di vista del concetto dell'attualità viene a comporsi una grossa questione, che per lungo tempo tenne divisi i sistemi metafisici di filosofia; la questione intorno al *rapporto tra corpo ed anima*. Se corpo ed anima sono ambedue considerati sostanze, quel rapporto rimane un enigma, qualunque sia la determinazione dei concetti delle due sostanze. Se si tratta di sostanze omogenee, il diverso contenuto dell'esperienza naturale e di quella psicologica riesce incomprensibile e non resta che a negare interamente il valore indipendente di una di queste due forme di conoscenza. Se si tratta di sostanze eterogenee, la loro connessione è un continuo miracolo. Ora dal punto di vista della teoria dell'attualità la realtà immediata dei fenomeni è contenuta nell'esperienza psicologica. Il nostro concetto fisiologico dell'organismo corporeo non è altro che una parte di questa esperienza, una parte che, al pari di tutti gli altri contenuti d'esperienza delle scienze naturali, noi abbiamo ottenuta in base al presupposto

di un oggetto indipendente dal soggetto conoscente. Certi componenti dell'esperienza mediata possono corrispondere a certi altri dell'esperienza immediata, senza che per ciò l'una debba essere ricondotta all'altra o da essa derivata. Una tale derivazione è anzi per sè stessa esclusa a causa del punto di considerazione nei due casi pienamente diverso. Forse la circostanza, che qui non sono dati, rispetto ad una medesima esperienza, oggetti diversi, ma solo punti di vista diversi, porta con sè la conseguenza, che fra i due esistano relazioni generali. Ma si consideri anche da un lato, che esiste un numero infinitamente grande di oggetti, i quali sono per noi accessibili solo sotto la forma dell'esperienza mediata, cioè mediante le scienze naturali: a questa classe appartengono tutti gli oggetti, che noi non siamo costretti ad apprendere come sostrati fisiologici di processi psichici; e dall'altro lato, che esiste un numero non minore di fatti, che ci sono offerti solo nella forma dell'esperienza immediata e psicologica: a questa classe appartiene nella nostra coscienza soggettiva tutto ciò che non possiede il carattere di un oggetto di rappresentazione, cioè di un contenuto che viene riferito direttamente ad oggetti esterni.

9. Conseguenza di questo rapporto è, che tutti i fatti, i quali, essendo parti costitutive di un'esperienza unica, considerate solo ad ogni volta da una posizione diversa, contemporaneamente appartengono all'esperienza mediata propria delle scienze naturali e all'immediata propria della psicologia, sono in relazione tra loro, imperocchè entro questo dominio, ad ogni elementare processo dal lato psichico deve anche corrispondere un processo dal lato fisico. Questa legge è detta il *principio del parallelismo psico-fisico*. E questo nel suo significato empirico-psicologico è assolutamente diverso da certe leggi metafisiche che, se talora sono designate col medesimo nome, hanno in verità tutt'altro valore. Questi principi metafisici stanno sul terreno dell'ipotesi di una sostanza psichica e cercano sciogliere il problema delle relazioni tra corpo ed anima o ammettendo *due* sostanze reali, le proprietà delle quali siano bensì diverse ma procedano nelle loro modificazioni parallelamente, oppure supponendo *una sola* sostanza con due attributi diversi, le modificazioni dei quali dovrebbero essere corrispondenti. In ognuna di queste forme il principio metafisico del

parallelismo si fonda sulla proposizione: ad ogni fatto fisico corrisponde un fatto psichico, e viceversa; oppure anche: il mondo dello spirito non è che uno specchio del mondo corporeo, e il corporeo una realizzazione oggettiva del mondo dello spirito. Questa proposizione è però una supposizione affatto indimostrabile e arbitraria; essa nelle sue applicazioni psicologiche porta ad un intellettualismo, che sta in contraddizione con ogni esperienza. Per contro il principio psicologico, come sopra è stato formulato, parte dal fatto, che esiste *una sola* esperienza, la quale però, quando diventa contenuto di un'analisi scientifica, ammette in certe sue parti una *doppia* forma di considerazione scientifica; una *mediata*, che studia gli oggetti delle nostre rappresentazioni nelle loro reciproche relazioni oggettive, ed una *immediata*, che li studia nella loro natura intuitiva in relazione a tutti gli altri contenuti d'esperienza del soggetto conoscente. Fintanto che vi sono oggetti, i quali siano assoggettati a questa doppia considerazione, il principio psicologico del parallelismo esige una relazione generale tra i processi dei due lati. Questa esigenza è appoggiata dal fatto, che in questi casi ambedue le forme dell'analisi si riferiscono in realtà ad un medesimo contenuto d'esperienza. Da questo risulta che il principio psicologico del parallelismo *non* può, per la natura stessa della cosa, riferirsi a tutti quei contenuti d'esperienza, che sono soltanto oggetti dell'analisi della scienza naturale e neppure a quelli che formano il carattere specifico dell'esperienza psicologica. A quest'ultimi appartengono le particolari *forme di connessione e relazione degli elementi psichici e delle formazioni psichiche*. A queste forme andranno bensì parallele connessioni di processi fisici, imperocchè sempre, quando una connessione psichica mostra una coesistenza od una successione regolare di processi fisici, questi devono direttamente o indirettamente stare egualmente in un nesso causale: questo nesso però non può contenere nulla del particolare contenuto della connessione psichica. Gli elementi, ad es., che costituiscono una rappresentazione di spazio o di tempo, staranno anche nei loro sostrati fisiologici in un regolare rapporto di coesistenza o di successione; oppure agli elementi rappresentativi, dei quali si compone il processo della relazione e della comparazione di contenuti psichici, corrisponderanno certe combinazioni di eccitamenti fisiologici, le quali egualmente si ripetono ad ogni riprodursi di quei processi psichici. Ma quei processi fisiologici non potranno nulla contenere di tutto ciò che costituisce la natura psichica delle rappresentazioni di spazio e di tempo, dei processi di relazione e di comparazione, perchè nell'analisi della scienza naturale è di proposito fatta astrazione da tutto ciò che va unito a quei processi fisiologici. Ne deriva inoltre che anche i *concetti di valore e di fine*, alla formazione dei quali si adoprano le connessioni psichiche e i contenuti sentimentali che sono con quelli in relazione, stanno affatto fuori della sfera dei contenuti d'esperienza che possono essere ordinati sotto il principio del parallelismo. Le forme delle combinazioni, che ci si presentano nei processi di fusione, nelle associazioni e nelle combinazioni appercettive, come pure i valori che spettano ad esse nella connessione totale dello sviluppo psichico, possono essere riconosciuti solo mediante un'analisi *psicologica*, allo stesso modo che i fenomeni oggettivi di gravità, suono, calore, e così via, o i processi del sistema nervoso sono accessibili solo ad un'analisi fisica o fisiologica, cioè che operi coi concetti sussidiari di sostanza proprii della conoscenza naturale.

10. In tal modo il principio del parallelismo psico-fisico nel significato *empirico-psicologico,* che ad esso spetta indiscutibilmente, conduce anche di necessità a riconoscere una *causalità psichica indipendente.* Questa presenta bensì dappertutto relazioni alla causalità fisica e non può mai cadere con essa in contraddizione, ma ne deve tuttavia essere diversa di tanto, di quanto il punto di vista dell'esperienza immediata soggettiva, proprio della psicologia, differisce da quello dell'esperienza mediata, oggettiva per astrazione, che vale per la scienza naturale. Come la natura della causalità fisica ci si scopre solo nelle *leggi fondamentali della natura*, così solo cercando di astrarre dalla totalità dei processi psichici certe *leggi fondamentali dei processi psichici*, noi potremo renderci conto della speciale natura della causalità psichica. Tali leggi fondamentali possono essere distinte in due classi. Le une si manifestano sopratutto nei processi, sui quali hanno il loro fondamento il sorgere e l'immediata relazione delle formazioni psichiche; noi le diciamo *leggi psicologiche di relazio-*

319

ne; le altre sono di natura derivata, consistendo esse in effetti composti, che queste leggi di relazione producono combinandosi dentro serie sempre più estese di fatti psichici; noi le diciamo *leggi psicologiche di evoluzione*. Per giungere a un giusto apprezzamento di queste leggi, che in seguito esamineremo, è necessario riflettere che il loro valore, allo stesso modo che quello delle più generali leggi naturali, riposa non tanto sulla loro forma astratta quanto sul numero delle loro applicazioni; così per l'appunto come il principio d'inerzia per sè solo considerato si dimostra una proposizione povera, e il suo valore si manifesta solo nelle singole applicazioni meccaniche e fisiche.

§ 23. - Le leggi psicologiche di relazione.

1. *Tre* generali leggi psicologiche di relazione noi distinguiamo e le diciamo leggi delle *risultanti psichiche*, delle *relazioni psichiche* e dei *contrasti psichici*.

2. La *legge delle risultanti psichiche* si dimostra nel fatto, che ogni formazione psichica presenta proprietà, le quali, dopo che sono date, possono bensì essere conosciute dalle proprietà dei suoi elementi, ma non devono in nessun modo essere considerate semplicemente come la somma delle proprietà degli elementi. Una connessione di toni, tanto nelle sue proprietà rappresentative quanto nelle sentimentali, è più che una semplice somma di singoli toni. Nelle rappresentazioni di spazio e di tempo l'ordine spaziale e temporale è bensì fondato in maniera regolare sulla cooperazione degli elementi che formano queste rappresentazioni, ma quegli ordini non possono in nessun caso essere considerati come proprietà che siano già inerenti agli elementi di sensazione. Le teorie nativistiche che presuppongono questo, si avvolgono in una inestricabile contraddizione e, ammettendo nelle originarie intuizioni di spazio e di tempo successive modificazioni in seguito a determinate influenze dell'esperienza, ammettono sino ad un certo limite un nuovo sorgere di proprietà. Infine per le funzioni appercettive, per l'attività fantastica e intellettiva

la medesima legge si esplica in una forma perspicua, non solo in quanto i componenti collegati da sintesi appercettiva a lato al significato che possiedono nello stato isolato, ne acquistano uno nuovo nella rappresentazione totale sorgente dalla loro connessione, ma anche in quanto la stessa rappresentazione totale è un nuovo contenuto psichico, che è bensì reso possibile da quei componenti, ma non è in essi contenuto. Questo appare nel modo più evidente nei più complessi prodotti di sintesi appercettiva, nell'opere d'arte, nella connessione logica del pensiero.

3. Nella legge delle risultanti psichiche si esplica per tal modo un principio che noi, avuto riguardo agli effetti che ne risultano, designiamo come un *principio di sintesi creatrice*. Ammesso per le più alte creazioni dello spirito, non è stato per lo più abbastanza tenuto in conto per la totalità degli altri processi psichici; che anzi è stato completamente travisato da una falsa confusione, colle leggi della causalità fisica. Ed è per una simile confusione, che si è voluto trovare una contraddizione tra il principio della sintesi creatrice nel dominio dello spirito e le più generali leggi della natura, specialmente con quella della conservazione dell'energia. Una tale contraddizione e già sin dal principio esclusa, perchè i punti di vista coi quali si giudicano e quindi anche si determinano le misure, sono nei due casi diversi e devono esserlo, constando la scienza naturale e la psicologia non di diversi contenuti d'esperienza ma di un medesimo contenuto considerato da lati diversi (§ 1, pag. 2). Le determinazioni fisiche di misura si riferiscono a *masse, forze, energie oggettive*; tutti questi concetti sussidiari, all'astrazione dei quali noi siamo costretti dal modo di giudicare l'esperienza oggettiva, ubbidiscono a leggi generali, le quali, essendo tutte desunte dall'esperienza, non possono essere in antagonismo con nessuna esperienza singola. Al contrario le determinazioni psichiche di misura, le quali entrano in campo quando si paragonino i componenti psichici colle loro risultanti, si riferiscono a *valori* e a *fini soggettivi*. Il valore soggettivo di un tutto può crescere, il fine di esso può essere speciale e più completo rispetto a qualsiasi dei suoi componenti, senza che per ciò le masse, le forze e le energie subiscano modificazioni alcune. I movimenti muscolari che si compiono in

321

un atto esterno di volere, i processi fisici che accompagnano le rappresentazioni sensitive, le associazioni e le funzioni appercettive, ubbidiscono in un modo immutabile al principio della conservazione dell'energia. Ma per grandezze di questa energia conservatisi eguali, i valori e i fini psichici in essa rappresentati possono essere di assai diversa grandezza.

4. La misura *fisica*, come risulta da queste differenze, ha da fare con *grandezze quantitative di valori*, cioè con grandezze che permettono una graduazione di valori solo in base ai rapporti quantitativi dei fenomeni misurati. Per contro la misura *psichica* in ultima istanza si riferisce sempre a *grandezze qualitative di valori*, cioè a valori che possono essere graduati solo avuto riguardo alla loro natura qualitativa. Per ciò che concerne la produzione di gradi di valore, alla capacità di produrre effetti puramente *quantitativi*, che noi designiamo *grandezza d'energia fisica*, può contrapporsi come *grandezza d'energia psichica* la capacità di produrre effetti *qualitativi*.

Ciò presupposto, non solo un *accrescimento dell'energia psichica* può andar unito a una *costanza dell'energia fisica*, quale è accettata in una considerazione dell'esperienza secondo la scienza naturale, ma ambedue costituiscono per l'appunto le misure integrantisi a vicenda, colle quali noi giudichiamo la nostra esperienza nella sua totalità. Imperocchè l'accrescimento dell'energia psichica cade in giusta luce solo per ciò, che esso costituisce il rovescio dal lato psichico della costanza fisica. Del resto questo principio dell'accrescimento dell'energia psichica come è indeterminato nella sua espressione, potendo essere la misura strardinariamente diversa per condizioni diverse, così è valido solo nella *presupposizione della continuità dei processi psichici*. E a questa, come suo correlativo psicologico che si presenta in modo non dubbio nell'esperienza, si contrappone il fatto dello *sparire di valori psichici*.

5. La *legge delle relazioni psichiche* costituisce un complemento alla legge delle risultanti, imperocchè essa non si riferisce al rapporto, che i componenti di una connessione psichica hanno al contenuto di valori che si esplica in questa connessione, ma al rapporto reciproco dei singoli componenti. Mentre la legge delle risultanti vale pei

processi sintetici della coscienza, la legge delle relazioni vale per quelli analitici. Ogni scomposizione di un contenuto di coscienza nelle sue singole parti, quale avviene dapprima già nelle rappresentazioni sensitive e nelle associazioni, per l'apprendimento successivo delle parti di un tutto rappresentato, solo in un modo generale, e poi, in forma più chiara, per la divisione delle rappresentazioni totali, è un atto d'analisi di relazione. Egualmente ogni appercezione è un processo analitico, in cui due fattori si possono distinguere: il risalto di un singolo contenuto e la delimitazione di esso rispetto agli altri. Sul primo fattore si fonda la *chiarezza*, sul secondo la *distintezza* dell'appercezione (pag. 169). Da ultimo la legge delle relazioni trova la sua più completa espressione nei processi *dell'analisi appercettiva* e nelle funzioni più semplici che sono fondamento di questi processi, nelle funzioni della *relazione* e della *comparazione* (pag. 203 e segg.). In queste ultime specialmente, il principio, che ogni singolo contenuto riceve il suo significato dai rapporti, nei quali si trova rispetto agli altri contenuti psichici, si dimostra come l'essenziale contenenza delle leggi delle relazioni. Quando i rapporti di un contenuto agli altri ci si presentano come *rapporti di grandezze*, allora il suddetto principio assume la forma di un principio della *comparazione relativa di grandezze*, quale si esplica nella *legge di Weber* (pag. 206).

6. Alla sua volta la *legge dei contrasti psichici* viene a completare quella delle relazioni; imperocchè al pari di questa, essa si riferisce ai rapporti dei contenuti psichici tra loro. Questa legge trova il suo fondamento nella distinzione fondamentale dei contenuti immediati d'esperienza in oggettivi e soggettivi. In questa distinzione, che è dovuta alle vere condizioni dell'evoluzione psichica, i contenuti soggettivi abbracciano tutti quegli elementi che, come i sentimenti e le emozioni, si presentano quali parti essenziali dei *processi di volere*. In quanto questi contenuti soggettivi d'esperienza si ordinano complessivamente secondo *contrari*, ai quali corrispondono le già accennate (pag. 68) direzioni principali dei sentimenti, piacere e dispiacere, eccitamento e inibizione, tensione e sollievo, questi contrari nel loro avvicendarsi ubbidiscono nel tempo stesso alla *legge generale*

del rinforzamento per contrasto. Questa legge però nell'applicazione concreta è anche determinata da speciali condizioni di tempo, da un lato abbisognando ad ogni stato soggettivo un certo tempo pel suo sviluppo, dall'altro potendo una troppo lunga durata per ogni stato soggettivo che abbia raggiunto il suo massimo, affievolire la facoltà di produrre il rinforzamento per contrasto. Questo fatto si connette coll'altro, che per tutti i sentimenti e le emozioni esiste una certa misura media della velocità, misura del resto mutevole in vario modo, la quale è la più favorevole per la loro intensità.

La legge di contrasto, se ha la sua origine nelle proprietà dei contenuti soggettivi dell'esperienza psichica, passa però da questi anche alle rappresentazioni e ai loro elementi, imperocchè le rappresentazioni e i loro elementi sono accompagnati da sentimenti più o meno pronunciati, siano questi connessi al contenuto delle rappresentazioni singole oppure al modo delle loro combinazioni di spazio e di tempo. In tal guisa il principio del rinforzamento per contrasto trova la sua applicazione anche a certe sensazioni della vista, come pure alle rappresentazioni di spazio o di tempo.

7. La legge dei contrasti sta in più stretta relazione alle due leggi precedenti. Da un lato essa può considerarsi come una applicazione della legge generale di relazione al caso speciale, in cui i contenuti psichici, posti in relazione fra loro, si muovono tra contrari. Per altro lato il fatto, che cade sotto la legge del contrasto, del possibile rinforzamento di processi psichici tra loro in direzione opposta, costituisce una speciale applicazione del principio della sintesi creatrice.

§ 24. - Le leggi psicologiche di evoluzione.

1. Alle tre leggi di relazione si contrappongono altrettante leggi di evoluzione, le quali possono considerarsi anche come le applicazioni delle prime a connessioni psichiche più estese. Noi le diciamo legge dell'*accrescimento spirituale*, legge *dell'eterogenesi dei fini*, e legge dello *sviluppo per contrari.*

324

2. La *legge dell'accrescimento spirituale* non è, come qualsiasi altra delle leggi psicologiche di evoluzione, applicabile a tutti i contenuti dell'esperienza psichica. Essa è valida piuttosto sotto la condizione limitata, sotto la quale è valida la legge delle risultanti, di cui è un'applicazione, cioè sotto il presupposto delle continuità dei processi (vedi sopra pag. 265). Presentandosi però le circostanze, che impediscono la realizzazione di questa condizione, assai più di frequente, come è facile capire, negli sviluppi spirituali abbraccianti un grande numero di sintesi psichiche che nelle sintesi singole, la legge dell'accrescimento spirituale può essere dimostrata solo in determinati sviluppi, che si compiono in condizioni normali e anche qui solo entro certi limiti. Entro questi limiti però i più estesi sviluppi, ad es., lo sviluppo psichico del singolo uomo normale, lo sviluppo di comunità spirituali, hanno evidentemente fornito le primissime prove della legge fondamentale delle risultanti, che sta a base di questi sviluppi.

8. La *legge dell'eterogenesi dei fini* sta in strettissima connessione colla legge delle relazioni, ma si fonda anche sulla legge delle risultanti, che sempre deve insieme essere presa in considerazione nel caso di una grande connessione di sviluppi psichici. Nel fatto essa può essere considerata come un principio d'evoluzione, il quale regge le modificazioni che sorgono a causa di successive sintesi creatrici nelle relazioni tra i singoli contenuti parziali delle formazioni psichiche. In quanto le risultanti di processi psichici affini inchiudono contenuti che non erano presenti nei componenti, questi nuovi contenuti entrano tuttavia in relazione coi componenti precedenti, così che ne restano modificate le relazioni tra questi primi componenti e in conseguenza di ciò anche le risultanti di nuova origine. Questo principio di relazioni progressivamente mutantisi si manifesta nel modo più evidente, quando in base alle relazioni date si forma una *rappresentazione del fine*. Imperocchè la relazione dei singoli fattori tra loro viene considerata come una connessione di mezzi, per la quale il prodotto risultante ha il valore di fine cui si mira. Pertanto il rapporto degli *effetti* al fine rappresentato qui si presenta in modo che in quei primi effetti sono sempre dati ancora effetti secondari, i quali se non erano pensati nelle precedenti rappresentazioni del fine, entrano tut-

tavia in nuove serie di motivi, e per tal guisa o modificano i fini già presenti o ad essi ne aggiungono di nuovi.

Il principio dell'eterogenesi dei fini regge nel suo più generale significato tutti i processi psichici; ma nella particolare veste teleologica che ad esso ha dato il nome, si trova innanzi tutto nel campo dei *processi di volere*, perchè in questi le rappresentazioni del fine accompagnate da motivi sentimentali hanno capitale importanza. E però fra i dominî applicati della psicologia l'*etica* è appunto quella, per la quale il principio in parola ha il maggior valore.

4. La *legge dello sviluppo per contrari* è un'applicazione della legge del rinforzamento per contrasto a connessioni più estese, che si dispongono in ordine di sviluppo. Queste connessioni, così ordinate, sono, per effetto della fondamentale legge di relazione di tal natura, che i sentimenti e gl'impulsi aventi dapprima una piccola intensità l'accrescono gradatamente a causa del contrasto coi sentimenti di opposta qualità predominanti per un certo tempo, finchè in tal guisa riescono a sopraffare i motivi sino allora prevalenti e tengono essi stessi il predominio per un tempo più o meno lungo. E allora la stessa vicenda può ripetersi ancora una volta o perfino più volte. In tali oscillazioni però anche il principio dell'accrescimento spirituale e quello dell'eterogenesi dei fini entrano di solito in azione così che le fasi successive sono bensì simili nella generale direzione del sentimento alle fasi omogenee precedenti, ma sogliono essere essenzialmente diverse nei loro singoli componenti.

La legge dello sviluppo per contrari si dimostra già nello sviluppo spirituale dell'individuo, in parte con maniere individualmente varianti entro brevi estensioni di tempo, in parte però anche con una certa generale regolarità nel rapporto reciproco dei singoli periodi di vita. In questo senso si è assai da lungo tempo osservato che i temperamenti prevalenti in diverse età della vita offrono certi contrasti. E però la facile, ma per lo più superficiale eccitabilità sanguigna dell'età infantile passa nel temperamento del giovane, più tardi all'impressioni, ma più ritentivo e talora oscurato da traccie di melanconia. Succede l'età virile pel suo carattere maturo generalmente pronta ed energica, nel decidere e nell'agire; da ultimo lenta si avanza la vecchiaia colla sua natura proclive a una quiete contemplativa. Ma il processo dei contrari più che nella vita individuale si esplica nella vita sociale e storica, nell'alternarsi delle correnti intellettuali, e nelle reazioni loro sulla civiltà, sui costumi, sull'evoluzioni sociali e politiche. Come il principio dell'eterogenesi dei fini è di massima importanza per la vita *morale*, così quello dello sviluppo per contrari ha sopratutto valore per il campo più generale della vita *storica*.

GLOSSARIO

Affect	emozione.
angeboren	innato.
anschaulich	intuitivo.
Anschauung	intuizione.
Raumanschauung	intuizione di spazio.
Zeitanschauung	" di tempo.
Apperception	appercezione.
Apperceptions-function	funzione apprecettiva.
personificirende	appercezione personificante.
Apperceptions-verbindung	combinazione appercettiva.
Assimilation	assimilazione.
Association	associazione.
Aelinlichkeitsassociation	" per somiglianza.
Berührungsassociation	" per contiguità.
Gleichheitsassociation	" per eguaglianza.
Auffassung	apprendimento, percezione, appercezione, cognizione, comprensione, concezione.
Aufmerksamkeit	attenzione.
Aufnahme, passive	recezione passiva.
Ausdruck	espressione.
Bedingung	condizione.
Bedeutungswandel	mutazione di significato.
Begriff	concetto.
Allgemeinbegriff	concetto generale.
Hülfsbegriff	" sussidiario.
Werthbegriff	" di valore.
Zweckbegriff	" di fine.
begrifflich	concettuale.
Beobachtung	osservazione.
Selbstbeobachtung	introspezione.
Bestandtheil	componente, parte costitutiva.

328

Beweggrund	ragione determinante.
Bewegung	movimento.
Ausdrucksbewegung	" espressivo
mimische Bewegung	" mimico.
pantomimische B.	" pantomimico
Bewusstsein	coscienza.
Gesummthewusstsein	coscienza collettiva.
Selfstbewusstsein	autocoscienza.
Bewusstlosigkeit	incoscienza.
Beziehung	relazione.
Bild	imagine.
Doppelbilder	imagini doppie.
Nachbild	imagine consecutiva.
Blicklinie	linea di visione.
Blickpunkt	punto di visione, punto visivo.
Complication	complicazione
Contrast	contrasto.
Farbencontrast	" dei colori.
Lichtcontrast	" di luce.
Randcontrast	" periferico.
Dauer	durata.
Nachdauer	persistenza.
Deutlichkeit	distintezza.
Druckpunkt	punto di pressione.
Eigenschaft	proprietà.
Eindruck	impressione.
Elemente	elementi.
Empfindlichkeit	sensibilità.
Empfindung	sensazione.
Druckempfindung	" di pressione.
Farbenempfindung	" cromatica.
farblose Empfindung	" acromatica.

Geruchsempfindung	" di olfatto.
Geschmaksempfindung	" di gusto.
Hauptempfindung	" principale.
Hautempfindung	" cutanea.
Kälteempfindung	" di freddo.
Lichtempfindung	" di luce o luminosa.
Schallempfindung	" di suono.
Schmerzempfindung	" di dolore.
Tonempfindung	" di tono.
Wärmeempfindung	" di caldo.
Entscheidung.	decisione.
Entschliessung	risoluzione.
Entstehung	il sorgere, l'origine.
Entwickelung	sviluppo, evoluzione.
regressive Entwickelung	evoluzione regressiva.
Erfahrung	esperienza.
mittelbare Erfahrung	" mediata.
unmittelbare Erfahrung	" immediata.
Erinnerungsbild	imagine mnemonica.
Erinnerungsvorgang	processo di memoria.
Erkennung	conoscimento.
Erscheinung	fenomeno.
Begleiterscheinung	" concomitante.

Farben	colori.
Farbenblindheit	cecità ai colori.
totale oder partielle	cecità totale o parziale.
Farbengrad	grado di colore.
Farbenton	tono del colore.
Complementärfarben	colori complementari.
Ergänzungsfarben	" d'integrazione.
Gegenfarben	" contrari.
Grundfarben	" fondamentali.
Färbung	colorito, colorazione.
Fixationslinie	linea di fissazione.

Fixationspunkt	punto di fissazione.
Gebilde (psychische)	formazione psichica.
Gedächtniss	memoria.
Gedanke	pensiero.
Gefühl	sentimento.
allmählich ansteigendes	gradamente crescente.
Anfangsgefühl	sentimento iniziale.
Bekanntheitsgefühl	" di contezza.
beruhigendes Gefühl	" calmante.
Contrastgefühl	" di contrasto.
deprimirendes Gefühl	" deprimente.
einfaches Gefühl	" semplice.
Endgefühl	" finale.
Erinnerungsgefühl	" di ricordanza.
Erkennungsgefühl	" di conoscimento.
excitirendes Gefühl	" eccitante.
Formgefühl	" di forma.
Gefühlston	tono sentimentale.
Gemeingefühl	sentimento generale.
Kitzelgefühl	" di solletico.
lösendes Gefühl	" di sollievo.
Lustgefühl	" di piacere.
rhythmisches Gefühl	" ritmico.
sinnliches Gefühl	" sensoriale.
spannendes Gefühl	" di tensione.
Thätigkeitsgefühl	" d'attività.
Totalgefühl	" totale.
Unlustgefühl	" di dispiacere.
zusammengesetztes Gefühl	" composto.
Geisteserzeugniss	prodotto dello spirito.
Geisteswissenschaft	scienza dello spirito.
Gemüthsbewegung	moto d'animo.
geistig	mentale, spirituale.
geistige Gemeinschaften	comunità spirituale.

Gemüthszustand   stato d'animo.
Geräusch   rumore.
Geschehen (psychisches)   processo o fatto psichico.
Gesetz   legge.
" der psychischen Contraste   "   dei contrasti psichici.
" der psychischen Relationen   "   delle relazioni psichiche.
" der psychischen Resultanten   "   delle risultanti psichiche.
" der Contrastverstärkung   "   del rinforzamento per contrasti.
" des geistigen Wachsthums   "   dell'accrescimento spirituale.
" der Heterogonie der Zwecke   "   dell'eterogenesi dei fini.
Beziehungsgesetze   leggi di relazione.
Entwicklungsgesetze   " di sviluppo.
Gesichtswinkel   angolo visivo.

Handlung   atto, azione.
Helligkeit   chiarore.
Hemmung   inibizione.

Illusion   illusione.
   phantastische Illusion   "   di fantasia.
Indifferenzzone   zona d'indifferenza.
Induction   induzione.
   Licht oder Farbeninduction   "   di luce o di colori.
Inhalt   contenuto.
Intensitätsgrad   grado d'intensità.
Instinct   istinto.
   Fortpflanzungsinstinct   "   di riproduzione.
   Nahrungeinstinct   "   di nutrizione.

Kältepunkt   punto del freddo.
Klarheit   chiarezza.
Klang   suono.
Klangfarbe   colore del suono, timbro.
   Einzelklang   suono isolato.
   Zusammenklang   accordo

Kraft	potenza.

Lautgeberde	gesti fonici.
Lautwandel	mutazione fonetica.
Leidenschaft	passione.
Localisation	localizzazione.
Localisationsschärfe	acutezza di localizzazione.
Localzeichen	signi locali.

Methode	metodo.
Abzählungsmethode	" del calcolo.
Ausdrucksmethode	" dell'espressione.
Eindrucksmethode	metodo dell'impressione.
Einstellungsmethode	" dell'approssimazione.
Methode der richtigen und	
falschen Fälle	" dei casi guisti e falsi.
" der mimimalen Aenderungen	" delle variazioni minime.
" der minimalen Unterschiede	" delle differenze minime.
" der mittleren Fehler	" degli errori medi.

Naturzüchtung	selezione naturale.

Obertöne	ipertoni.
Objecte	oggetti.
Orientirungspunkt	punto d'orientazione.
Orientirungslinie	linea d'orientazione.

Perception	percezione (usato nel significato special dall'A.)
Phantasie	fantasia.
Phantasiethätigkeit	attività fantastica.
anschauliche Phantasie	fantasia intuitiva.

Raum	spazio.
räumlich	spaziale.

Reaction   reazione.
 sensorielle oder vollständige   "   sensoriale o completa.
 musculäre oder verkürtzte   "   muscolare o abbreviata.
 Fehlreaction   reazione erronea.
 vorzeitige Reaction   "   prematura.
Reflexion   reflessione.
Reflexvorgang   processo riflesso.
Reiz   stimolo.
Richtung   direzione, tendenza.

Sättigung (der Farben)   saturazione (dei colori).
Schmerz   dolore.
Schwebungen   urti.
Schwelle   soglia.
 Raumschwelle   soglia spaziale.
 Reizschwelle   "   dello stimolo.
 Unterschiedsschwelle   "   della differenza.
Schöpferische Synthese   sintesi creatrice.
Seele   anima.
Sehfeld   campo visivo.
Sehschärfe   acutezza visiva.
sensorisch   sensorio.
Sinn   senso.
Sinnesreize   stimolo sensibile.
Sinnlich   sensoriale.
Sitte   costumi.
Sprache   linguaggio, lingua, favella.
 Geberdensprache   linguaggio di gesti.
 Lautsprache   linguaggio di suoni, fonetico.

Täuschung   illusione.
 Streckentäuschung   illusione d'estensione.
 Richtungstäuschung   "   di direzione.
Thätigkeit   attività.
Tiefe   profondità, o terza dimensione.

Ton	tono.
Tonhöhe	altezza del tono.
Tonlinie, Tonscala	linea, scala dei toni.
Tonstösse	battimenti di toni.
Differenzton	tono di differenza, o differenziale.
Hauptton	tono principale.
Grundton	tono fondamentale.
Trieb	impulso.
Triebfeder	forza impellente.
Triebhandlung	azione impulsiva.

Umfang der Aufinerksambeit,
des Bewusstsein   capacità dell'attenzione, della coscienza.
Unterscheidung   distinzione.
Urtheil   giudizio.

Verbindung	combinazione.
Verdinglichung	sostanzializzazione.
Veigleichung	comparazione.
Vermögen	facoltà.
Verschmelzung	fusione.
Verstand	intelletto.
Vorgang	processo.
Vorstellung	rappresentazione.
Begriffsvorstellung	rappresentazione di concetto, idea.
Gehörsvoretellung	" uditoria.
Gesammtvorstellung	" totale.
Gesichtsvorstellung	" visiva.
räumliche o Raumvorstellung	" spaziale o dispazio.
zeitliche o Zeitvorstelluug	" di tempo
Wortvorstellung	" verbale.
Zweckvorstellung	" del fine.

Verdunkelung der Vorstellungen   oscuramento delle rappresentazioni.

Verdichtung der Vorstellungen   condensamento.

Verschiebung der Vorstellungen   spostamento.

Wachstum   accrescimento.
Wahrnehmung   rappresentazione
                           direttamente riferita ad impressioni od
                           oggetti esterni. Nella lingua italiana comune
                           si direbbe percezione.
 Sinneswahrnehmung   rappresentazione sensitiva.
Würmepunkt   punto del caldo.
Wesen   essenza, natura.
Wiedererkennung   riconoscimento.
Wille   volontà.
 Gesammtwille   volontà collettiva.
 Wahl- (z.B. Vorgang)   processo di scelta.
 Willens (z.B. Vorgang)   "   di volere.
 willkürlich- (z.B. Vorgang)   "   volontario.

Zeit   tempo.
 Zeitarten   modi del tempo.
 Zeitstufen   gradi del tempo.
 Zeitzeichen   segni temporali.
Zusammenhang   connessione.
Zustände   stati.
zweckmässig   rispondente, conforme allo scopo finale.
Zweckmässigkeit   finalità.